ヒロシマ・ナガサキを撮影した米軍兵士の生涯

父の足跡を辿る旅路

Leslie A. Sussan 著
金谷俊則 訳

幻冬舎MC

ヒロシマ・ナガサキを撮影した米軍兵士の生涯

―父の足跡を辿る旅路―

Choosing Life: My Father's Journey in Film from Hollywood to Hiroshima by Leslie A. Sussan

Japanese translation rights arranged with the author through Tuttle-Mori Agency, Inc., Tokyo.

夏草や　兵《つわもの》どもが　夢の跡

芭蕉

＊＊＊

実際のところ、どんな戦争も、お互いのなかにある善と悪とのせめぎ合いによって起きるのであって、最後には、その場で解決するしかないのである。

マイケル・ボーンスティール

献辞

父は、自分の物語をわたしの弟でもある息子のポール・ブリンスレー・スサンに捧げたいと以前から望んでいました。それというのも、父が書き残した手記のなかで、「ポールはわたしに向けて、子供たちをはじめとするこれからの世代の人たちは核兵器の脅威や惨状を体験しないようにと願ってわたしが書いた話の内容を若い人たちは読みたがっているし、そうすることで、結局は、人間は大量破壊兵器による悲劇からみずからを守る知恵を手にするかもしれないと言って、わたしの話を公にするよう説得してくれた」と語っていたからです。

とはいえ、本書のなかでわたし自身が語った部分については、長い旅路を共にしてくれた娘のケンドラ・シェリダン・パーハムに捧げたいと思います。わたしの心からの祈りは、ケンドラの子供をはじめとする、すべての子供たちが平和と愛に包まれた世界を願っているからです。ガンバッテ、クダサイ！

また、原子爆弾（以下、原爆）によって一瞬にして命をうばわれた人たちと、生き残って証言をつづけながら平和を願うすべての被爆者に本書を捧げます。

目次

序文

――グレッグ・ミッチェル

一九八三年の秋にハーブ・スサンに取材をして、ハーブの半生と原爆にまつわるハーブの驚くような体験談を記事にして発表したころ、アメリカ国内（さらに世界中も）の反核運動はピークを迎えていて、核兵器の製造や配備を「凍結する」ための「草の根運動」が熱狂的な広がりを見せたことで核兵器の保有数が減ることになり、記録的な数の群衆の抗議デモを呼び起こしていました。ＳＡＮＥ（「正気」と呼ばれた反核団体）や「平和のための婦人運動（ＷＳＰ）」のような長い歴史のある団体が、全国各地に登場した数多くの全国ネットワークと関連した何千という地方団体と連携して勢いを増し、連邦議会議事堂のあるキャピトル・ヒルの近くにはロビー活動をするためのオフィスが設けられ、連邦議会で軍備削減の法案が可決成立するよう活動をつづけていました。

そのような世情のなかで、わたしが発行する『核の時代《Nuclear Times》』という雑誌に掲載したハーブにかんする記事が野火のようにひろがると同時に、本人にも直接語ってほしいという依頼がハーブのもとにも届いたのです。ハーブが広島と長崎で撮影したカラーフィルムが長いあいだの機密あつかいを経て、やっと世間の注目を集めることになったからです。新たにできた多くの放送局やドキュメンタリー番組の制作者たちが、国立公文書館（ワシントンDCにあります）に保管されているハーブの撮影した何十本ものフィルムについて問い合せるようになり、問い合せの件数があまりにも多かったので、公文書館の担当者は、そのフィルムのことを「*Nuclear Times* のテープ」と呼んでいるのだとわたしに語ったものです。わたしはそのあいだに、当時の撮影チームの総轄責任者だったダニエル・A・マクガバン中尉を探し出していました。マクガバンは、当時の撮影のことやフィルムが隠蔽されていた真相を知っている人物だったのです。

それからまもなくして、ハーブは広島をもう一度訪れたいという夢を実現し、平和公園や原爆ドームの絵葉書をわたしのもとに送ってきて、広島で体験した感慨を語ってくれるようになったのですが、残念なことに、そのあとから健康状態が急速に悪化して他界しました。そのころには反核運動も下火になりはじめていましたが、核開発競争を抑止することはある程度、実を結ぶことができて、それには当時のソビエト連邦の崩壊も後押しをすることになりました。その後の三十年のあいだに世界中の核弾頭の数は減少していますが、それでも一触即発の危険をはらんだままです。

このような事実をとおして現在のニュースプロデューサーや映像制作者たちは、ハーブと原爆を投下された都市の人たちによって生み出された、あの悲惨な光景がおさめられたフィルムを自分たちの作品に利用できるようになったのです。原爆が投下されたあとの広島と長崎を撮影したカラーフィルムは、その映像を目にすれば、だれもが核兵器の脅威を感じるはずですし、まさにこれがハーブが人々に届けようとした贈り物であり、遺産なのです。

原爆の惨状を撮影したフィルムに対してアメリカ政府がおこなった弾圧は、ハリウッドの撮影所に対する（このことについては、『始まりなのか、終わりなのか《The Beginning or the End》』というタイトルの最近のわたしの著書のなかでくわしく述べています）のと同じように、日本のニュース映画を制作するチームが撮影した白黒のフィルムにまでおよんだのです。残念なことですが、トランプ政権のもとで現在のアメリカは、さらに「使いやすい」核兵器や、新しくて、より危険な兵器の開発を計画する政策に立ちもどっていますが、だからこそ、広島と長崎で起きたことと現在のわたしたちとのあいだには、なおさら深い関係が生じているのです。

現在の状況は、核兵器が使用される脅威が高まりつつあることを意味しています。昨今のアメリカはまさに、敵からの「通常の」攻撃に対しては、いつでも先に核兵器を使用するという核兵器の「先制使用」（一九四五年にはじまったことですが）の政策を踏襲しています。アメリカがイランの核開発を非難して制裁を加えているあいだに、新たに核兵器の保有国となった北朝鮮が世界の舞台に登場してきましたし、テロリストたちが核攻撃に類するテロ行為を起こす危険性は年々高まっているのです。このような状況に鑑みて「原子力科学者会報」では、例の「世界終末時計」の針が二〇一九年の午前零時まで残り二分にまで進められ、さらに翌年には残り百秒までという、かつてないほどわずかな時間にまで進められました。

ハーブが存命していたら、このことはきっと本人を怒らせたでしょうが、その一方では、核兵器が大都市にふたたび使用されるのではないかという、ハーブがもっとも怖れていた状況を本人が目にすることになったはずです。おくればせながら、人々の心を捉えるもっとも貴重な映像としてハーブのフィルムが広く世間に知られるようになったことは、核戦争による現在のホロコーストを未然に防ぐ役割として、少なくともなんらかの影響をあたえるはずです。

グレッグ・ミッチェル：『隠蔽されていた原爆のフィルム《Atomic Cover-up》』、ジェイ・リフトンとの共著 *The Beginning or the End*, *Hiroshima in America*（邦訳『アメリカの中のヒロシマ』）の著者。

はじめに

本書の内容は、一九四五年八月に広島と長崎に投下された原爆を中心に構成されています。原爆によるキノコ雲の航空写真はだれもが目にしていると思いますが、あのキノコ雲の下から空を見上げ、廃墟のなかを生きのびた人たちの声を耳にした人はほとんどいません。そのなかで、あの人たちの声を初めて聞いた一人が、わたしの父ハーバート（ハーブ）・スサンでした。当時の父の仕事は、原爆がおよぼした破壊の状況をカラーフィルムにおさめることでしたが、父は、物理的な破壊の状況だけではなく、原爆がもたらした人間のありさまを映像に残すことが自分の役目だと気づいたのです。そして、それが父を変えることになりました。

あれから四十年あまりがすぎて、父の足跡をたどっているあいだに、わたしは何人かの被爆者たちから、あの原爆と映像によって自分たちの人生がどんなに変わったかを聞かされました。そして、それはわたしを変えることにもなりました。こうして、父とわたしが変わったことと、被爆者たちが語ってくれたことで、核兵器が二度と使用されないよう世界中が一緒になって努力しなければならないと思うようになり、この物語を伝えなければならないと考えるようになったのです。

第二次世界大戦が終わろうとする数日前に使用された原爆が、政治的、軍事的、そしておそらくは心理的という多くの動機にもとづいて使用されたことは、そのいずれの要因についても多くの専門家たちによって研究されていますが、本書は、そのような立場とは別に、ひとりの人間の立場に立って、原爆が使用されたことに焦点を当てています。わたしが求めていることは、原爆が被爆者やその家族にどんな影響をおよぼしたのか、原爆の問題が世代を越えて世界中にどんな影響をもたらしているのかを伝えたいことなのです。そして、被爆者たちのことを理解しようと思って、わたしと娘は世代をつないで広島の人たちと交わり、被爆者たちの体験に耳を傾けてきました。

十代のころのわたしは、父のことを、スーツ姿の憂うつな偽善者だと思っていました。まだテレビが登場した草分けの時代に父は番組を制作する仕事をしていて、それらの番組がいろいろな賞を受賞するほどでしたが、そのころから父は、わたしの知らない欲求不満に苦しみながら、それが徐々に高まっていたのでした。当時の政府は、原爆にかんする映像のフィルムを機密あつかいにしていて、その映像を見れば世界中は核兵器の使用を断念するにちがいないと思われるはずのフィルムなのに、一般の人が目にしたり映画として制作することはできなかったのです。当時のわたしは、そんな父の人生の奥底に流れていた苦悩を理解していませんでした。

成長するにしたがって、父に対するわたしの想いは次第に複雑になってきました。父は、被爆地に滞在していたことが原因と思われる悪性腫瘍にかかってから、ようやく当時の体験を語りはじめたのですが、父の想いを本当に理解できるようになったのは、父が亡くなったあとのことでした。そのときになってやっと、わたしは父の物語に耳を傾けるようになり、その足跡をたどろうと考え、父がフィルムにおさめた被爆者たちに会い、父を変えることになった被爆者たちから話を聞いたのです。そして、その旅路によって初めて、わたしは父の本当の姿に出会えたと感じました。

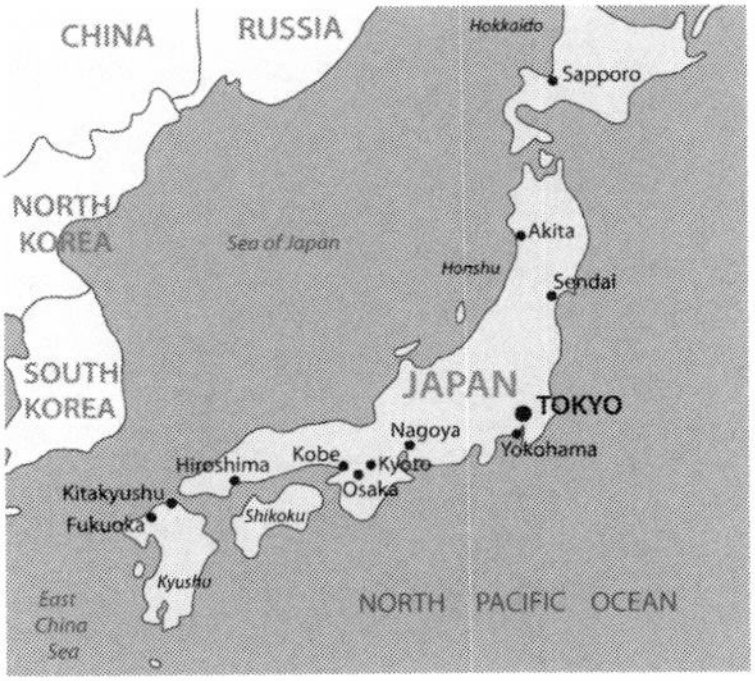

図1　日本地図

注：沖縄と、終戦のとき父がいた伊江島は、この地図の左下のあたりに位置しています。沖縄は九州から840キロメートルあまり南にあり、長崎は九州の西岸に位置しています。（Pavalena/shutterstock.comから引用）

あのキノコ雲を地上から見上げていた人たちの話は、めったに聞けるものではありませんし、注意を払われることもありません。被爆者たちの声は年々衰えてきていますが、平和を求めるこの人たちの熱意は、現在の世界にとって、かけがえのないものなのです。その人たちには、当時の父や撮影チームと出会ってから四十年あまりも経つのに、自分たちの話をわたしに語ってくれて、感謝の念でいっぱいです。本書をとおして、この人たちと共有できた信頼関係に、わたしは忠実であろうと努めています。

1　平和公園

一九八七年、広島

その日は、今ひとつの暑い八月の広島の朝でした。平和公園の地面は乾いて埃っぽく、周囲を川に囲まれたこの公園は、かつて父が立っていた場所でもあり、そこに今わたしが立っています。すぐ近くにある幹の曲がったアオギリは、日射しをさえぎる木蔭にはなってくれそうにありません。

そのアオギリをめざすようにして、プリーツスカートを穿いて灰色の髪を束ねた小柄な女性が、アオギリが自分の特別な場所でもあるかのように松葉杖と残った片脚を使って、しっかりした足取りで急いで歩いて来ます。アオギリのところまで来ると、小さな折りたたみ椅子に腰をおろして残った方の片脚を下げて、きちんと座ると、十代の若者たちがそのまわりを取り囲みます。若者たちは学校の制服を着ていて、男子は直立した兵士のような様子をしていて、女子はかわいいセーラー服姿です。生徒たちは、この女性の話を聞こうとして立ったまま体を前に傾けていますが、もしこの生徒たちが座ったとしても、地味で小柄なその女性よりもずっと高く見えそうです。生徒たちは若くて元気いっぱいですが、女性の熱っぽい雰囲気はみんなを圧倒しています。女性のやさしそうな笑顔と茶目っ気のある目つきには、それでも、七十歳を越えたこの人の悲しみが湛えられています。

沼田鈴子さんは、十年前からほとんど毎日のように、被爆樹木のこのアオギリの前にやって来て原爆の話を語り、ここで何があったかを証言する「語り部」として活動をおこなっているのです。そして、わたしが初めて広島を訪れたとき、ボランティアの通訳の人と一緒に沼田さんの話を聞くことになったのです。

沼田さんは、自分の婚約時代から話をはじめました。沼田さんと結婚相手の家は、戦争中の最悪の状況のなかで大急ぎで婚礼の仕度をととのえました。戦争がはじまって何年か経つと、広島では、食料も、お金も、すべての必需品が不足していましたが、それでも、兵隊になっていた婚約者は八月八日に短期間の休暇をもらって帰郷するという手紙をくれて、その休暇のあいだに二人は結婚することになっていたのです。そのころの沼田さんは、両親、二人の兄弟、一人の妹と一緒に暮らしていました。婚約者とは出征する前に二度会っただけでしたが、まだ二十一歳でしたから、婚約者の帰りを待ち望んでいて、結婚して一人前の女性になることを夢見ていました。

この話をしながら沼田さんは、婚約者のために記念に撮った色褪せた一枚の写真を取り出しました。けれども、その写真を渡す前に婚約者は中国大陸へ出征してしまったのです。居住まいを正して笑顔を見せないその写真には、若いころの沼田さんの姿があります。伝統的な髪型をして、婚礼のために用意された美しい衣装を着ています。

わたしは、まさかこんな結婚話を聞こうとは思っていませんでした。語り部の話を聞くよう勧められたとき、原爆を投下したアメリカ人に対する憎しみを語るものとばかり思っていたからです。それに、原爆を投下した唯一の国であるわたしの国が、あのような兵器を使用したことを思うと、わたしの方が居たたまれなくなるのではないかという気がしていました。

つぎに沼田さんは、広島にあった四階建てのコンクリート造りの逓信局で父親と妹と三人で働いていたと語りはじめます。そして、この頑丈な鋼鉄製の建物のなかで自分は極秘の仕事に就いているのだと思っていたそうです。八月五日の夜は、あまり睡眠がとれず、その日に面会した新採用の男の人のことを考えていました。その人は、焼夷弾による空襲のつづく東京からなんとか逃げのびてきて、どこかで新たな職場を見つけようとして、身重の妻と三人の子供と一緒に暮らすため広島まで避難してきたのでした。八月五日の朝、男の人は家族のための配給券もないまま広島に着いて、沼田さんにわずかばかりのお金を渡して、子供たちのために何か食べるものを探してもらいたいと頼んだのですが、きびしい配給制が敷かれていた市内で食料を手に入れることは簡単なことではありません。それでも、気の毒に思った沼田さんは大急ぎで自宅に帰り、台所を探しまわって、ひからびたジャガイモを一個と、わずかばかりの米を見つけて、それを衣服の下に包んで、市内にある三つの橋を走って渡りながら職場にもどって来たのです。その人は沼田さんの行為に涙ながらに感謝して、その日は子供たちに食べさせることができるとよろこんだのです。沼田さんは、あの日が自分の生涯で健康な脚で走った最後のときだったことをいつまでも思い出す、と語ります。

あの日、眠れなかったのは、その男の人のことや婚礼が近づいていることを心待ちにしていたせいだけではなく、夜間に何度も発令された空襲警報によるせいもあったのです。ただ、空襲警報のたびに実際の空襲はなくて、アメリカ軍の偵察機が飛来したことを知らせるだけでした。そして八月六日は、とくに美しい夜明けで、雲ひとつありませんでした。いつものように防空頭巾と小さな救急セットを持って職場に向かいました。職場では、親友のノリコちゃんが話しかけてきて、いつもなら沼田さんが近いうちに結婚する話を二人で楽しそうにするのですが、その日はとても忙しかったので、そんな無駄話はできませんでした。そしてあとになって、二人で話し合う機会が永遠に失われてしまったことを思い返すのでした。

沼田さんが職場の掃除をするため流し場でバケツに水を汲もうとして廊下にいたとき突然、目の前に眩《まばゆ》いきれいな光がひろがり、その閃光はオレンジ色がかった赤い色調で、虹で見えるすべての色が混じり合って、きらめくような光でした。それから、旧式のカメラのフラッシュを焚いたときのマグネシウムのような巨大で円い光の球が目に飛び込んできたと思ったら、つぎの瞬間、周囲は真っ暗になりました。

この瞬間の話をするとき、沼田さんは目を閉じたあと急に目を大きく見ひらき、ぱっと両手を突き出して、大きな空気の塊を吹き出すような動作をしたので、まわりの生徒たちが、小さな爆風を感じたように体をうしろに反らせました。

わたしは、話の内容を聞くため通訳をしてもらいながら頭を下げたまま円陣の外に立っていたのですが、その小さな爆風はわたしのところにまで届きました。わたしは大柄で青い目をした不器用な人間ですが、その爆風のせいで、わたしがみんなのうしろに立っていたことに周囲が気づいて、ちょっとのあいだ円陣が乱れたようです。

少しばかり話が中断したあと、沼田さんはふたたび話をはじめて、真っ暗になった部屋のなかで我に返ったあとの場面に進みます。気がついたところは、その直前まで立っていた廊下のところではなくて、何か重たい物によって体が押しつぶされていて、遠いところから助けを求める声や叫び声が聞こえます。沼田さんも、急に思いついて助けを求めて叫んでいると、まもなくして男の人が沼田さんを見つけて瓦礫から引き出し、背負ってくれました。なんの感覚もありませんでしたが、左の足首は骨までちぎれ、足先は皮膚だけがぶらさがり、背負っている男の人の背中に血がしたたり落ちました。二人は部屋の戸口から廊下まで逃げ出し、よろめきながら建物の四階から中庭へ降りて行くあいだに、奇妙な臭いのする煙に包まれました。背後では、建物の全部の窓から赤いカーテンのように大きな炎が燃えさかっているのが見え、周囲の木々や近くにある病院までがすべて真っ赤な炎に包まれています。あと数秒でも助けられるのがおそかったら、「生きとるはずはなかったし、怒りと憎しみの涙を流しながら死んだことでしょう」と沼田さんは語ります。

ちょうどそのころ、父親は沼田さんの妹をなんとか助け出したあと、つぎに沼田さんを見つけ出そうと半狂乱になりながら逃げ惑う人たちのあいだを走りまわって、「娘は、どこじゃ？　娘がおらん！」と、くり返し叫びつづけていたのです。

周囲から火炎が迫って中庭の熱さがひどくなってきたので、負傷者たちが逃げ場を求めて右往左往しています。ようやく父親が沼田さんを見つけて畳の上に寝かせたとき、沼田さんの足先がかろうじてつながっているのを見て父親はショックを受けましたが、周囲の負傷者には構わず、片足になった沼田さんを畳に乗せてから、妹が避難しているところまで運ぶ手伝いをしてくれるよう周囲に助けを求めました。妹の上半身の至るところにもガラス片が刺さっていて、刺さった周囲の血液が乾いて上半身が黒ずんで見えます。そんな姿の妹が沼田さんの足の上にかがみこんで、「お姉ちゃん、お姉ちゃん！」と泣いたのです。

ここまで語った沼田さんは、頭を少し傾けると、生徒たちの顔をぐるりと見わたして、両目をぎゅっと閉じてから、畳に横たわって意識が遠のきながら周囲を眺めていたときのことを奇妙な話しぶりで暗唱しはじめました。

「わたしが目にした様子は、まさに地獄絵図です。みんな、人間とは思われんほどの、ひどいやけどを負って、男も女も区別がつかないほどです。みんな、苦しみながら、水を求め、助けを求め、母親を求めています……、そして、つぎつぎと死んで行きました。この世とは思えんような、あの怖ろしい光景は、ことばじゃ言いあらわすことができません……。突然、空が真っ暗になり、雨が降りはじめました。だれも雨をしのぐ場所がないので、そのまま横たわって、雨に打たれるままです。怪我をして、ちぎれた足先に降りそそぐ雨のことと、不思議なことに、怪我をしたところに少しも痛みを感じなかったことを思い出します」

あの日降った気味悪い黒い雨のことは、のちに広島の被爆者のだれからも聞かされました。真昼に空が暗黒になるほどで、自然現象がまるで逆転したかのようだったそうです。その雨は、この世を清浄にするどころか汚染し、西向きの風に乗って広い地域にわたって放射能の灰をまき散らしたのです。黒い雨は、負傷者だけでなく救助者など至るところに降りそそぎ、だれもその雨を洗い流すことはできませんでした。そのことを、わたしは沼田さんから初めて聞くことができました。

中庭で苦しんでいる人たちのなかには医師や看護婦たちもいて、となりにある病院が倒壊したため避難して来ていましたが、負傷者に十分な医療処置ができる状況ではありませんでした。その夜おそく、怪我をした足首の処置をしてもらいたいと沼田さんの父親が一人の医師に頼んだところ、その医師は医薬品がないなかで沼田さんの足首のつながった部分を切断したあと、止血のため傷口をガーゼでおおうことしかできなかったのです。沼田さんは、自分の左足が永久に失われたことを知っただけでした。

その夜、空襲がもう一度あるという噂がひろまり、まだ動ける人たちは安全な場所を求めて、骨組みだけになった逓信局の玄関先に身を寄せ合いました。けれども、空襲は二度とありませんでした。

人々は、生きのびるか、なんの手当ても受けずに死ぬかしかありませんでした。まもなくすると傷口には蝿が産卵してウジがいっぱい群がりました。ある日、男の人と手をつなぎ合った身重の女の人の姿が目にとまりました。二人とも全身にやけどを負っていて、顔は異様なほど膨れあがっています。突然、二人が倒れ込むと、女の人が紫色の塊のような胎児を出産しました。赤ん坊はすぐに死んで、出産した女の人もまもなく亡くなりました。そして、男の人も翌日に亡くなったのです。その人が亡くなったとき初めて、前日に沼田さんが食べものを分けあたえた人だったことに気づきました。そして、男の人のほかの三人の子供は、そのときはもう死んでいたのです。

沼田さんのこの話を聞いて、ひっかけられた気になりました。男の人の話を初めに聞かされたときは、子供たちが食べられるようにと、わたしは声援を送っていたのに、最後には、わたしからこの子供たちが奪い取られた気がしたからです。そして、こんな苦痛に充ちた話を立ち聞きする権利がわたしにあるのだろうか、話を聞くしか何もできないのだろうかという気になりました。

沼田さんは、収容された病院で横たわったまま、それでも、婚約者から手紙が届いて胸をときめかせながら真っ先に読むことを楽しみにしていましたが、そのとき婚約者はすでに中国の戦地で亡くなっていたのです。そのことを知って、沼田さんは生きる気力を失いました。何日もぼんやりと壁を見つめながら、だれとも交わらず、すべてのことに関心を失い、何も考えることができなくなりました。秋になって台風が広島を襲い、被爆者たちは、さらに悲惨な状況になりました。母親は、「元気な二本の手があるんじゃから、なんでもできるじゃないの」と言ってくれましたが、沼田さんは横になったまま体を動かそうともしませんでした。

一九四六年三月、看護婦さんたちがなんの説明もないまま、写真を撮るので病院の屋上へ来るよう伝えてきたので、母親は、沼田さんがちゃんとした着物に着替えるまで待ってくれるよう頼みました。着物は色褪せて汚れと水で染みができていましたが、母親が丁寧に洗って乾かして着れるようにしてあったのです。

足の怪我のため、それまでは立ったり歩いたりしようとしませんでしたが、このとき初めて松葉杖を使ってみることにしました。屋上に上がってみると、原爆で廃墟になった広島の街が目に入り、その光景を目にした沼田さんは、「なんにもなくなっとる！　もうどうなってもええ！」と叫びました。ふとそのとき、大型のカメラの近くに一人のアメリカ人が立っているのに気がついたのです。

「この人が、わたしが見たアメリカ人です」沼田さんは生徒たちにそう言って、八枚から十枚ほどの白黒写真を取り出して見せています。写真のなかに、大写しのアメリカ人の写真が目に入りました。わたしの父でした。

沼田さんは、わたしの方を見ていませんし、わたしがだれだか知りません。わたしは顔が赤らんできました。その瞬間、わたしは見物人から関係者になったのです。でも、そのときは自分の役目はまだわかりませんでした。

沼田さんは、当時からわたしは小柄で痩せていましたと語り、初めて大柄なアメリカ人の兵士を見て仰天したそうです。

「その人は、とっても大きな人で、円くて大きな目をしとりました。戦争が終わって初めて見るアメリカ人でした。その人は、『ごめんなさい。とても辛いと思いますが、あなたの写真を撮らせてもらいたいのです。ですから、包帯を取ってもらいたいのです』とわたしに言いました。

わたしは言われるとおりにしました。切断されたわたしの足を見て、その人は、『とても痛かったのでしょうね』と言ってくれました。

わたしは、このアメリカ人は心のやさしい人じゃと思いました」

傷痕を見られるのが恥ずかしいので写真に撮られるのはいやだったが、今では、この写真が残ったことはありがたいことだと沼田さんは言って、この写真が自分の人生を大きく変えることになったと語りました。

沼田さんは、結婚しないまま子供もいませんでしたが、現在は妹や猫たちと一緒に暮らしています。のちに数学の教師になってから、教師の仕事と生徒たちが好きでした。足の怪我は、さいわいなことに、やけどでケロイドができた被爆者ほどには原爆とは関係がなさそうに見えました。多くの人は、日本語で原爆の犠牲になった人のことを意味する「ヒバクシャ」（被爆者）を怖がりました。放射能で「汚染」された血筋の人と結婚することを怖がり、放射能による病気や不幸が伝染するのではないかと怖がったのです。そのため沼田さんは、自分が被爆者だということはだれにも告げませんでした。

原爆から四十年が経って、一本の電話がかかってきました。東京のある団体が、あのとき病院の屋上で撮られた写真を入手していて、そのとき写真に撮られた被爆者たち全員に連絡を取ろうとしていたのです。そして、もう一度写真を撮らせてもらい、あのとき何があったのかを語ってほしいと頼まれたので、もう歳をとって仕事も辞めていたし結婚するつもりもないと思っていたので、その依頼を受けることにしたのです。

沼田さんの写真を載せた取材番組が放送されたとき、昔の教え子たちの多くから、「先生にはとても親しくしていただきましたが、一番大切なことをわたしたちに語って下さらなかったんですね」と言われたのです。そのとき沼田さんは、戦争がどんなものなのか平和がどれほど大切なものかを、生徒たち

図2　沼田さんが、語り部として使っている父の写真を見せてくれているところ。（中國新聞社から許可を得て掲載）

になぜ話さなかったのだろうと思いました。そのため、残された人生を語り部として、生徒たちや旅行者たちや平和公園を訪れる人たちに語ろうと心に決めたのです。

わたしが沼田さんに初めて会った場所は、四十年以上前に父が初めて沼田さんに会った場所からそれほど遠くないところでした。沼田さんに会ったとき、わたしは父の足跡をたどるため日本に来ていて、父とわたしは、ちがう道のりを歩んで同じ場所を訪れることになりました。父とわたしはまったく別の人間ですし、二人が成人に達したころの時代もひどくちがっています。以前は父といつも言い争いをしていて、若いうちに家を出てからは父と話をすることはほとんどなくて、ことあるたびに父に反発していました。それでも今こうして、父がいた場所に自分もいるのです。

平和公園でこんな形で父に再会したことで、わたしは自分が正しい道を歩んでいるのだと感じました。どこをめざすのかわからないなりに、わたしは父の幻影を追っていたのです。ともかく、父が広島に向かうことになった道のりは、ニューヨークから西へ向かう列車の旅からはじまったのです。

2　ハリウッド万歳

一九三九年、ニューヨーク

夜の時間帯なのに、グランド・セントラル・ステーションの構内は蒸し暑かった。表の通りに面した換気口の空気はほとんど動かず、駅の構内は通勤客や旅行者たちでごった返す熱気のせいで、いっそう暑く感じられた。大柄で肥満気味のハーブは、暑さのため汗をしたたらせていたが、息苦しいほどの人の群れも気にならないほど気持ちは高ぶっていた。赤毛の髪が汗で垂れさがって黒ずみ、いつもなら気にくわないユダヤ人特有の大きめな鼻も気にならなかった。そんなことは、今はどうでもよかった。十八歳のハーブにとって、今やっと自分の人生がはじまろうとしているのだ。

乗車券を握りしめ、亡くなった父親の古いスーツケースを持って改札口へ向かった。母親だけの暮らしでは列車の寝台席を利用できるほどの経済的なゆとりがなかったので、三日以上も列車のなかで座っていなければならないけれど、そのあいだも眠りたくないほど、今は気持ちが高ぶっている。

カリフォルニアまでの列車の旅は、ハーブにとっては初めての冒険旅行で、マンハッタンの地下鉄に乗ったりコニー・アイランドやジョンズ・ビーチへ行くのとはわけがちがっていた。走りすぎる風景をガタガタと音のする車窓から舞台のショーを観るように眺めることに比べたら、ニューヨークの北部ですごした休暇や週末にケープ・メイまで遠出をしたことさえ大したことではなかった。しかもカリフォルニアは、夢にまで見ていたハリウッドが自分の血肉となり、生命をあたえられて息づく場所になるのだ。

子供のころから、ハーブには大きな夢があった。土曜日の朝が来ると、ラジオ・シティー・ミュージック・ホールの席に座り、場内の照明が暗くなるとスクリーンが明るくなって観客は静まりかえり、スクリーンに映し出された映画のスターたちがフルカラーの映像と音響のなかに生き生きとした姿で登場する。バスビー・バークレーが演出するミュージカルでは派手な水着に星と丸の模様の白い帽子をつけた女の子たちが青々したプールに四肢を浮かべ、きらきらした衣装を着たショーガールたちが登場して、目もくらむような万華鏡のようだった。一回の入場料で、上演作品は長編が二本立てとアニメ映画が鑑賞できた。スクリューボール・コメディーか、それとも巨額をかけた壮大な物語か、チャーリー・チャップリンの身ぶりかマルクス兄弟の喜劇作品か、メイ・ウエストの恋愛物かW・C・フィールズの唸り声か……、とにかくスクリーンに映し出されるものなら、なんでもハーブの心を魅了した。そして、人生でやりたい唯一のことは自分で映画を制作することだったのだ。

母親は、新しい映画の作品が封切りになると、二十五セント硬貨を何枚かくれた。わんぱくな少年たちがいる通りから遠くはなれた映画館に息子を座らせておく方が安心だと考えていたのだ。映画館に行かないときは、ほかの少年たちが街の通りでスティックボールで遊んでいるあいだ、自宅でピアノを弾いたり、学校の勉強をした。ハーブは一人っ子だった。父親はすでに亡くなっていて、ハーブが一家の亭主役を務める必要があったから、母親はくり返し、そのことを息子に言いきかせた。ハーブは母親にとってすべてだった。

＊＊＊

父の幼少時のことは、父が亡くなってから見つかった遺品のなかのノートの走り書きから知りました。ですから、ノートを目にした時期は、父が被爆後の広島で写真を撮ったときの話や、そのときのフィルムがどのような経緯で機密あつかいにされたのかを書き留めてほしいとわたしがうるさく頼んでいたあとのことになります。わたしが成人してからも、父は若いころのことや広島のことについては、ほとんど話をしてくれませんでしたし、生前の父に、あのときのフィルムがどうなったのかを記録に残してほしいと急《せ》き立てたときも、自分がこの話を語るのは、あのフィルムを編集して映画化しアメリカの公衆に見せるときだとしか言ってくれませんでした。でも結局、自分が撮影にかかわったフィルムを入手することは最後までできなかったのです。父は女子学生を一人アルバイトで雇って手伝わせていて、わたしが求めていた記録を作ろうとするまでにはなりましたが、結局、父の死後にわたしが目にできたのは、タイプライターで打ったスクラップと、わけのわからないカード類だけでした。

父が亡くなって十五年ほど経ってから、あのときの女子学生が父にインタビューをした音声記録が残されていることを知りました。そんな記録があることなど、父は一度もわたしに話していなかったのです。女子学生は、そのときの音声記録を「コロンビア・オーラル・ヒストリー・アーカイブズ」に提供したのですが、父はその音声記録を公開することには決してサインしようとしなかったので、父が亡くなった一九八五年から二〇〇七年まで人の目に触れることはなかったのです。そのあとになって、わたしが『伝記作家の組合』誌を読んでいて、オーラル・ヒストリーのデータベースへリンクできることがわかり、ふと父の名前を検索してみたのです。すると一件のデータをヒットすることができたのですが、詳細を閲覧するには会費を払って登録をしなければなりませんでした。ところで、図書館の司書たちは、わたしにとっては英雄みたいな存在で、解決すべき問題をあたえられたら、嗅覚のすぐれたブラッドハウンドと逞しいブルドッグとの雑種みたいに頼りになってくれます。さいわいにも当時、わたしはメリーランド大学の大学院に在籍していて、そこの図書館に勤めていた粘り強い司書が図書館内の所蔵資料を調べまわって、父のオーラル・ヒストリーの資料がコロンビアに保管されていることを突き止めてくれたのです。わたしは父の遺言執行人でしたから資料の写しを入手することができて、父の幼年時代の赤裸々な出来事や日本での体験談を単に知っただけでなく、それらの記録が父にとってどんな意味を持っていたのかを父のことばから直接に知ることができました。その内容はどれも、生前の父が一度も語ってくれなかったものでした。

音声記録を聴きながら、わたしの祖父ポール（わたしの弟の名前と同じです）のことを思い描いていました。祖父のことは、祖母の部屋にかかっていた一枚の写真のほかには何も知らない人です。祖母のナニーが、ピロシキの詰め物を作ったりストーブの上でボルシチ（冷たいビートのではなく、キャベツとタマネギの香りのする温かいウクライナ風のスープ）をかきまぜながら、祖父のことを語ってくれたことを思い出しました。子供のときに遊びに行ったころの祖母は、編んだ髪をうしろに束ねていて、髪の毛は灰色というより、まだ茶色のままでした。祖父のことを話すときは、いつも遠くを眺めるような穏やかな口調になり、そっけないふだんの口調ではありませんでした。そんなときの祖母の目には、恋をしている乙女の姿が浮かんでくるのでした。祖母は、みんなが祖父のことをロシア皇帝のニコライ二世のようだと話していたと断言するのですが、祖父の写真をいくら眺めてみてもニコライ二世に似ているとは思えませんでした。祖母は、祖父の貴族的な風貌を誉めたたえていたのです。

祖父は、痩せて神経質な知識人で胃弱だったと祖母は言っていました。子供のころ祖父の継母から十分な栄養をあたえてもらわなかったため、「虚弱体質」に苦しんでいたのだそうです。わたしの曾祖父はラトビアで仕立屋をしていたユダヤ人で、初めの妻が分娩時に亡くなったときには、もう大家族になっていたので、子供全員を養うためのお金が十分にはなかったし、後妻は自分が生んだ赤ん坊ばかり可愛がったので、祖母の話によると、そんなわけで祖父のポールは才能があってやさしい性格だったのに体は丈夫ではなかったというのです。

図3　父ハーバート・スサンの両親。ポール・スサンとクララ（ナニー）・ゴルドライヤー。1920年ころ。

祖母は、子供のころに虚弱体質だった祖父の体を丈夫で健康な体にしようと懸命だったようです。祖母が自分よりも十歳以上若い「老婦人」のところへスープを届けていたことをわたしは覚えています。祖母は、その老婦人は少しも外出しないで自分のことしか考えなかったから、あんなに老けてしまったのだと説明していました。祖母の説によると、だから自分は少しも老けていないというわけです。九十三歳になって病院で死をまぢかにしたときでも、自分のとなりのベッドに寝ていた「貧しい男性」が胃潰瘍のため苦しみながら家族を養うための仕事ができないことを苦にしていたのを、祖母は、自分が亡くなる前の晩にも、わたしが元気でないからこの男の人の面倒を十分に見てあげられないと息子だったわたしの父に言って、となりの男性患者に謝ってほしいと頼んだほどでした。

わたしが少女のころ、祖母はハドソン川を眺められるウエストサイドの共同住宅に住んでいて、遊びに行くと、わたしの大好きな料理を作ってくれました。それはニンジンとレーズンを添えたゼリーソースのサーモンステーキで、よそでは食べたことのないほどおいしい料理でした。横町の食料品店から赤ピーマンを買ってきて、ほっぺたに赤い汁をつけながら祖母の料理を頬ばって食べたものです。大学生になると、パラフィン紙で包んだコーヒー缶や三日月型のケシの実入りの手作りクッキーがいっぱい詰まった小包を送ってくれました。父が大学生のころに祖母が自分の息子に何を送ったのか訊きませんでしたが、祖母が手作りの食料品を母親として父に送らなかったとは考えられません。

祖母が言うには、祖父は天才で、土木技師でありながら視力訓練装置の開発者だったそうです。父は何度もわたしに、祖父はロウアー・マンハッタンにあるコンソリデーテッド・エジソン社の発電所の設計にたずさわっていたと語ってくれました。祖母のナニーは、ある助産院の婦長をしていて、そのとき祖父のポールと知り合ったのです。当時の祖母は、自分が分娩しようとしているときなのに、ほかのスタッフに自分の分娩の処置法を指示して、分娩後もみんなに指示を出していたと父は言っていましたが、その話が祖父のポールの耳に届いて無茶なことをしたと腹を立てられても、祖母は決して言い争うことはせず、祖父の言うことはいつも正しいと考えていたのです。当時の祖父は、夜間と週末になると目の治療を受ける患者を診察し、祖母は看護婦として手伝っていて、二人は自宅の居間を待合室にしていたと父は話していましたが、わたしが少女のころの祖母は、祖父が作った視力回復装置をまだ部屋に置いていて、義理堅い患者たちの診察をつづけていました。

＊＊＊

ハーブが少年のころ、一家はブルックリンへ移り住み、東欧からの移民たちでごった返していたロウアー・イースト・サイドの騒々しいアパートをあとにして、やっと落ちつくことができた。新たな住まいの近所は、高層アパートがコンクリートの区画で入り組んだように建ち並び、広い表通りとは隔たっていた。ハーブの寝室の窓からは、明かりのともった高層アパートや、ブラウン・ストーンで造られた家並みがあたりを取り囲んでいるのが見えた。その景色を眺めているうちに、ほかの人生を歩んでいる人たちの光景がハーブの目の前にあらわれては消え去って行った。彼方には、照明でかがやくおとぎの国のようなニューヨークの街がひろがっている。あそこのアパートや家々に暮らす人たちは、開け放った窓の前をとおりすぎたりベネチアン・ブラインドのうしろに姿を隠したりしながら、愛し合っているのか泣いているのか、よろこんでいるのか打ちしおれているのか、思いやりがあるのか非情なのか、裕福なのか貧しいのか、さまざまなのだろう。ハーブは、そんな人たちについて語られる物語のすべてを思い浮かべながら眠りに就いた。

　十三歳になると、ユダヤ教のモーセ五書であるトーラーを得意そうに朗読して、「バル・ミツバー」というユダヤ教の授戒を受け、ユダヤ人社会の男としての地位と責任を授かった。それからまもなくしてハーブは病気になり、三週間ほどベッドに横になっていたとき初めて、自分の父が昼間からベッドに横になっていることを知った。

　夜中の二時ころ、叫び声で目がさめた。叫び声は両親の寝室からだった。恐ろしさで震えながら、寝ぼけまなこのまま、よろめくようにして階下の両親の寝室へ降りて行った。夜中に両親の寝ている部屋のドアを開けるのは一瞬ためらわれたが、思いきって部屋に入ると、母のかたわらに父が手足をのばして静かに眠っているように見えた。母が、「お医者さんを呼んで！　なんとかしなきゃ！」と泣きわめいている。

　父が眠っているのでないことがわかった。寝間着とスリッパのまま表通りに飛び出し、目をしばたたいた。だれもいない。どうすればいいんだ？　なんとかしなきゃ。だけど何をすればいいんだ？　両側に並んだアパートの建物のあいだには広い道路があったが、そこには一台の車も走っていない。それぞれのビルの一階にはクリニックがあるが、今の時刻ではクリニックの窓に明かりがともっているところはない。クリニックの前で叫んでもドアを叩いても応答はなかった。あのとき自宅に電話があったとしても電話をかけようとは考えなかっただろうし、電話をしても無駄だったはずだ。

（父は、あのとき自分が気がつくのがおそかったとは一度も口にしませんでした。そのときは自分の父がもう死んでいたことを心のどこかでわかっていたにちがいありません。祖父は、いつか一緒に旅行に連れて行ってやると父に約束していたのに、約束を果たすことができなくなりました。葬式が終わって、父は二度とシナゴーグに行かなくなりました。十数年後、わたしがシナゴーグに行きたがっていることを知った父は、ひどく反対しました。わたしは、祖父の死のことで神が父に何をなし給うたのか知りませんでしたから、父がなぜ神を許すことができなかったのか、そのときは知らなかったのです)

＊＊＊

図4　ハイスクール卒業時のハーバート・スサン。（わたしの祖母の所持品にあった写真。撮影者不明）

ハーブはずっと前から自分の生き方を決めていて、今その計画を実行に移したいと考えていた。そのためには、なんとしても南カリフォルニア大学へ入学しなければならなかった。その大学は映画の制作技術を学ぶ課程がある国内で唯一の大学だったから、映画が制作できるようになるためには南カリフォルニア大学に行くしかなかった。大学はハリウッドの近くにあって、映画芸術アカデミーのすぐれた人材を招聘《しょうへい》していたから、それを思い浮かべるだけでもすばらしいことだったし、そのような環境が実際に大学にはあったのだ。

母親のナニーは、息子が映画館に行って『ハリウッド万歳《Hooray for Hollywood》』という映画に夢中になることはすばらしいと思ってはいたけれど、映画を制作することは一人の男が生涯かけてする仕事ではないと思っていた。一人息子が、ばかげた映画制作に一生をささげるためニューヨークで最上のハイスクールのひとつだったスタイベサント・ハイスクールに苦労して入学させたわけではなかったし、技術者の父と看護婦の母をもった息子は将来は医師になって世の中に貢献しなければならないと考えていた。そのため母と息子は毎晩のように言い争った。

おまけにナニーにとっては、まだ十七歳の息子がハイスクールを卒業してアメリカの西の端にあるカリフォルニアの大学まで行くという現実を受け入れることなどできなかったし、なぜあんなばかげた考えに熱中するのかも理解できなかった。親子は、お互いの主張について、ほかのニューヨーカーと同じように早口で大声になって議論し合ったが、議論が熱を帯びると感情的になってきた。

「じゃあ、南カリフォルニア大学って、どんな学校なの？　聞いたこともない大学だわ。くだらない学校のために、あんたがアメリカの端っこまで行くなんて、ニューヨークにはちゃんとした大学がないとでも思っているの？」という、イディッシュ語のリズムとロシア語訛りのナニーの声が聞こえるようだった。

たしかに、そのころの南カリフォルニア大学は学問的な雰囲気のない大学で、フットボールチームと構内のカントリークラブが有名なくらいだったし、カリフォルニアの裕福な家庭の出来の悪い子女を受け入れるような大学でしかなかった。

ナニーのつぎの一手は、「わたしをここで未亡人のように独りにさせるなんて、今まであんたに十分なことをしてやれなかったとでもいうわけ？　こんなやり方をして、ここから逃げ出すなんて、パパが許すとでも思っているの？」と訴えることだった。

「ぼくは逃げ出すんじゃないよ。生まれてから、ずっとやりたいと思っていたことをやるために、あの大学へ行きたいんだ。あそこは、ぼくが学びたいことを教えてくれる唯一の学校なんだ。それに、ここはニューヨークなんだよ。ロシアじゃないんだ。だれもママを心配させるような人なんていないじゃないか。ここで仕事ができるし、友だちもいるじゃないか。独りでも、ここで元気に暮らせるんだ。ずっとママの面倒は見ると約束するよ。いつも気にかけているじゃないか！」

「面倒を見るというけど、結婚して子供ができたら、どうするつもり……？　まるで映画のおとぎ話みたいね……？　ちゃんとした仕事に就くためには教育を受ける必要があるでしょ……？　あんたは、もう一人前の男じゃないの……？　どうなの……？」（わたしが知っている祖母は、疑問符をつける言い方のときは完結文にしませんでした）

「ママは何もわかっちゃいないんだ。ぼくには、わかってるんだよ。映画を制作することが、どうしてもやりたいことなんだ」

二人の議論は、ようやく取引が成立した。それは、ハーブが十七歳になったつぎの秋にニューヨーク大学の医学部に入学するというもので、母親の強い希望をあくまで拒絶することができなかったのだが、ただし、ニューヨーク大学に一年間在籍しても本人の意志が変わらなければ南カリフォルニア大学へ入学することを認めることで両者は同意したのだった。とはいえ、これで話し合いが終わったわけではなかった。母親の方は、息子をニューヨーク大学に進学させてから一年がすぎる前に、母親の将来のことを考えてくれるよう息子を説得するつもりだった。しかしハーブの意志は固く、ナニーはついに息子を南カリフォルニア大学へ行かせることになった。

その年は、まだニューヨークにいたことで、ハーブにとっても、うれしいことが少なくともひとつあった。ニューヨークで万国博が開催されたことである。ナニーは、息子と一緒に万博会場のフラッシング・メドウへ行くのに五セントの地下鉄に乗って、息子の手をしっかり握っていた。未来は驚くような世界になろうとしていた。ＲＣＡ社は視覚化された電信装置を展示していて、それは装置の蓋に鏡から反射させた映像を映し出す初期のテレビだった。ハーブは、その映像を見ながら自分の将来の仕事を見たような気がした。「トライロンとパースフェア」という世界最長のエスカレーターで、塔の頂上まで歩く歩道がついた巨大な球体が万博会場のシンボルになっていた。まもなく、その構造物の金属部分は戦時体制になって鋳つぶされることになったが、一九三九年ころはまだ科学技術のめざましい進歩による興奮と熱狂がつづいていて、そんな暗い影は人々の心からは押しやられていた。それにハーブは、その年の終わりまでには明るい未来に向けて出発することになっていたのだ。

＊＊＊

ハーブは、夢に向かう列車に乗り込みながら、戦争のことなど頭になかった。

マンハッタンの高層ビルが列車のうしろに消え去って行く。変わり行く車外の風景を見ようとして窓に顔を近づけたので、窓ガラスが息で曇った。ペンシルベニアの農場は、秋の実りが何キロメートルにもわたってつづくばかりで、ほかにはサイロと納屋が目に入るだけだった。中西部をすぎるあいだの森や街。夜になると、満点の星の下に淡黄色に浮かびあがって見える大草原。高層ビルの垂直線ばかりを見なれてきたハーブにとっては想像もできないほどはるか彼方にまでひろがる地平線。列車は、頂上に雪をいただいた西部の山々のあいだを走り抜け、砂漠地帯を走りすぎながら、空気はひどく清新で、遠くに見える一本の木までが、くっきりと見えて、手前にある茂みと見分けがつかないほどだった。そして列車は、ようやくロサンゼルス駅に到着した。

道中で列車が停車するたびに何度もプラットホームに降り立ったが、それは食べものを買ったり手足を伸ばしたりするためではなく、人々の様子が驚くほどちがっていることを見たかったからだ。アーミッシュ帽やカウボーイハットをかぶって、鼻にかかった口調や単調な母音で話し合う人たち。その人たちは、ニューヨーカーとは姿も行動も話し方もまったくちがっていたけれど、それでも、やっぱり同じアメリカ人にちがいないのだ。若いときの純粋なよろこびのなかに、こんな驚くべき発見があることを知って、ハーブはアメリカという国がいかに広大な世界かということを忘れることができなくなった。

＊＊＊

このときの旅行について記した父のノートを読みながら、若さと好奇心とよろこびに充ちていた当時の父の姿を思い浮かべてみました。それまでのわたしは、父のことを、よそよそしくて、わたしを失望させ、怒ってばかりの存在としてしか思い出すことができなかったのです。わたしがロシア語と中国語を学ぼうとすると、政府の当局者から目をつけられるといって怖れ、わたしの反戦論をばかげていると決めつけ、黒人の男性と結婚することにも賛成してくれませんでした。どうしてなのかわかりませんでしたが、父はだれも信用していなかったようです。父の口癖は、「できたはずだ《coulda,》、やるべきだった《shoulda,》、やるつもりだった《woulda》」で、自分がやらなかったことに対して何度も欲求不満と悲嘆をくり返すのでした。わたしは父を愛していましたし、わたしのことを自慢してほしかったのですが、父のお眼鏡には適《かな》わなかったようです。父が腹を立てるのは、わたしに対してなのか自分に対してなのかわかりませんでしたが、父のことをあれこれ思い出してみても、今までは、よろこびについて思い出すことはありませんでした。

　また父は、長いあいだロサンゼルスで暮らしながらも、心の底では、いつもニューヨーカーだったことはたしかです。ニューヨーカーのように車の免許を取りませんでしたし、父にとってブロードウェイとウォール・ストリートは、ただのシンボルでも比喩《ひゆ》でもなく、本来の居場所だったのです。父の居場所は、グランド・セントラル・ステーションから旅立った若いときと少しも変わらなかったのですが、ニューヨークとは別の世界では、どんな出来事があったのでしょうか?

　父が亡くなってから広島を訪れたわたしには、父の願いを叶え、核戦争の恐怖を体験した人たちの物語を保存したいという想いをはじめとする多くの目的がありましたが、その目的のなかには、わたしの生涯で出会うことのなかった父の別のおもかげを探し求めたいという気持ちもあったのです。

3　父の他界

一九八五年、ニューヨーク

わたしが語り部の沼田さんのもとを訪れるようになったのは、父が亡くなったことがきっかけでした。一九七〇年代の終わりころになって初めて父の体の具合が悪くなったとき、どこが悪いのか、だれにもわかりませんでした。医師は、初めは心臓のせいだと考え、つぎには膵《すい》炎、そのつぎには腎臓の癌ではないかと考えたのですが、結局、何が原因なのかわからないままでした。容態が悪くなって入院生活が長びいてくると、何度も譫妄《せんもう》状態を起こし、いよいよ命が危くなりそうなことがはっきりしてきました。医師たちは、はっきりした原因がわからないまま、つぎからつぎへと検査をつづけ、わたしたち家族の方は、父はもうだめなのか、それとも、かすかな望みがあるのかという宙ぶらりんの状態に置かれました。母は医師たちに向けて何とかしてほしいと嘆願しましたが、結局は同じ問答のくり返しになりました。

「もっとも考えられるのは非ホジキン型リンパ腫ですが、骨髄検査の結果では診断がつかないのです」

「診断がつかないって、どういうことなんですか?」「検査の結果が陰性ではないということなのです。つまり非ホジキン型リンパ腫も除外できないという意味なのですが、確定診断をくだすことができないのです」

容態がいよいよいけなくなって、ある木曜日の晩、わたしたち家族は病院の小さな会議室へ集められました。母、弟、わたし、父の主治医、それにインターン、レジデント、病棟医長、専門医など数えきれないほどの医師たちも同席しています。緊張と不安に充ちた空気で部屋のなかは張りつめていて、医師たちも、父の病気が自分たちの技術で解明できないことに苛立っているようです。

「主人は何とかならないんでしょうか？」母の声が部屋のなかに甲高く響きました。

「検査をしたかぎりでは、いくつかの病名が考えられるのですが、そのほとんどは除外されていて、今もっとも考えられる病名は非ホジキン型リンパ腫の疑いが残っているのです」「じゃあ、どうして治療をして下さらないんですか？」わたしが発言しました。「父は症状がひどくなるばかりで、してもらっていることといったら検査ばかりじゃないですか！」

医師団は、非ホジキン型リンパ腫に対する治療は副作用が強く、副作用のため患者がどうなるかわからないので診断が確定するまでは治療を開始することができないと説明し、そう説明した医師が身を乗り出してつづけます。

「化学療法を開始して、そのために病状がさらに悪化したら、リンパ腫でなかったということになりますので、そうなれば問題になるのです」問題？　わたしは、だれが問題になるのかと思いました。

「じゃあ、治療をしないとすれば、どうなるんですか？」

わたしたちの部屋は、集中治療室から流れ出ようとする混乱状態を押しとどめている、海に浮かんだ苦悩に充ちた島のようでした。開かれた部屋のドアの向こうからは、モニターの信号音が鳴りひびき、ゴム底のシューズを履いたナースたちが競争のように駆けまわる足音や、くぐもった電話の呼び出し音や警報音やコール音などが聞こえてきます。十分に効いた空調装置から漂ってくる消毒剤のかすかな臭いのせいで、果実のような人間の汗の臭いはしません。わたしたちの部屋の向こうでは、ガラス張りの集中治療室の外から、ひとかたまりの人たちが呟きながら、チューブとワイヤに取り巻かれた愛する家族である患者を見守っています。

「衰弱が強まっているので、おそくとも今週中には何か処置をしなければなりませんが、それでも病気と治療には耐えられないかもしれません」医師たちがそう説明します。

「あなた方は、問題になったらいけないので、はっきりした診断がつくまで治療することができないとおっしゃいますが、今すぐにでも治療をしなければ、いずれにしても父は亡くなるんじゃないでしょうか？」そう言いながら、わたしの口調には医師たちに抗議するかのような響きがありました。「わたしたちとしては、翌日か翌々日に予定している検査の結果によって診断が確定できると思っています。そうなれば、今の病状の原因が明らかになって、治療を検討するつもりです」医師はそう説明しましたが、

「でも、今日はもう木曜日ですよ」とわたしは言いました。

説明した医師が、ゆっくりとわたしの方に視線を向けて目が合いました。医師の目は、不愉快さと用心深さに充ちています。その瞬間、わたしが弁護士だということを母が医師に伝えたのにちがいないと思って、はっとしました。医師たちが訴訟を怖れて治療をためらっているのは、わたしのせいなのです。でも突然、腹が立ってきました。わたしは自分のことを、お金をせしめるのに夢中になっている殺し屋まがいの弁護士などとは考えていませんでしたし、弁護士としてのわたしの仕事は、社会の片隅で息を

潜めている被虐待児童たちや、弱い立場の老人たちや、出稼ぎの労働者たちのために法律を適用して奉仕することでした。とはいえ、医師たちが防衛医療をおこなっているからといって、わたしが弁護士だというせいで父を死なせるわけには行きません。

わたしは、医師たちに対する強硬な態度をあらためて、とにかく父の命をなんとか救うことを考えました。「わかりました。話を整理しましょう。あなた方の方針は正しい。もし治療をおこなって、それが医療過誤だとわかれば訴訟を起こすかもしれません。でも、これだけは言っておきますが、とにかく今、何らかの治療を開始してもらえないのなら、わたしとしては治療放棄、医療過誤、そのほか考えられるすべてについて訴訟を起こすつもりです。いずれにしても、あなた方が法的な問題に直面している以上、今すぐ医学的に最善を尽してもらいたいんです」

＊＊＊

その日、医師たちは非ホジキン型リンパ腫に対する治療方針にもとづいて化学療法を開始しました。医師たちは、とにかくやってみることにしたのです。すると父は、すぐに治療に反応しはじめて、その結果、非ホジキン型リンパ腫の診断が確定しました。病巣は、脾臓《ひぞう》、リンパ節、脳にまでひろがっていましたが、少しばかり病状が改善してきたので、脳と脊髄液にある癌細胞を叩くため頭部に放射線が照射され、脳の病巣を直接治療するためシャント術がおこなわれました。これはシャントを造って、薬剤が血液脳関門を通過できるようにするためです。

ところが、持続的な「脳への侵襲」（医師たちが、癌細胞、放射線療法、シャントの植え込み、それらによる感染症などが原因となると述べたような）によって、びっくりするような精神症状が出現してきました。病床の父は、金属アームからベッドの上に引き出された小型テレビから火星人が話しかけてくると言って怖がり、ナースたちが自分を殺そうとしていると思い込み、妻が自分を刑務所に入れようとしていると言って腹を立てました。なかでも、放射線療法によって自分は毒殺されると叫び、放射線治療のために連れて行かれるときは、いつも暴れました。意識が清明なときと混濁したときとが交互に出現し、病気の改善と増悪とをくり返しました。

母は大量ビタミン療法と代替療法の効果を信じ、父も、日本人は原爆症を予防するため緑茶を飲んでいたことを思い出していました。医師たちは、そんな当てにならない治療の効果については関心がなさそうでしたが、父が医学的治療を受けることに家族が納得している以上、民間療法のジュース、お茶、サプリメントを母が持ち込むことに同意しました。

母は、ノーマン・カズンズが著書『病気の解剖学《Anatomy of an Illness》』のなかで述べている「笑いとビタミンC療法」を評価しているウィリアム・ヒッツィヒ博士のところに相談に行きました。カズンズは、「原爆乙女」の物語の中心人物で、戦争が終わったあと、日本人のキリスト教聖職者だった谷本清牧師が支援を求める、原爆でひどいやけどを負ってケロイドができた少女たちの窮状に強い関心を寄せていました。ケロイドで醜い姿になった少女の親たちは、娘を人目に触れさせないようにし、少女たちは就職するときも採用を断られ、さらに悪いことに、奇形児が生まれるという風説がひろまっていたため結婚することもできなかったのですが、谷本牧師は、このような窮状を世間に公表して、ケロイドの治療を受けるための資金を集めようと努力していたのです。

カズンズが妻と一緒に日本を訪れたとき、谷本牧師が被爆でケロイドができた少女たちを二人に紹介し、それをきっかけにカズンズはケロイドの外科治療のため少女たちをアメリカへ連れて行く計画を立ち上げたのです。ヒッツィヒ博士はカズンズのかかりつけ医で、この話を聞いてカズンズの計画を支援するためニューヨークの医師たちに協力を求め、一九五五年に二十五人の少女たちがアメリカにやって来ました。そして、治療を受けるあいだ滞在する何軒かのクエーカー教徒の家に温かく迎えられて、多くの手術がおこなわれ、その結果はさまざまでしたが、アメリカ人と勇気ある少女たちとの絆は、それからも長くつづくことになったのです。

両親は、ヒッツィヒ博士が広島の原爆乙女の計画にかかわっていたことを知り、第二次世界大戦が終結したときに父が日本で体験したことをヒッツィヒ博士に語ったのです。両親の話によると、父は沖縄の近くにあった島に駐屯していて、そのあと東京へ派遣され、戦略爆撃調査団の特別任務の一員に選ばれたのです。父たちの一行は、一九四五年十二月の初めから日本の各都市を列車で移動しながら爆撃による破壊状況をフィルムにおさめる任務に就き、原爆が投下された長崎と広島の二つの都市にも数ヶ月ほど滞在しました。父は、この話をヒッツィヒ博士にしながら、自分の悪性腫瘍は長崎と広島に残留していた放射能による後発障害によるものだと確信したのです。

＊＊＊

父が戦略爆撃調査団の一行とともに被爆地を訪れたとき、どれほどの放射能が残留していたのか、その放射能に被曝《ひばく》して数十年後に悪性腫瘍が発症するのかどうかについては、今でも議論があるところです。ただ、わたしの関心は、父が自分の悪性腫瘍が放射能のせいだと信じていたことを医学的に証明しようとすることではなく、父がそのように信じるということは、生涯にわたって父にとりついていた被爆地の記憶が病気によって呼びさまされたという点です。ともかく晩年になって、被爆地の記憶は父のなかで燃え上がるような存在になっていました。

父を治療していた腫瘍学の専門医たちに尋ねて確かめたかぎりでは、その因果関係について、可能性はあるが証明することはできないとのことでした。父が自分も被爆者だと信じていた点で重要なことは、これまでの心理面だけでなく、今では身体面でも原爆に侵されたと思い込んで、自分と被爆者とを重ね合わせるようになったことです。

父は、病気になってから、原爆の惨状をフィルムにおさめた当時の記憶についてやっと話をしてくれるようになりました。一九八三年、ジャーナリストのグレッグ・ミッチェルが *Nuclear Times* という雑誌に父にかんする記事を載せ、のちにロバート・ジェイ・リフトンとの共著 *Hiroshima in America*（邦訳『アメリカの中のヒロシマ』）という著書に父の体験について一章をもうけたのです。父はグレッグに向けて、フィルムは機密あつかいのため利用できないと三十年ものあいだ何度も言われてきたと説明し、病気になってからは、そのフィルムを公開するため努力している日本の団体と自分は連絡を取り合っていると語ったのです。

一九八三年、病気が小康状態になった父は日本を訪れ、自分がフィルムにおさめた被爆者たちに再会しました。その前から健康状態がすぐれなかったので、日本への旅行はかなり大変なことが本人にもわかっていましたし、その年の初めには、わたしの母が急死して悲嘆にくれていました。わたしは出産したばかりで、日本へ行く父に同行することができませんでした。いずれにしても、日本を訪れているあいだに、父は自分も原爆の影響を強く受けた一人として被爆者だとみなすようになったのです。

日本を訪問したことで父は世間に知られるようになりましたが、それからのちも、わたしたち家族に向けては、撮影チームの一員として日本で何を見てきて、どんな影響を受けたかについては何も語ってくれませんでした。わたしは、元気なあいだに体験談を書き残してほしいと父に頼みながら、原爆の惨状をおさめたカラーフィルムに何があったのか、今どうなっているのかという記録が少なくとも残っているはずだと思っていました。でも、父はわたしの話には興味がなさそうで、あのフィルムは自分だけの言語であって、ふつうの言語ではないのだと言い張りました。父は自分の人生に悲観していて、やることなすことに疑念を抱いていたのです。軍隊にいるあいだに、あのフィルムを使って自分が考えていたような、核兵器をなくすためのドキュメンタリー映画を制作することができず、自分が撮影したフィルムを目にすることもできないほど機密あつかいになっていると知らされると、失望したまま軍を除隊したのです。でも今では、もうおそすぎました。父は手伝いに雇った女子学生と一緒に資料を集めているということだけは話してくれましたが、そのくわしい内容については何も聞かされませんでした。それからまもなくして、父はふたたび入院しなければならなくなり、今度は、もう退院して自宅へもどれる状態ではありませんでした。まもなくして亡くなり、医師たちは父を解剖した結果、癌は見つからない状態だったと、まるで自分たちが正しかったかのように説明しました。たぶんそうだったのでしょうが、ともかく父は亡くなったのです。

一九八五年九月に父が亡くなったとき、わたしは父のそばにいなくて弟のポールだけでした。葬儀が終わってから、ポールとわたしは父のアパートへ行きました。父は病院で亡くなりましたが、アパートの部屋の空気はよどんで、かび臭く、かすかに死臭がするようでした。わたしたちは書類棚や机の引出しの整理をはじめました。父の遺品を探しまわっている弟の様子を横で見ていると、他人の家に侵入した人間のような気がしました。そこは父の私的な場所でしたが、当事者が死んでしまえば、私的なことなどお構いなしになるのです。父が再入院する数週間前のこと、ポールが電話をかけてきて、父が奇妙な小切手を書いているというのです。たとえば、コーヒーショップで出会った見知らぬ男性に向けて、自分が起業するための手伝いとして一万五千ドルの小切手を書いてやったということがありました。さいわい当座預金の口座にはそんなお金はなかったので、その小切手は不渡りになりましたが、たぶん医師たちが説明していたように、脳への侵襲によって、そんな奇妙な行動を取ったのでしょう。

わたしとポールは、ラベルのない印刷物や山のような書類を引っぱり出しながら、父の奇妙な行動が病気と治療のせいだと本人も思っていたのだろうか、それとも本当に父が考えていたことだったのだろうかとポールに尋ねてみました。「どう言ったらいいんだろうね?」ポールはそう答えただけです。わたしたちは、ふだんから父が何を考えているのかよくわからなかったので、それについてはうまく説明できないのです。父は、わたしたちにはわからないことで怒ったり不愉快になったりしていましたし、そうでないときでも、浅はかな感情しか持っていないかのようでした。わたしと弟は二人とも、父が戦争中にどんな体験をしたのか知ろうともせず、真実の物語を公にしようとして許されなかったことを父が嘆いていたことを知る手がかりさえ見つけようともしなかったのですが、人生の終わり近くになって父は初めて、初期のテレビの時代に責任者として制作した番組にあたえられた大きな業績とは別に、自分の手から取り上げられたフィルムのことが暗い影を落としていたことをやっと明らかにしたのです。

わたしは父の遺言執行人でしたから、父が残した資産と負債がどれだけあるのか調べる必要がありましたが、ひと筋縄では行かないことがわかりました。これまで自分の財産状況について話してくれたことはほとんどありませんでしたし、金銭について長いあいだ説明していたことのほとんどが首尾一貫していませんでした。おかげで、わたしたち一家は、今までは立派な住まいで暮らしていたのに、これからは貧しい住まいに移ることになりそうでした。わたしが大学生だったころ、奨学金をもらうため苦労したのですが、それというのも、父が必要な書類を大学に送ってくれなかったり、送っても書類が不備だと大学の担当者が伝えてきたためでした。法的なことについては、未成年者が親の保護から解放されることについて調べたりして、わたしが自宅からの援助を受けていないことがはっきりしたので、ようやく大学側が理解を示してくれて、わたしの収入に応じた奨学金を認めてくれることになったのです。

何時間もかけて父の残した資料を整理しているうちに明らかになったことは、父は秩序立ったことを何もしていなかったということです。一九五〇年代のテレビの脚本と一九七〇年代の新聞の切り抜きが一緒にしてあったり、わたしが数年前から送りつづけていた誕生日カードが最近の病院の明細書と一緒に折り畳まれたりしてありました。これらを整理し直すには、何時間どころか何日も何週間もかかりそうです。

父のアパートの居間に座っているとき、「ちょっと聞いてもらいたいことがあるんだけど……」とポールが話しかけてきました。「姉さんに言っておかなくちゃならないことがあるんだ。パパが亡くなる前に、ぼくに大事なことを言ったんだ」

弟を見つめながら少し戸惑いました。「大事なことって？　どういうこと？」

「うん、パパが言ってたんだけどね、……、つまり……、最期の願いとして、自分の遺骨を広島の爆心地に散骨してほしいと言ったんだ」

それを耳にしたときには、「ええ？　まさか」でした。そのとき、父からイディッシュ語を習ったときの一節を思い出しました。もっとも、「自分自身のことで苦労する《hab mein ebben tsuris》」というイディッシュ語の一節をわたしが使うことを父はきらっていましたが、実際に、わたしは自分の悩みをかかえていて、父の頭痛持ちまで受け継いでいました。父との不和は、わたしが十代のころからはじまり、黒人の男性と結婚することに反対され、社会のために役立つ法律の仕事にまで無関心を示されるまでつづいたことを思い出しながら、父が亡くなった今、自分は父からどんな世話になったのだろうかと考えました。

父が遺骨を広島に散骨してほしいということについて、弟にはわたしの気持ちをはっきり伝えませんでしたが、そのかわり、「ポールは、わたしたちがどうしたらいいと思っているの?」と尋ねました。でも結局、わたしたちには何もわからないままでした。

わたしはバージニア州アーリントンの自宅にもどり、ポールは父の資料を整理してから、父のアパートのドアを閉めて帰りました。それからまもなくして、ポールが父の資料をいくつか箱詰めにしたものをわたしのところへ送ってきました。箱のひとつに、「Hiroshima」と表書きされた何通もの茶封筒の包みが入っていて、その包みを開けて、なかの資料をめくりながら、父の思い出の記念物に初めて目をとおすことになったのです。

資料がとても多いことがわかって、胸がときめきました。父は、これほど多くのことをしてきたのです。その資料には、被爆都市にかんする記述と、その様子を映像に残そうと努力した足跡が刻まれていましたし、そのほかにも、家族のこまごまとした歴史、怖かった話、自分が軍隊には望みのない不適合者だという、こっけいな逸話、それに当時の歴史の側面などが、ごたまぜになっていました。

この、ごたまぜの資料のなかから少しずつ、今までわたしが出会ったことのなかった一人の人間のところへ、原爆が投下される前の父の姿のところへと導いてくれる断片を見つけたのです。

4　敵からの授かり物

一九八五年、ワシントンDC＆一九八三年、広島

一九八五年に父が亡くなってまもなく、被虐待児童を対象とした非営利児童センターの管理者として仕事をはじめることになりました。この仕事の採用面接を受けたとき担当課の人が、なぜワシントンの黒人の子供たちに関心があるのかと質問したので、自分の娘と義理の娘はどちらも黒人の子供に属するためだと答えました。それに、崩壊した家庭の子供たちを支援することにも強い関心がありました。ところがわたしは、支援するということは子供たちの世話をしたりスタッフとして熱心に取り組むだけではないということを理解していなかったのです。支援活動をするほかにも、センターの家賃を払い、必要な物品をそろえ、経済的な援助を受けなければならないのです。そのための資金集めが大変だということがわかり、未経験のうえに、十分な資金援助がなければ運営できないことを知りました。まもなく資金は底をつき、わたしの仕事もそれまでとなりました。

一九八三年に娘を出産したので、翌年に病気がちの父が一人で日本へ最後の旅行に行くときも同行できないことに罪の意識を感じながら、旅立って行く父を眺めているしかありませんでした。それから二年のあいだに、父を亡くしただけでなく、母と祖母まで亡くし、おまけに飼っていた猫までが突然に死んで、わたしの周囲は、まるで生命が長続きできないかのようでした。さらに夫は神経衰弱のようになって、所持品を置いたまま姿をくらましてしまいました（わたしは、病院、身元不明の死体公示所、親戚

など、思いつくすべてのところに電話をしてみましたが、それから八年のあいだ、夫が無事でいるのか、どこにいるのか何もわからないままでした。結局、それまでは精神的に安定していた夫と二人で何年かは仲よくすごしていたのですが、一九八〇年代になって、わたしは独りぼっちになって幼い子供を育てることになったのです）。心機一転して、初めて自分の家を持とうと決めました（それまで、わたしの一家はニューヨークの典型的な借家人でした）。わたし名義で購入するためには、配偶者が意図して失踪したことによる「配偶者不在」にもとづく離婚手続きを申請しなければなりませんでしたが、児童センターが資金不足で立ち行かなくなったとき、担保はあっても収入のない一人親だということが知れたのです。結局、家を購入することはできなくなり、悲しみと不安で打ちひしがれたまま、これからどうしたらいいかを考えました。そのころ、あるスピリチュアルの講習会へ出席して、「敵からの授かり物」という考えを教えてもらったのです。講師は、もっとも大きな障碍《しょうがい》や最悪の問題だと思われることでもよく調べてみて、その問題のなかにも祝福されるものが隠されていることを見つけるべきだと教えてくれました。

そのころ最悪だった問題というのは、自分の状況が八方塞がりのように感じられて身動きが取れず、どんな計画も立てられないと思っていたことでした。児童センターを運営できなくなったことがわかったときは、公益法人の弁護士としてどうすればいいのか考えることができなかったのですが、父がロサンゼルスで失業していた数年間のことをふと思い出しました。当時、父は放送関係の上層部と衝突してテレビ・プロデューサーの仕事をクビになっていました。数ヶ月のあいだ、無職になった父はスーツ姿で書類鞄を持って会社に行くような格好で出かけて行きましたが、そんな格好でバーバリーヒルズのあたりをさまよい歩いていたため、何度も警察官に怪しまれて職務質問をされたのです。そんな父と同じように仕事を失ったわたしも、どうしてよいかわからない状況になっていたのです。

でも、仕事がないということは、自由な身になれて、その時間を利用できるという授かり物をもらったのだと気づいたのです。もし、いったん仕事に就けるようになって、娘も小学校へかようようになれば、旅行に出かけることがずっとむずかしくなります。そう考えると、これまでは父に対して義務のように感じていたことを実行に移すちょうどよい機会だと思えて、日本へ行って父の足跡をたどる計画を立ててみることにしたのです。

具体的な方法については、もともとあまり深く考えない性格なので、娘を連れて日本へ行くときはオープンチケットを購入しました。かよっている教会からは励ましの手紙もいただきましたが、そのころの日本で、わたしが知っている人は二人しかいませんでした。

そのうちの一人は、以前に日本人の留学生だった角谷《すみや》昌彦という人で、アメリカの大学で経営学を専攻する前に英語を学ぶため、わたしの自宅にホームステイをしていたことがありました。わたしが角谷さんを二週間のホームステイに選んだとき、紹介してくれたプログラムの担当者が娘に向けて、「君の新しいお兄さんだよ」と言ってくれました。娘はすぐに角谷さんと仲よくなって、マサ（角谷さん）は、それからずっと家族の一員みたいになりました。マサは、留学中のウェスタン・メリーランド・カレッジの講義がない休みの日には、わたしの家ですごし、カレッジの卒業式には、わたしも娘と一緒に出席しました。わたしに日本語の単語をいくつか教えてくれたりして、卒業した年の夏には東京の自宅へ帰る予定で、わたしたちをいつか日本へ招待して家族に会わせたり、アメリカのクラスメートと一緒に日本各地を旅行するつもりだと言っていました。そして、マサのアメリカ時代のクラスメートが一九八七年の夏に日本へ行く予定を立てていたのです。

もう一人の知り合いの日本人は、岩倉務《いわくら》さんです。岩倉さんの所属する市民団体は、広島市・長崎市原爆災害誌編集委員会として知られていました（現在は、東京の日本平和博物館会議に編入されています）。この団体は一九七七年に設立され、日本人に平和への関心を高めてもらい、原爆がおよぼした影響を世界中に理解してもらうことを目的としていて、戦争によってもたらされた日本国内全般の影響、なかでも被爆地を撮影した写真を集めて編纂し、『広島・長崎の原爆災害』を発刊しましたが、この本は、一般には目にできないような生々しい写真を掲載していて、一九七八年に開かれた国連軍縮特別総会で各国代表に配布されました。さらに総会の開催にあたって、核兵器による人体へのショッキングな写真を展示しました。

＊＊＊

一九七八年に悪性リンパ腫の入院治療から自宅へもどった父の病状は一進一退でした。父が暮らすキップス・ベイのアパートの見晴らし窓からは、歩道の植え込みに植えられた木々が芽吹いているのが見わたせて、五月下旬の日射しで歩道が明るく輝いています。父は、部屋からわずか数ブロック先の国連本部で催されている広島と長崎の被爆写真展にかんする記事を読んでいました。

ある日、杖を使って歩けるくらいに調子がいいということで、写真展を見るため、国連本部まで歩いて行くことにしました。まだ六十代前半でしたが、歩き方は老人のように心もとない様子です。それでも国連本部で開催されていた写真展の部屋に入って、自分の過去をふり返ったのです。

展示されている写真は、一般の来館者には見なれないものばかりでしたが、父はひどくなつかしそうに写真をじっと見つめています。そして一枚の写真の前で、すっかり立ち止まってしまいました。杖を突いたまま前屈みになって確かめるように近づき、じっと見つめています。引きのばされたその写真に写っている人は、背中一面がやけどによる水疱が破れて真皮がむきだしになった十六歳の少年でした。父は少年を知っていました。そして長崎の病院で、この少年を写真に撮るため撮影用のライトを点灯したとき一瞬たじろいだことを思い出しました。ライトの熱で少年のやけどの痛みが強まるのではないかと思ったからです。

父は、展示室のなかで快活で熱心そうな日本人の関係者のところに歩み寄って、あの写真を撮ったのは自分だと伝えました。その日本人が岩倉務さんで、岩倉さんは展示写真と同じ場所や人物を撮影したカラー映画のフィルムを調査することに熱心だったようですが、父から、自分が撮った写真を現像したあとそのフィルムを見ることができなくなった事情を聞かされて驚いていました。父は、自分はなんとかフィルムを見ようとしたものの、そのフィルムは非常にデリケートな内容で機密あつかいになっているし、いずれにしても、一般の人には興味のないものだと言われたのだと岩倉さんに説明しました。

父は、そのフィルムを使って一般向けのドキュメンタリー映画を制作し、核戦争が人間へおよぼす影響を伝えようとずっと考えていたのです。映画が訴える力を信じ、生き生きとしたカラー映像は、単なる記録やことば、あるいはスチール写真などよりも、はるかに人々に訴えることができると考えていました。映画には、直接的で、人間的で、直感的なものがあると父は考えていたのです。ただ、軍の当局は父の考えにはあえて関心を払おうとせず、フィルムは機密あつかいのまま軍事教練用の映画を制作するためにだけ使用されたのです。それでも、軍を除隊して初期のテレビの仕事に就いたあとも、そのフィルムを使って映画を制作しようと考えつづけ、機密情報の取扱許可をもっている幾人かの人にも会い、自分が撮影したフィルムを見せてほしいと頼み、結局、それが期待はずれに終わって自宅の夕食の席で不満を爆発させたことをわたしは覚えています。でも、そのころのわたしは、父がなぜあんなに興奮し、がっかりしたのか少しもわかりませんでした。

岩倉さんは父の話を聞いてから、当時のフィルムがどういう運命をたどったのかを調べようと決心し、岩倉さんがのちに父に語った話によると、アメリカ政府は一九六二年に法律を適用して父のフィルムは機密あつかいにされ（連邦法では、ある期間がすぎると、機密となっている情報を公開して閲覧可能にする義務がありました）、現在はワシントンにある国立公文書館に保管されているとのことでした。USAF342番と記された九万フィート（約二万七千メートル）におよぶ未処理のフィルムがそこに保管されていたのです。岩倉さんが聞いた話によると、父が自分の撮影したフィルムを探すため数年前にノートン空軍基地を訪れたとき、フィルムのカードに「機密」と記されていたのは単なる「事故」だったそうで、父がフィルムを見る手続きを何度も求めて、そのたびに無理だと言われてきたことは、すべて「手ちがい」だったのです。父は、機密あつかいのフィルムが手ちがいで見ることができなかったなどとは信用していませんでしたが、今では自分のフィルムを見ることができて、しかも身近なところに保管されていることを知って驚いていました。

フィルムの保管場所がわかったので、つぎに岩倉さんは、そのフィルムを入手して閲覧できないかと考えました。国立公文書館では、フィルム一フィートごとにコピー料を徴収していましたので、岩倉さんは、のちに「10フィート運動」として知られるようになった草の根活動を思いつき、10フィートのフィルムをコピーするのに必要なおよそ三千円（当時の約十二ドル）の募金を集めるため日本国内の人たちに呼びかけたのです。このユニークな活動には何十万人もの人が協力したそうで、フィルムの完全なコピーを買い上げてドキュメントリー映画として制作するのに必要なお金（約千二百五十万円）が集まったのです。岩倉さんの団体は、そのフィルムのほかに、病院で撮影した被爆した患者の氏名を記したカードのコピーも入手しました。こうして岩倉さんの団体は、このカードを日本語に翻訳して、生き残っている被爆者をできるかぎり特定する作業に取りかかったのです。

広島では、ＹＭＣＡ国際平和研究所の所長だった永井秀明氏による調査がはじまり、永井氏が沼田さんに連絡を取って、10フィート運動の団体が入手したフィルムの一部を使って制作する短いドキュメンタリー映画に出演してもらいたいと依頼したのです。父は、10フィート運動の募金がニューヨーク・シティーに届けられた一九八二年に岩倉さんと再会し、こうして、団体が制作した『予言』と『にんげんをかえせ』という短編映画が第二回の国連軍縮特別総会で上映され、このときに沼田さんも岩倉さんに同行して渡米したのです。

父と沼田さんは、映画が上映される席で三十六年ぶりに顔を合わせました。沼田さんは父のことを覚えていて、父の方も沼田さんのことがすぐにわかりました。そして、二人はお互いに黙ったまま数分間、見つめ合っていたそうです。沼田さんは、父の頭が薄くなったのを知り、ひどく歳をとって弱々しそうに見えたようですが、父の方は、沼田さんがまだ元気で快活な様子に驚いたようです。

のちに沼田さんは、父が顔に深い皺をよせて悲しそうな表情をしながら、本当に申し訳ないことをしたと言いつづけていたと語っていましたが、沼田さんは父に向けて、あなたのことは少しも恨んでいないし、今は写真を撮られたことに対して悪い気持ちは抱いていないと伝えました。たしかに沼田さんは、長いあいだアメリカのことを恨んでいました。原爆を落とされなかったら自分の人生も体も全然ちがっていたはずでした。でも、あの当時は写真に撮られることはいやだったのに、今では、父が撮った当時のフィルムが記録として残されてよかったと語っています。沼田さんは、どんな国にも戦争の犠牲者がいることに気づいたのです。そして、戦争は憎いけれど、どんな人間も憎んではいないと語っています。

沼田さんは、ドキュメンタリー映画を鑑賞するために訪れていた人たちに向けて父が話しかけているのをそばで聞きながら、父が日本で体験したことやフィルムについて自分が抱いている想いを語っているのを知って、そのとき初めて、父が自分の写真を撮った動機と想いを知ったのです。父は「わたしも被爆者です」と沼田さんに言い、沼田さんも「あなたもそうです」と言いました。

父は、九十歳ちかくになる母親のナニーを一緒に連れて来ていて、自分の話を聞かせ、ドキュメンタリー映画を見せました。それから母親に沼田さんを紹介し、沼田さんの話を母親に熱心に語っていました。ナニーは、はるか昔に息子が撮影した映像を鑑賞しながら、被爆者たちが語る自分たちの悲惨な話に耳を傾けていました。ナニーは、そのときになって初めて、自分のもとへ帰って来た息子が、はるか昔に戦争に送り出したときの息子でないことを理解したのです。

＊＊＊

明くる年（一九八三年）、岩倉さんは両親が日本を訪問する手配をととのえてくれました。わたしが覚えているかぎり、父は以前から、日本はすばらしい文化を持っていて是非もう一度日本へ行ってみたいと話していました。わたしたち家族に、食事のときの箸の使い方を教えてくれたり、好きな日本料理は「スキヤキ」だと言っていました。それから、わたしに日本語の単語をいくつか教えてくれたりしましたが、そう話しながらも、これまで日本へ行くことはありませんでした。それが今ようやく、母と一緒に戦後日本の楽しい旅行の思い出を残そうとし、母も、父が長いあいだ抱いてきた苦悩を理解するために日本へ同行するつもりになっていました。

一九八三年四月のある日、日本への旅行計画が進んでいるころでした。母は自分の仕事場だったフォト・スタジオから歩いて帰宅している途中からひどく体がだるくなったので、少し休もうと思って自宅のあるビルのロビーまで帰り着いて、エレベーターの向かい側にあった冷たい大理石のベンチに腰をおろして休みました。そして母は座ったまま亡くなったのです。

父は、解剖に同意しませんでした。かつてはモデルをしたこともあった母の体が切り刻まれることに耐えられなかったのです。母が亡くなってからの父は、ぼんやりした顔をしたまま部屋の隅をあちこち見まわしながら、隠れている母を探し出そうとでもするかのような様子をくり返していました。父は自分の方が先に死ぬと思っていました。

母が亡くなって十日後、わたしは娘を出産しました。九十二歳になる祖母のナニーは、父に頼んでワシントンにあるわたしの自宅まで自分を連れて来させ、本当なら母がしてくれるはずだった産後の世話を祖母がしてくれることになりました。父は生まれてきた赤ん坊のためにゴム製のオレンジ色の虎のオモチャを買ってきて、赤ん坊を膝に乗せてオモチャであやしています。父は、ぼんやりとした表情のまま赤ん坊に笑いかけながら、「おまえのお祖母ちゃんが生きていたら、こうやって可愛がってくれたのにな」と呟いています。祖母のナニーは、母乳の出がよくなるようにとワインを飲むよう勧めてくれたり、赤ん坊はあんまり強く包まないようにと教えてくれました。祖母はいつも実践的なのです。

わたしと弟は父の健康状態を気づかいましたが、結局、父が一人で日本へ旅行することに決まりました。わたしも父の世話をするため日本へ同行することも考えたのですが、赤ん坊を連れて日本まで行くことは、やっぱり無理でした。一九八三年十一月二十八日、父はケネディ国際空港から日本の成田へ向けて旅立って行きました。父が広島と長崎を訪問するに際して、岩倉さんとその団体が公開行事としてマスコミ報道することを計画していましたが、残念ながら、父は日本を旅行しているあいだに病気のために急に体力が衰えて、ときどき計画が予定どおりに進まないことがありました。

沼田さんが父に会ったのは、このときの旅行が最後になりました。沼田さんがのちにわたしに語ったところによると、父は広島の街がとても美しくなったことに驚きながらも、その一方では、広島がほかの都市と同じようになってしまったことに失望したと語っていたそうです。なぜかというと、広島への深い思い出を持ちつづけている者にとっては、そこで何が起きたかを伝えるものがほとんど残されていなかったからだそうです。

日本を訪れた父は、原爆による醜い傷痕を見ず知らずのアメリカ軍の兵士に写真を撮られた何人かの被

図5　広島国際ホテルから現在の広島市中心部の眺め。（1983年12月4日にハーバート・スサンが撮影）

図6　広島の慰霊碑の前に立つハーバート・スサン。永井博士（ハーバートの左に立っている人）と、10フィート運動に関係していた被爆者（西田さん、吉川さん、深見さん、沼田さん、柴崎さん）たち。1983年12月。（ハーバート・スサンの所持品から。撮影者不明）

爆者たちに再会できることを何よりも楽しみにしていて、その被爆者たちがまだ元気でいることに驚いていました。このときの再会のことを父は、オリンポスの神話上の人物たちが大きな困難にもめげずに目の前に姿をあらわして、驚いたことに、それが見覚えのある顔になったみたいだったと形容していました。

図7　グラバー邸から現在の長崎市内を見おろすハーバート・スサン。（ハーバート・スサンの所持品から。撮影者不明）

図8　広島で生徒たちにサインをするハーバート・スサン。1983年12月。（ハーバート・スサンの所持品から。撮影者不明）

長いあいだ思い描いていた日本訪問のあいだに、父は思いがけないほどのはげしい疲労感と心身の挫折感を味わうことになりました。もう若くなかったし、健康状態もすぐれなかったうえに、精神的にも大きな負担になったのです。ただそんな父も、若くて元気だったころに訪れた場所をふたたび訪れたときには心身の不調を自覚しなかったようです。被爆者たちと再会したときは、たしかに感情が高ぶりはしましたが、被爆者たちが世間でこれほどよく知られている存在とは思っていませんでした。事実、10フィート運動は日本ではひろく知れわたっていたため、父もちょっとした有名人だったのです。

平和公園で父が慰霊碑に花を供えたり鳩に餌をやっている様子が国内外の多くの報道関係者によって

テレビで放送されて、そのため息子のポールに宛てて、「わたしのことをテレビで知ってサインを求める子供や、わたしのことを伝説上の人物みたいに考えている大人たちがいるんだ」と書き送っています。ただアメリカでは、とくにテレビで放送されることはありませんでした。

10フィート運動をきっかけに父が日本を訪れたことは、とくに広島では報道関係者の注目をかなり集めました。ただ父にとっては、自分に影響をあたえた当時の体験を生前の母には語っていたのに、今ではその気持ちを分かち合う相手がいませんでした。そんな悲痛な想いと、すぐれない健康状態を押しての旅行にもかかわらず、核戦争に反対する声をあげ、自分が体験した恐ろしい記憶になんらかの意味づけをしながら、亡くなる前に生涯の夢のひとつを実現させたのです。

図9　被爆者と、10フィート運動を指導した人たちと面会するハーバート・スサン。1983年。（中國新聞社から許可を得て掲載）

図10　広島でのハーバート・スサン。1983年。（中國新聞社から許可を得て掲載）

＊＊＊

父が亡くなってから四年が経って、わたしが日本を訪れることになったとき、わたしには、父が体験したような恐ろしい記憶や、長いあいだ抱いていた夢があったわけではありませんでした。日本での滞在が数週間になるのか数ヶ月になるのかもわからず、とにかく帰国するまでは自宅を貸し出すことにして、となりの人に管理してもらうよう手配をしただけでした。とにかく、日本へ行く目的のひとつは、遺骨を爆心地に散骨してほしいという父の遺志を叶えることでした。

日本を訪問することは、自分の人生が大海のなかで錨をあげたような気分でした。ほんの短いあいだに母と祖母と父の死、結婚生活の破綻、失業などが相次いで、たくさんの錨綱が切断されたようなありさまでしたから、ついでにほかの綱も切ってしまって、海図のない大海へ乗り出すことがひとつの解決策になりそうな気がしていました。このたびの日本への旅行は、逃避と休暇と巡礼の想いが入り混じったものだったのです。

日本大使館へ行って相談したところ、ビザを取得することは何も問題ありませんでしたが、日本の国内では人骨を撒くことは文化的に忌みきらわれているし、法律でも禁じられているとのことでしたので、父の遺骨は持参しないことにして、とりあえず日本に行ってから今後どうするか考えることにしました。

そのころ、アーリントンにある長老派教会でおこなわれた礼拝に参加したとき、いつもの牧師に、核戦争の現実を前にして人々にその脅威を伝えるために自分のフィルムを見たかった父の願いを記念に残すため日本へ行きたいと伝えたところ、わたしの想いに賛同してくれました。そして教会は、わたしの想いを実現させるため、形式上だけですが、教会からわたしが「委任された」形にしてくれて、その委任状のおかげで、日本国内のいくつかのキリスト教のセンターで信用を得ることができました。マサとは日本の空港で落ち合うことになっていて、数日間はマサの自宅に滞在する予定です。そのあとは、列車を利用して九州の南にある長崎まで行き、それから本州の南にある広島まで北上して、当時の父たち一行の道のりをたどることにしました。ただ、以前からの計画で八月六日の原爆記念日には広島にいたいと考えていました。そして、四年前に父が再会して、わたしにも知らせてくれていた何人かの被爆者たちとも会ってみたいと思っていました。

5　イラッシャイマセ！　ヨウコソ日本へ！

一九八七年、東京

広島のことが話題になると、わたしが平和主義者として質問されたり、原爆について自分自身に問いかける多くの疑問に対して、自分にはしっかりした答えが用意されているとばかり思っていました。一方で、真珠湾攻撃のことをどう考えているのか？　ヒットラーのことをどう思っているのか？　南京事件についてはどう思うのか？　自分の子供がレイプされようとしても相手に暴力をふるわず、なすがままにするのか？　人殺しをやめさせようとするにはどうしたらいいのか？　何千人もの人間を救うために一人の人間を殺すことについてはどう思うのか？

さらには、核兵器についてさまざまな意見があることについてはどう考えているのか？　ドレスデンや東京が受けた焼夷弾爆撃と同じように、原爆も結果的には都市を破壊するという点では効率的な戦略だったと言えるのではないのか？　非人道的な爆撃というのは、軍事支援を低下させる目的で民間人を直接に標的とすることなのか？　ロンドン大空襲も悲惨な出来事だったが、歴史上のあらゆる戦争は民間人を虐殺してきたのではないのか？　どちらが正義かを決めかねて手をこまねくような立派な兵士たちが正々堂々と戦ったことが、はたしてあったのか？　そもそも民間人が標的にされたり巻き添えをくって死んだとしても、それがどうだというのか？

このような多くの問いかけに対して父は、原爆が日本に対してどのような経緯で使用されたかという点については自分なりの考えを持っていました。焼夷弾による爆撃を受けた日本の十一ヶ所の都市のことを父はよく知っていて、その都市に爆撃をおこなう前には上空にビラが撒かれて日本人の士気を挫《くじ》くために警告と爆撃の両面を用いていたそうです。またアメリカ軍としては、爆撃をくり返して輸送網と産業を破壊し、日本本土へ直接進攻せずに日本を降伏させようと考えていたのです。一方、原爆を投下するときは事前に警告は発せられなかったのですが、そのころには日本が降伏することはもう避けられないことだったし、降伏は目前に迫っていると父は思っていて、日本の産業はすでに壊滅状態で、国民の飢餓状態もひろまっていたので、原爆の投下は必要なかったと考えていたのです。でも以前のわたしは、父は勝利のためには原爆が不可欠だったと考えていたのだと思い込んでいて、父が原爆の投下を非難していたなどとは少しも思っていませんでした。

原爆を投下した直後に発表したアメリカ政府の声明は、原爆投下の必要性を主張し、そうしなければ日本本土へ進攻して多くの人命が失われることになったと述べています。現在では機密保持を解除された多くの資料によって、専門家の多くは当時の政府の声明は欺瞞《ぎまん》だったと暴露していますが、これにかんする論争は、ここで取り上げる問題ではありません。わたしの目的は一九四五年に起きた出来事の是非を議論することではなく、わたしたちが現在知っている事実をさまざまな形で話し合ってみようということなのです。つまり、核兵器が長期間にわたっておよぼす影響と、現在も核兵器が拡散しているという事実を知ることによって、それがわたしたちにどんな意味をもたらしているのかを考えることなのです。はたして、わたしたちは何かを学ぶことができるでしょうか？

人を殺すことが正しくないということは、用いる兵器とか犠牲者とかがどんなだったかは別にして、そのとおりなのでしょうか？　クエーカー教徒は、すべての人に「神が宿る《that of God》」と考えているので、どんな方法であれ、人をあやめることは、この世から神の光を消してしまうことになると考えています。でも、もしもある政府が殺人を容認するとか殺人を命じるとしたら、それは別の問題になるのでしょうか？　この問いかけが、わたしが決定的な答えを見つけ出せないでいる大きな疑問なのです。少なくとも、さまざまな考えをもっているほかの人たちを納得させる有力な答えをわたしは持っていないのです。

戦争のために利用される科学技術は、何世紀にもわたって系統的に発展しているようです。手斧がミサイルになり、インディアンの使うトマホークが巡航ミサイルの「トマホーク」になって、はるか彼方の敵を破壊できるようになりました。おそらく戦いにおける名誉は、戦う者と傷つく者とのあいだの距離が遠くなるほど薄れて行くのでしょう。核兵器は、この両者の距離をはるか彼方まで遠ざけて行くようです。遠くから一発の核爆発によってあらゆるものを破壊し、その結果を見届ける必要はないのですから。それでは、この道のさらに彼方には何があるのでしょうか？

ようするにわたしは、自分のなかにあるこれらの問題のすべてを生み出した日本を訪れることに期待を寄せたのです。

日本へ旅行する目的を前もって説明するのは簡単ではありませんでした。それは、わたし自身にとってだけでなく、四歳になる娘のケンドラにとってもそうでした。どうして日本へ行くのかと娘から問われて、初めは、東京にいるマサに会いに行くんだと話しました。娘は、ふたたび「お兄ちゃん」に会えると思って大よろこびでした。「わぁーい！　マサは、とっても強かったんだよ。ケンドラを腕でかかえて、ぶらさげたんだもん」そのあとわたしは、「長崎と広島にも行くのよ」と説明しました。「そこは、どんなとこ？」娘が訊きます。「どっちも都会で、日本にあるの。その街はね、ずっと昔に原爆が爆発したとき、ペンパ（娘が父のことを呼んでいた愛称）が、その街であったことをたくさん写真に撮ったところだって、前にケンドラに話したところよ」そう言ってから、つぎのように話しました。

原爆は、わたしたちの上で爆発するのかしら？
いいえ決して。原爆は爆発なんかしないわ。
どこの街も、今では安全なの。そんなことがあったのは、ずっと昔のことなの。
ママだって生まれる前のことだったのよ。

わたしは、自分の答えが見つかりますように、そして、どんな街の子供たちも炸裂した原爆を二度と目にすることがありませんようにと静かに祈りました。

＊＊＊

一九八七年七月五日、空港で友だちに手を振って別れを告げ、わたしたちはハワイのカウアイ島に三日間ほど滞在しました。娘のケンドラは、大きな貝殻でできたホテルの洗面台や人工の滝があるプールに大よろこびでした。ハワイを訪れる旅行者がだれも楽しみにしているように、わたしたちも、きれいな砂浜の彼方に沈む美しい夕陽を眺めたりしましたが、何もせずにぶらぶらすることにすっかり慣れてしまい、島巡り、ルアウと呼ばれるハワイのショー、ヘリコプターに乗っての観覧飛行、水上竜巻、ホテルでのショー、植物園などを楽しみました。

島にある日本の仏教寺院にも行ってみました。日没になると、寺の中庭で焚かれる篝火《かがりび》のため、あたりが黄色い温かさに包まれて、色とりどりの着物を着た日本人の女性たちが、音楽に合わせて厳《おごそ》かな様子で輪を描いて前後に踊っています。死者の霊が呼びさまされて差し招かれているのだと説明されて、納得できました。輪の中心には、ケンドラよりも幼い女の子たちが、女性たちが踊る動きをまねたり、音楽に合わせたり、自分たちで勝手に飛び跳ねたり体をゆすったりしています。わたしとケンドラは、会場の周囲にある食べものコーナーでお寿司や沖縄のドーナッツをいただきました。スピーカーから歌を流しながら、数人の男性と白人の女性が踊りの輪のなかに加わりました。夜が更けてくると、お腹にひびくような太鼓が打ちつづけられて、このような光景は日本の各地で催されるのだと教えてもらいました。しばらくすると、そろいの着物を着た人たちが登場してきて、その人たちはカウアイ島にある十ヶ所の寺院の信徒だということでした。

それから数日後に日本に着くまでに、ハワイでケンドラも夏用の浴衣を着て、わたしたちは恒例の行事になっている夏に催される「オ・ボンのダンス」（盆踊り）に何度か参加しました。日本では、毎年の盆休みは家族や一族の深い縁を大切にして、遠方にいる親族までが実家にもどってきて、先祖の霊が安らかであることを願い、みんなで一族の墓を清掃して、お供えをします。お供えをする品物は、死者たちに気に入ってもらえるように、ご飯やキャンディーや煙草などの日常の品物を供えるのだと聞かされて、びっくりしました。それはまるで、部屋の外に亡くなった親や子供たちがもどってきていて、腹を空かしているその人たちをもてなすかのようです。そして死者と再会するための盆踊りが終わって盆休みの最後の日には、死者がふたたびあの世に還って行くための乗り物として灯籠を流すのです。あの世は、死者が嫉妬や怒りで生者に危害を加えることのない世界なのです。

カウアイ島をあとにして、いよいよ東京へ向かいました。長時間の飛行機のなかでケンドラと何時間もゲームをしたり物語を読んでやったりしたせいで背中が痛くなり、目がショボショボしてきました。ケンドラは、やっと寝つきました。わたしは座ったまま眠ることができない体質なので、目を閉じて、日本では何が待っているだろうかと想像しながら、当時の父も、何が待っているのかわからないまま日本に着いたのだろうと考えていました。

＊＊＊

祖母のナニーが保管していた資料のなかに、父が少年時代に書いた短い作文が三つあるのを見つけました。その作文には高い評価がつけられていました。ひとつは、エチオピアに侵攻したイタリアに制裁を加えた国際連盟について書いています。二つめは、ディケンズの『二都物語』のなかのドファルジュ夫人の性格を「根っからの非情な革命家だ」と書いています。もうひとつの一番短い作文は、つぎのような内容でした。

「ぼくは、命のことは何もわからないけれど、ぼくがこの世を去ることになったとき、それまでの全部の出来事に、自分の命が一緒にあったのです。この世を去ることは、ぼくにとってはむずかしいけれど、そのときは、おやすみではなくて、新しい命のなかに向かいながら、おはようと言うつもりです」

日の昇る国である日本へ向かいながら、当時の父は、この作文のように新たな人生に向かって、おはようと言おうとしたのだろうかと思いました。

＊＊＊

日本の空港に着いて、娘のオモチャ、食べ残しの間食、手荷物などをまとめて、いよいよ飛行機から降りることになりました。税関を通過するのに長い列を作り、日本に滞在して帰国する日にちが決まっていない理由を説明したりしているうちに頭がぼんやりしてきて、すっかりくたびれてしまいました。それでもマサの姿を見つけると、本当にほっとしました。マサは、自分の車を駐めているところまでわたしたちを案内して、二時間かけて東京まで連れて行ってくれました。

マサと両親は東京都墨田区に住んでいて、建物の一階部分は、一家が経営する製菓会社の荷物の積み下ろしをするためにトラックが駐車するスペースになっています。建物の横手に屋根のない階段があり、そこから階上へ行くことになっていて、二階は家内工業のために小さな事務室と会議室があり、三階が家族の住まいになっています。三階の室内に入るところの玄関口で靴を脱ぎます。日本の家屋へ入るのは初めての経験なので、入口のどこで靴を脱いだらいいかわからないので不安でしたが、玄関の上がり口に何足か靴が脱いであって、その向こうにスリッパが並べてあったので、それがヒントになりました。日本の家屋へ入るのに靴を脱ぐことはわかりましたが、住まいの中央部分にあってフロアから少し高くなった畳敷きの部屋にスリッパのまま上がろうとしたら、マサがわたしの腕を引いて止めました。畳の部屋は、靴下のほかは何も履かずに歩くところだそうです。おまけに、浴室やキッチンに行くときは別のスリッパ（ふつうはラバー製）に履き替えるのです。日本に長く滞在するようになってからは、履き物を脱いだり履いたりする習慣が身についてきたので、そのたびに足元を見る必要がなくなりましたが、初めのうちはランニングシューズのヒモをいつも結んだり緩めたりして、靴を脱ぐところかどうか、はらはらしたものです。

マサの住まいは居心地がよく快適で、何代もが一緒に暮らす大家族です。わたしたちがお邪魔して少し経ったころ、マサのお祖母さんの寝室をわたしたちのために空けてもらったことを知りました。その寝室には、品のよい老人の写真が額縁に入れて壁の上の方に飾ってあり、写真の人はマサの亡くなった祖父だとのことでした。部屋には黒っぽい木で作られた大きめの飾り棚があって、それは神棚というもので、棚の前にはいろいろな絵やロウソクが置いてあって、ご飯と果物がお供えしてあります。

畳敷きの部屋に、わたしたちのために布団が用意されました。布団は、アメリカでよく使われているソファベッドのような分厚い寝具とはちがって、厚さは三センチ足らずなので、朝になったら三つ折りにして、シーツと毛布と小さな硬めの枕と一緒に押し入れに収めることができます。布団のなかには詰め物がないのに、どういうわけか畳に敷いて寝ると、ぐっすり眠ることができました。

「オ・フロ」（お風呂）という日本式の浴槽を使うことになりましたが、日本のバスルームは入浴するだけのために造られています。トイレは別の部屋になっていて、便器はちょっと風変わりで、水洗タンクの上部に小さなシンクと、まるで飛行機のコントロールパネルのようにたくさんのボタンが並んでいます。そのため、うっかりパネルのボタンを押したら飛行機の射出座席のように放り出されるんじゃないかと、びくびくしました。浴室も、わたしたちの国とはまったくちがいます。浴室全体がタイル張りになっていて、床には大きな排水口があり、壁のなかほどに片手で使えるシャワーヘッドがホースにつながって架かっています。入浴する人は、合成樹脂の小さな腰掛けに座って体を洗い、洗髪をして、石けんを洗い流してから、浴槽に体を沈めるのです。

さいわい、マサが入浴の手順を説明してくれました。一番やってはいけないことは、お湯の張ってある浴槽に体を洗わないままや、石けんがついたまま入ることです。家族は交替で入浴しますが、お客が真っ先に使わせてもらうのです。浴槽のお湯は、初めのころは飛び上がるほど熱いと感じましたが、次第に熱いお湯に浸かってストレスを発散するのが好きになりました。わたしは今でも熱いお湯が好きです。

マサの自宅にある調度品はどれも品がよくて、安らぎをあたえてくれます。派手なものやバカでかいものはひとつもありません。成功をおさめて会社の社長になったアメリカの裕福なビジネスマンが、エレベーターのない建物の三階を自分のオフィスにしてセントラルヒーティングもエアコン（日本では稀）もなく二人が一緒に調理もできないくらい狭いキッチン（日本ではふつう）しかない住まいに暮らしている様子なんて、わたしは思い描くことはできません。日本では仕事も家庭生活の一部であることは明らかで、裕福なことを見せびらかすのではなく、実用性が重んじられているのです。もちろん、裕福なアメリカのビジネスマンでも、東京のど真ん中にある三階建てのビルで暮らす家賃を払う余裕はおそらくないでしょう。とくに当時の日本では不動産バブルの絶頂期でしたから。

マサのお父さんは、来日してからずっとわたしたちのために、すてきな夕食を用意してくれました。初めて連れて行ってもらった夕食の席では、刺身、鯛の塩焼き、エビのてんぷら（食事の途中で娘は座布団をベッドにして眠ってしまいました）を堪能しました。食事が終わったあと、店の板前さんがわたしたちの席にやってきて座り込み、気さくにビールを飲みながら自分の考えを披露してくれました。なかでも、アメリカは今でも大国でアメリカの知的な女性は保守的だが日本の知的な女性は急進的な考えをもっている（この話のあとで、マサのお父さんが板前さんに、わたしが弁護士だということを伝えていましたが、わたしが弁護士だということは、日本に滞在中ずっと周囲から疑いの目で見られました）などと自説を述べてくれました。この日の夕食は、とてもおいしかったのですが、今度またこの店に来たら、もっとおいしい料理を作ってくれるだろうと思います。板前さんの経歴についても聞かせてもらいました。その人は裕福な家庭に育ったのですが、大学を中退して、料理人になる前はジャーナリストの仕事をしていたそうです。板前さんのこの話は、わたしがいつも若者たちに期待しているように、アメリカ人の子供が型どおりの義務のように家族にしたがうことをしないで自分自身を見つけようとする生き方に似ていると思いました。とにかく食事がおいしかったことで、この人の生き方はまったく正しかったのです。

日本の生活に慣れてしばらくして、わたしとケンドラは、マサが教えてくれた「ウイークリー・マンション」へ移りました。日本のいわゆる「マンション」は、日本語では「マ・ン・シ・オン」と発音して、「大邸宅」という英語の本来の意味とはまったく正反対の意味になっています。このウイークリー・マンションは、おもにビジネスマンが安価で旅行するために建てられたもので、部屋代はホテルを週決めで借りるよりもずっと安くてすみます。借りた部屋の広さは、かろうじてウォークイン・クロゼットほどの広さですから、壁から収納式ベッドを引き出して反対側の壁から折りたたみのテーブルを出すと、両方を同時に使えないほどです。別の壁にはキャンピングカーにでもありそうな小型のキッチンがあります。浴室もとても狭くて、小さな流し場と、その横に正方形の深い浴槽があり、一個だけある蛇口のアームを左右に振って共用するのです。ケンドラは、人形の家みたいなこの部屋を気に入って、小型のテレビでアニメを放送しているのを、日本語の台詞が少しもわからないのに、勝手に自分で台詞をつけて楽しそうに観ています。

わたしとケンドラが東京の街を見てまわるときに、マサのご両親がわざわざ案内してくれたことにも驚きました。わたしもマンハッタンでわけもなく育ったわけではありませんでしたから、いくつもある日本の地下鉄の路線に乗っても迷子になることはありませんでした。それと驚いたことに、ハイスクールで短期間ながら中国語を習っていたおかげで、日本の地名の多くが見分けられたのです。その漢字がどんな意味なのか（中国語の漢字の発音は、日本語の漢字の発音とはまったくちがいます）、ほとんど覚えていませんでしたが、駅名の漢字だけは自信をもって区別することができたので、探し求めている場所を見つけることができました。

ただし、地下鉄から地上に出ると、状況は一変します。地下鉄の駅を出ると、そこから先のくわしい道順がわからなかったら、どこにも行くことができません。ひとつ例をあげると、通りを示す標識が読めても、標識そのものがめったに見当たらないし、通りの名前が住所の地名とちがうのです。おまけに、建物の番地も順序よくつけられているわけではなくて、多くは、建物が建てられた順番に番地が割り当てられていて、所在地は、その区域の番号や家屋番号によって決められているのです。このような方式は、その地域が一体であるという意味ではすばらしいのですが、外来者からするとわかりにくく、このことは日本の多くの制度や組織についても当てはまります。

ありがたいこととしては、それぞれの地域に、警察官が常駐している小さな売店のような「コウバン」（交番）があることで、これは頼もしく思われました。地下鉄のどんな駅からも、そこから数ブロックのあいだに交番がひとつあります。交番の壁には、その地域の建物が全部記された大きな地図が貼ってあるので、どこへ行くにしても、行き先が日本語で書かれた紙切れを持たずに小さい娘を連れて行くことはありませんでした。交番に行くと、白い手袋をはめた警察官がわたしの差し出す紙切れを見ながら、真剣な顔つきで壁に貼ってある地図を示してくれるので、わたしも、貼ってある地図を見ながら道順を覚えます。当時は、日本語はほとんど理解できませんでしたが、万一、途中で迷子になったら、通りがかった人に紙切れを見せて、はじめの二つの指示だけ（ブロックをいくつ行って、そこを右に曲がるか左に曲がるか）に注意を集中して、あとの説明は無視するのです。この方法を使ってその場所まで行くと、つぎに出会った人に、また同じように尋ねるのです。また、ガイドブックで行ってみようとした目的地にたどり着けなくても、それまでの道中の風景は新鮮で興味をひかれました。帰りは、いつも簡単でした。「エキ」（駅）ということばは最初に覚えた日本語のひとつで、最寄りの地下鉄の駅を尋ねると、だれもがよろこんで教えてくれました。

わたしと娘は、ずいぶんと歩きまわりました。表通りはとても広いのですが、裏通りはひどく狭くて、やっと通り抜けられるようなところばかりです。歩道に半分ほど跨いだように駐車した車両をよけるようにしながら、トラックや車やバイクが大きな音を立てて行き来します。それらの車両はアメリカのものに比べると75％くらいの大きさなのですが、道が狭いため、ずっと大きく感じられます。人々も歩道を忙しそうに行き来しています。建造物や駐車した車や、いろんな障害物で歩道がふさがれた場所では、歩行者までもが街頭の風景になっていて、わたしは、ニューヨークの市民たちが食べもののありかを求める蟻の行列のようにホットドッグのスタンドや配達用のトラックのまわりに群がっていた様子を思い出しました。

東京の街中で自転車に乗ることは、自殺行為にも他殺行為にもなります。自殺行為というのは、車が縫うように走ったり急に方向を変えたりする狭い通りを自転車で駆け抜けることです。他殺行為というのは、歩行者や、植え込みや、水の入ったバケツを放り出したりする老人たちや、鎖のついていない自転車の駐めてある狭い歩道を無謀にもそのあいだを縫うように走ることです。驚いたことに、こんな無謀な運転をしても、わたしが日本を訪れているあいだに自転車による事故や問題になったことを耳にしたことはありませんでした。

デパートには、屋上に小さな遊園地があって、親が買い物をしているあいだ子供たちが安全に遊べる場所として用意されたものです。多くのデパートの最上階は食堂街になっていて、大衆的な店から高級な店までそろっていて、地階は生鮮食料品や加工食品などの売場になっています。わたしは、夕食のおかずを探すのに、その売場の匂いと光景にさそわれて地階をよく歩きまわったものです。

日本に来て初めの数週間は食事が楽しみでした。どの食堂でも店先のショーウィンドウに合成樹脂で作った本物そっくりの料理の見本が並べてあるので、お店の人を外に連れて来て、指さして料理を注文することができました。娘のケンドラは、この偽物の料理を見るのをとてもよろこぶので、自宅で遊ぶのに合成樹脂でできたお寿司を買いました。デパートのなかにあるコーヒーショップはわりと安くて、たいていの店では子供用に愉快な顔を描いた車や「ハローキティ」のキャラクターが描かれた皿に盛りつけた「オ・ベントウ」（お弁当）を用意しています。ケンドラは料理の中身よりハローキティが描かれた料理を注文したがって、今でもハローキティが好きです。

ケンドラは、日本に来て数日のあいだに、「アリガトウ」「スミマセン」「サヨウナラ」ということばをしゃべることができるようになりました。それにしても多くの日本人は、相手をほめるのに、「ジョウズ！ジョウズ！」（上手、上手）とか、「お利口なのね！」と言うのが口癖のようです。でも、ケンドラが初めて覚えたことばは、ケンドラを見た子供、女学生、女性、おばあちゃんなどが発する「カワイイ!!!」

ということばでした。わたしは、ケンドラが物珍しいペットみたいに言われるのに、ときどきうんざりしましたが、その感嘆のことばはケンドラをうれしがらせました。ケンドラも、自分が世の中の中心だという四歳なりの考えを理解できる分別のある人間になっていたのです。

お店やレストランに入ると、決まったように、「イラッシャイマセ！」と一斉に声をかけられます。叫ぶようなその声に初めは少しびっくりしましたが、しばらくすると、その店の人たちが一日じゅうわたしたちを特別なお客として心待ちにしていたような気がしてきました。でも、それから数年経つと、このような習慣も、店のドアを開けて入ったときにテープで流される声に変わってしまい、今ではがっかりしています。わたしは、日本人の女性がデパートの入口で、すてきな制服を着て白い手袋をはめてお辞儀をしながら、「イラッシャイマセ！」ということばをくり返すよりも、もっとやりがいのある仕事を見つけた方がいいのではないかと思っています。

ケンドラは、動物園や遊覧車や広い池のある東京の上野公園が大好きでした。でも、わたしは公園内の多くのベンチに横になって眠っている人たちを目にしてびっくりしました。当時の日本は高度経済成長を遂げて、いわゆる「日本株式会社」とも呼ばれていたので、日本でホームレスがいるなどとは思ってもいませんでしたが、わたしが訪れたどの街にもホームレスを見かけました。広島の平和大通りを歩いているときにも、ホームレスの人たちの所持品をおおうための代用品のシートを見かけました。日本のホームレスは、アメリカでよく目にするような、物乞いをしたり通行人を脅したりする様子はなくて、そのかわり、人目につかない場所を見つけて人前に出るのをいやがるようでした。上野公園では、ぼろ着を着た男の人たちが大きなカートを馬のように曳《ひ》きながらゴミくずを片づけ、年老いた小柄な女の人たちが木綿の仕事着に円錐形の日よけ帽をつけて古風な箒を使って熱心に道路を掃いていました。あの人たちは、テレビの時代劇に登場するとおりの農民のような格好をしていました。日本は戦後になって繁栄したとはいっても、「日本株式会社」というイメージにもかかわらず貧困はなくなっていなかったのです。

夜おそくなって地下鉄に乗っても、まったく安全でしたが、ただ金曜日と土曜日の夜は、かならずしも美的な地下鉄とは言えません。地下鉄の車内で、疲れ果てたスーツ姿の男性が寝転んでイビキをかいていたり、体をかがめて嘔吐をしていたりしている光景を目にすると、沈着でストイックな日本人と思っているわたしのイメージからすると意外な感じがするからです。いわゆる「サラリーマン」たちが、昇進を余儀なくされるストレスからわずかでも解放される方法としては、仕事がすんで同僚と一緒に飲み屋に行ってビールや酒を酌み交わし、煙突のように煙草を吹かすことなのです。わたしたちに迷惑をかけるような人は一人もいませんが、四歳の娘には健康的な雰囲気とは思われなかったので、週末の夜は地下鉄を利用することは避けることを学びました。

はとバスツアーに参加して、何かと議論の的になっている靖国神社（反戦活動グループは抗議していますが、第二次世界大戦で戦死した人たちが祀られています）と、皇居（戦争中は故意に空襲の目標からはずされました）を訪れましたが、このコースは、ほかのどの観光ツアーでも同じように訪れる場所です。アメリカ軍の兵士だった当時の父がオフィスとして使っていた明治生命ビルの前もとおりました。

バスのガイドさんは、明るい黄色の制服と白い手袋をはめて小旗を持ち歩きます。ガイドさんはケンドラのことをすっかり気に入って、すぐに二人は仲よしになりました。ケンドラは、バスが観光名所に停車してガイドさんがツアー客に説明をしているあいだ、ずっと得意そうにガイドさんの手を握っていました。それから数ヶ月経ってケンドラは、会う人みんなに向けて、大きくなったらバスガイドになるんだと自信たっぷりに話したものです。

四十年あまり前に父が日本を訪れたとき、東京の街はどんな様子だったのだろうかと思い浮かべてみましたが、当時とは大きく様変わりしています。わたしたちは、温かく迎えられる観光客として東京へやって来ましたが、父が東京を訪れたときは、きっとちがっていたはずで、戦争で荒廃した土地にやって来た敵国の兵士として父が迎えられたときは、ずっと不安に充ちたものだったにちがいありません。とはいえ日本での生活の何かが、わたしとケンドラに訴えていました。

6　幕のうしろの魔術師たち

一九三九年、カリフォルニア州ハリウッド

列車での長旅を終えてタクシーで大学まで行くと、目の前には、ずっと夢にまで見ていたパラダイスがひろがっていた。ニューヨークに住んでいた若者にとって、南カリフォルニア大学は、異国のような椰子の木や藤やブーゲンビリアが生い茂るキャンパスに、低い建物が点在する「太陽の降りそそぐ小さな都市」に見えた。「ミッキー・ルーニーやジュディ・ガーランドが登場する映画のセットを思い出させるようなところで、あとで実際にその場所だということを知った」とハーブはのちに語っている。

大学の雰囲気は、今までかよっていた四階建てのハイスクールの建物とはまったくちがっていたし、学生たちは一日に二回の入れ替え講義がある教室に超満員だった。学生数は五千人ほどで、ニューヨーク大学の学生数に比べるとほんのわずかで、かよっていたハイスクールの生徒数とほぼ同じだったが、構内は、ニューヨークの学校では見たこともないほど広大で緑が豊かだった。

列車のなかで、大学の「相棒」になる学生と知り合った。ハーブは新しくできたこの友だちの話を熱心に聞いて映画芸術学部の様子を知りたがったので、二人は大学のキャンパスを歩きまわって、教室や事務室、テニスコートなどを見てまわった。それからようやく建物の向こうに、どこにでもありそうな木造の建物が五棟かたまっているのを友だちが指さし、そこが映画芸術学部だと知って唖然とした。大きいはずの撮影所はどこにあるんだろうか？　うっとりするような映画撮影用の防音スタジオはどこな

んだろうか？　こんなありふれた建物で映画を制作する技術を学ぶことができるんだろうか？

答えは、そのとおりだった。そのちっぽけな建物は、映画を制作するのに必要な秘術を教えてくれる映画芸術学部の本部だったのだが、実際の教育は風変わりなこの大学の環境から生み出されるのであって、学生たちはハリウッドに出向いて、脚本家のデヴィッド・セルゼニックや映画監督のセシル・B・デミルのような映画界の大物たちの講義を聴き、映画制作の第一人者たちから映画制作の秘訣、歴史、技術、効果などについて学ぶのだった。そして、学生たちは立ち入りがきびしく制限されているハリウッドの区域も見学させてもらうことができた。

当時のハリウッドは魔法の王国だった。独裁者のようにふるまうスタジオの責任者たちが、舞台の幕を引いたまま幕のうしろに魔術師たちを隠しているのだ。映画のスターたちはサラブレッドのように大事にあつかわれていて、なかにはゲイやアルコール依存症、そのほかさまざまな問題をかかえた人間もいたので、撮影所では、スタジオにやって来るカメラマンがパパラッチかどうかをきびしくチェックをしていた。一般の観客は映画がどのようにして制作されるのかほとんど知らなかったし、ビデオカメラや携帯電話などがない時代だった。八ミリカメラで撮影する家庭用の映像は、そのころになってようやく平均的な一般家庭でも鑑賞することができるようになったけれど、映像はまだ白黒でコマ落ちする粗悪な内容だったし、音声はなかったから、そのころに本格的な映画の撮影技術を学ぶということは、ひどく神秘的な世界に入るための奥義を伝授されるようなものだった。

＊＊＊

ハーブは、ニューヨークのラジオ局で脚本の使い走りをしていたときに面識があったのを頼りに、そのころハリウッドにいたプロデューサーのアーヴィング・ライスに思いきって電話をかけ、なんとしても入ってみたかった映画界の舞台裏を初めて目にすることになった。ライスに招待されたＲＫＯピクチャーズの撮影所で *The Big Street*（邦題『愛しき女への挽歌』）の撮影現場を見学することになったときのことを、つぎのように語っている。

「撮影所の入口の受付に行って、毎日スタジオへ出入りする映画関係者のような顔をして、守衛に、『スサンだが、スタジオ七にいるアーヴィング・ライスに面会することになっているんだ』と伝えた。守衛はクリップボードを取り上げて、その日の関係者のリストに目を走らせている。ちょっとどぎまぎしたが、守衛はずいぶん長いあいだ目をとおしてから、うなずくと、『よろしい。スタジオ七へ行くことを許可するよ。ここから二つ先のスタジオをすぎて、その先を右に曲がって二つ行ったところだ』と言ってくれた。わたしが十八歳のときだ。

その守衛は二十年以上も門のところに勤務していて、出入りする人間のことはみんな知っていたから、わたしがだれだかちゃんとわかっていたけれど、門を通り抜けるとき穏やかな微笑で、『ミ、、、スター・スサン』と言ってくれた。わたしも笑顔で挨拶をかえしてから、めざすスタジオへ誇らしそうにぶらぶらと歩いて行き、漆喰で白く仕上げられた巨大な撮影所を唖然として眺めた」

スタジオ七の前に行ってみると、入口には赤いライトが点灯していて、「点灯中は入室禁止」と書かれた大きな文字がスタジオへの出入りを警告している。それを見ると、カリフォルニアの太陽のもとで若くて場ちがいな自分にたじろいで、汗をかく想いだった。しばらく入口の前で待ちながら、技術者たちが撮影済みのフィルムをかかえて現像所へ駆けって行くのを眺めたり、映画で見たことのある俳優たちを探したりしていると、やっと赤いライトが消えた。

「スタジオのドアを開けようとしたら、いきなり向こうからドアが開いた。ドアは厚さが五十センチほどもあって、防音機能になっている。なかから不釣り合いな盛装をした一団が出てきて、撮影が休憩になったので一服するため外に出てきたのだった。なかに入ってみると、大きなナイトクラブみたいだ。円形のダンスフロアを取り囲むようにセットされた階段を降りたところにテーブルがかたまって置かれていて、その真ん中にあるカメラ用の大きなクレーンの横にアーヴィング・ライスがいるのが目に入った。ステージには、オジー・ネルソンが自分のオーケストラと妻のハリエット・ヒラードと一緒にいる。ゆったりとしたイブニングドレスを身につけた何百人ものエキストラが出番を待っている。だだっ広い階段が舞台セットの上の方まで掃き清められている」

制作中の映画は、デイモン・ラニアンの原作で、脚の不自由な少女がナイトクラブで働く人たちから可愛がられて、手術を受けてもう一度歩けるようになるようにと、みんながお金を出し合うという物語を脚色したものだった。これから撮影するシーンは、長い階段の一番上に車椅子に乗った少女役の俳優が車椅子から立ちあがって、ナイトクラブのお客やスタッフから声援を受けながら階段をゆっくりと歩いて降りるシーンだった。撮影が再開されたので、その様子を見ていると、階段を降りる少女役はルシル・ボールだった。

（この話は、父が生涯にわたって愛しながら決して手がけることのなかった典型的なハリウッド映画のラストシーンです。父は、このときの体験談を弟とわたしに語ってくれたことがあったので、のちにルシルが主演した『アイ・ラブ・ルーシー』を観てみました。わたしは、車椅子から立ちあがって階段を降りるシーンの赤毛のルシルが、カメラに向けて顔をしかめながら演技する様子を思い描いていたので、『アイ・ラブ・ルーシー』のようなコメディー番組に出演するルシルが、そのシーンの少女役とはどうしても思われなくて、メロドラマの感傷的な少女がコメディーのルーシーだと思うと、なんだかおかしくて笑ったものです。ハリウッド時代のそんな父の話を聞きながら、わたしはよく笑いました。わたしには、当時の話が父にとってどんな意味を持つのか少しも理解できませんでしたが、アーヴィング・ライスは興奮と情熱と喝采に充ちあふれた映画という特殊な世界を父に見せてくれたのです。父は、映画以外のほかのどんな世界のことにも夢中になったり報いられたと感じたことはなかったのです）

映画界の舞台裏を見学できたハーブも、学生生活の大半は無味乾燥な暮らしを送らねばならなかった。

母親からは毎月わずかばかりの仕送りをしてもらっていたが、食事は十セントのクラフトマカロニ&チーズですませ、大学ではいつも金まわりに困っていた。大学の放送局で教育上の愛国的なドラマの演出をする仕事にありついたが、大学の制作部は地元放送局のＫＲＫＤと提携していて、どんな番組にもＫＲＫＤが横やりを入れるので、ハーブが放送用の番組を制作しても、熱意を少々挫かれることになった。ＫＲＫＤは、リンカーンのゲティスバーグの演説を朗読する放送も中断させるほどで、ようするに競馬の勝敗結果を放送することを最優先するよう求めていたのだった。「今から八十七年前のことです……、カリエントでの第一回のレースの勝者はリッドローズで、払い戻しは五ドル四十セント……、われわれの先人が生み出した……」などという放送を聞くと、ハーブは落ちつかない気分になった。ハーブがのちに知ったことだが、財力のある胴元が地元の放送局を所有していて、レースの結果をいち早く伝えることを自分たちのおもな仕事にしていたので、とにかく胴元たちの資金を当てにして大学の放送局の運営資金に充てようというわけだった。

実は、ハーブの資金源になっていたのはギャンブルだった。ある日、ハーブはアナハイムの路面電車の終点ちかくにポーカーのカジノがあるのを見つけた。そのカジノは、だだっ広い駐車場を持った木造の細長い建物だった。窓はひとつもなく、建物のなかには時計がなかった。カジノのなかは時間が止まったようで、煙草の煙に包まれていた。

「勇気を出して初めてカジノのドアを開けると、なかにはテーブルが五十ばかり並んでいて、テーブルごとに八人のプレイヤーがいたので、びっくりした。部屋のなかは、一般の主婦にウエイトレス、労働者、職人、年寄り、売春婦などであふれかえっている。ミニスカートの美人たちがテーブルのあいだを歩きまわりながらプレイヤーにチップを売って、三十分ごとにレンタル料を集めてまわり、腰につけたマネーベルトのカンバス製のポケットにお金を集めている。屈強な男が二人ほど『収集時間』を監督していて、お客の口論などを鎮めることもあるので、少し高くなった演台のところに座っている。わたしのほかに学生はいなくて、プレイヤーたちはみんな真剣な顔でポーカーに熱中している。ゲームの相手と親しくなろうとする者は一人もいなくて、だれもが勝つためにプレーをしている。わたしは二十ドルから四十ドルくらい稼ごうと考えていて、それだけあれば来週は十分だったし、学校でもやっていけた。

賭け金は、二十五セント、五十セント、一ドルのいずれかに決めていた。初めに、場に賭け金を出して、自分の席のレンタル料を払う。あとは出した賭け金が減らないよう勝つだけだ。

いつも二十五セントの賭け金でファイブカードをやり、少額の賭け金でプレーをした。ポーカーのプロたちと夜に初めて対戦して勝ったので、それからは毎週土曜日になると路面電車に乗って、目標とするもうけが出るまでテーブルに座ったものだ。ときには月曜日の朝までかかることもあって、月曜日の最初の講義に間に合うようにもどった」

（この話は、父が生涯にわたってギャンブラーだったきっかけになる出来事でした。ただ父は、楽しむとか、面白がるとか、大もうけをしようとしてギャンブルをはじめたわけではなく、あくまでも生活費を稼ぐためリスクを最小限に抑えてやっていたのです。子供のころ、父からブラックジャックを教えてもらいました。そして、カジノに行くことがあったら賭け金は一定額に決めて、それだけを使って賭けることだと教えてくれました。「賭け金がなくなったら、家にもどって、その夜に使ったお金の額を覚えておくことだ。もしも勝ってポケットがいっぱいになるほどになったら、それからあとのゲームは初めの賭け金分がなくなるまでプレーをして、勝った残りのお金は持ち帰るんだ。欲を出しちゃいけない。必要な分だけ勝ったら、家に帰ることだ。スリルを味わおうとして冒険をしないことだ」と言いました。でも、わたしはいつも父の忠告を無視していたし、ギャンブルも好きになれませんでした。ただ、わたしも長いあいだリスクがある場面に何度も遭ってきたことはわかっているくせに、それでも保険を多めに掛けるのは父と同じ考えなのかもしれません）

ハーブは、自分にギャンブルの才能があることに加えて、人を説得する才能があることにも気づいた。かつて資金が一文もないままネットワーク・ラジオの番組を制作することになったとき、ミューチュアル・ブロードキャスティング・ネットワークが南米のネットワークとつなぐことを耳にして、オーケストラによるラテン音楽番組を放送することを思いつき、自分の大学の学生たちのなかから才能のある若い歌手や番組俳優を集めることができるのではないかと考えた。

ネットワーク側が、オーケストラにだれが出演料を支払うのかと問い合せてきたとき、ハーブは出演料のことは考えていなかったし、出演料を支払う資金もなかったが、「その番組をこちらで自由にやらせてもらえるのなら、放送時間を提供してくれますか？」とネットワークに尋ねたので、ネットワーク側は自分たちが音楽家たちに出演料を払わなくてもすむと思って、「もちろん、いいとも！」と承諾してくれた。

それからは、南米の各地から来ている学生を見つけ出し、番組に出演する音楽家グループには無償で出てもらえるよう一人ずつ国籍を確かめながら納得してもらい、番組俳優たちのグループも無償で出演することに同意してくれていると伝えて、音楽家グループの出演はまとめることができた。ハーブがこの話をするときは、いつも自分の才能に目を輝かせたもので、ハリウッドの歴史上、音楽家グループがこんな依頼を承諾したことはなかったと語ったものだ。

つぎは番組俳優のグループにもこの話に同意してもらわなければならなかったから、ラジオのアナウンサーになりたくて仕方のないクラスメートの一人にこの話を持ちかけた。このクラスメートの父親が組合の役職に就いていたので、父親のところへ行って、「ねえ、友だちのハーブがぼくをラジオ番組に出演させようとしてるんだけど、組合の人が同意してくれなくちゃ番組が作れないし、ぼくだってその番組に出られなくなるんだ」と話したのだ。

こうして番組俳優グループの出演もうまくまとまった。ハーブは、ひとつのグループの同意を取りつけると、つぎに進んだ。交渉相手のグループがハーブの話にためらうと、「じゃあ、ぼくがあの人たちを納得させたら、君たちも同意してくれるかい？」という言い方をしたのだ。

ほかのだれも同意するなどと思われないこともあって、「なるほど、わかったよ。あの人らを納得させて、ぼくたちにもそうさせようと考えているんだろ？　だけど、そりゃあ無理だな」と言って追っ払われることもあった。それでも最後には、どうにか必要な同意を取りつけた。

「そうやって、どれだけもうけるつもりなんだと言われた。たしかに、わたしはまだ二十歳だったし、このハリウッドというスタジオで、しかもオーケストラを擁するこの巨大なスタジオに陣取って、わたしがちょっと手をあげると何でもはじまった。とはいえ、舞台の上にいる七十人から八十人の人たちが、わたしの方を向いて合図を待っているスタジオを見まわすと、やっぱりたじろいだものだ。

初めてあんな立場に立たされたら、だれだって何かの影響を受けるものだし、みんなを安心させようとするものだ。あんなことができる力というか気持ちは、自分でも驚くほどだったが、みんながわたしのところへ来て、『どれだけ稼いだんだ？』と言いはじめると、本当に腹が立った。わたしは、この人らにお金をくれてやろうと思った。そうしているうちに、『何をやっているんだい？』とだれかが言ってくれるまでには何ヶ月もかかった」

（この突飛な手口を父はすばらしい企てだと思っていたようですが、わたしには、本当のことを説明したら断られるような話でも同意させるため人々をだますやり方だと思われました。でも、今では父のやってきたことが、あんな若者が、あれほど多くの人たち、しかも、みんな映画に出演するプロたちばかりを相手に、あんなに上手に交渉したことは、ちょっと考えられないことだと驚いています。あの手腕は父が粘り強かったからなのでしょうか？　それとも、父には特殊なカリスマ性というか、人々を惹きつける魅力があったのでしょうか？　とにかく、のちにわたしが父のことを本当に理解するまでに、父のあの元気さと情熱は、いったいどこへ行ったのでしょうか？）

南カリフォルニア大学で人目をひく行為としては、ルーズベルト大統領の仮面をつけた学生がコンバーチブルを乗りまわしながら大統領そっくりのジェスチャーで長いシガレットホルダーをちらつかせることだった。学生たちはこのジョークが好きだったが、大学当局はそうではなかった。学生たちが大統領を揶揄して非難することを危惧し、アメリカが戦争に巻き込まれることにも消極的で、学長のルーファス・B・クラインスミッドは、アメリカは他国から攻撃されたこともないしドイツとの戦争に介入すべきではないという立場だったので、アメリカが参戦することについては反対していた（父は、自分は「ユダヤ人の定員枠」として南カリフォルニア大学に入学したと語っていて、「ナチのシンパの学生部長」のせいで、自分は学位を取ることができなかったと非難していました）。

ハーブは映画制作への情熱と夢に囚われていたため、外の世界の不吉な状況にはほとんど気づかないままだった。そのころ学内で関心を集めていた話題というのは、フットボールのローズ・ボウルにもう一度勝利できるかということや、ホームカミング・クィーンにはだれが選ばれるかということだった。ただ、ハーブにはほかにたくさんの気晴らしがあったので、そんなクラスの仲間たちに加わることはほとんどなかった。

ハーブは、編集や撮影技術のほかに文学や脚本の書き方も学び、ボリス・モロスから映画に使用する音楽を学ぶコースを専攻した。モロスは以前、ロシア皇帝の宮廷バイオリン奏者をしていたことがあり、ハリウッドでは映画音楽の作曲を担当していたので、モロスを見ると、バイオリンを弾きロシア語を話していた父親のことを思い出した。モロスは、いつも派手な色のシャツと格子縞のスーツを身につけていたことから学生たちのジョークのネタになったが、モロスから音楽を学んだことで、戦争中に軍の映画制作を命じられた際に役立つことになった（父は、一九六〇年代に亡くなったモロスがＣＩＡ（中央情報局）の重要な二重スパイだったことを知ってショックを受けていました。モロスのことを政府が秘密にしていて自分をだましていたことを、いつまでも受け入れられなかったようです。わたしは、モロスがスパイだったとしても、そんなことはどっちでもよいと考えることが良識ある立場なのではないかと思いますが、父はずっとこだわっていたようです）。

ハーブが大学に在学していて果たせなかったことのひとつに、自分の専攻コースに合格できなかったことがあった。たとえば、自分が脚色して、その学期で上演されるコースのために脚本を書いたのに、その脚本は不合格になったことがあった。それでもハーブは、課せられた課題を投げ出すことは苦にしなかった（わたしが若かったころには、父は自分の不品行については話してくれませんでしたが、退学した理由が、大学当局がドイツ寄りだったことが原因でなかったことは明らかです。のちに父は、学生時代は自分の好きなことだけに没頭して関心のない課題はやらなかったと告白していますから、たぶん父とわたしは似た者同士だったのです）。

一九四一年十二月七日の朝、目を覚ましたとき、日本の海軍がハワイの真珠湾を攻撃したことを知った。日本とアメリカは、それまでは交戦していなかったが、すでに世界中の多くの国々が戦争に加わっていた。真珠湾を攻撃されたアメリカは、その日のうちに日本に宣戦布告して、このたびの戦争に参戦することになり、この出来事がハーブが大学を卒業しなかった最大の理由になったのである。

日本の側からすると、「ハワイ作戦」は大勝利だった。アメリカも太平洋方面で戦争をはじめる態勢をととのえていたが、アメリカが日本に打撃をあたえる前にアメリカの海軍力は先に打撃をこうむってしまった。日本は真珠湾攻撃の直前にアメリカに対して正式な宣戦布告書を送っていたが、それがアメリカに届くのがおそすぎたし、アメリカ側からすると、その内容が曖昧な表現だったため日本からの正式な宣戦布告とはみなしていなかったのだ。いずれにせよ、アメリカ国民は日本による奇襲攻撃に対して激怒し、勢いづいた。

これからのち、大学にとってもハーブにとっても状況はすべて変わってしまった。

7　駐屯するには愉快なところ

一九四一年、カリフォルニア州ハリウッド

日本軍による真珠湾攻撃のあと、国内の世論と同じように大学でも愛国心が高まった。男子学生は祖国のために何ができるかということばかり話し合った。「わたしたちは、だれもが兵隊に志願することに疑問を抱かなかったし、大学構内では反戦活動のような動きは見られなかった。だれもが若かったし、元気だった。大統領は、わたしたちを必要としていると語った。一九四一年には大統領のことばを疑うものはだれもいなかった」

アメリカが第二次世界大戦に参戦する前は、このたびの戦争にかんするさまざまな疑問は巧みに抑え込まれていて、若者たちはこぞって兵隊に志願した。そのためハーブも、真珠湾攻撃が起きる前に志願してジョン・フォードの指揮する海軍撮影班に加わりたかったが、身体的な理由で許可されなかった。体重が重かったため海軍へ入隊する資格基準をはずれていたし、おまけに前年に交通事故で背骨を痛めていたからだった。

海軍撮影班への入隊を拒否されたので、志願することは忘れて、仕方なく大学へもどって期限がすぎていた課程を終えようとした。そのころまでには大学の雰囲気も変わっていた。日本海軍がハワイ沖からアメリカの西海岸へ進撃しているという噂がひろまっていて、学生たちは、日本の潜水艦が沖合の海面に浮上してロサンゼルス郊外にある石油施設を砲撃したという出来事を話し合った。はるか彼方のヨーロッパで起きている戦争が、いきなり自分たちの浜辺にやって来たのである。わずか数週間前までは仲間だった日本人の学生たちに疑念の目が向けられるようになり、真珠湾攻撃があったその日のうちに、ロサンゼルスではJ・エドガー・フーヴァー長官の指揮するFBIが日本人の住民と移民、それにアメリカ国内で生まれた日本人まで含めた数十人を逮捕し、まもなく逮捕者は数百人にのぼったが、逮捕された日本人は、疑わしい交際、不審な旅行歴、アメリカへの忠誠心を欠いた言動があったとして事前にリストアップされていた者たちだった。これらの日本人の多くは、ふつうに暮らす隣人だったが、今ではアジア人の顔をしているというだけで疑いをかけられるようになった。

ハーブの大学の親友の一人に、父親がロサンゼルスの日本領事館に勤務するワタナベ・スモという女子学生がいた。スモは、いつものように講義を受けていたのに、ある日、「なんの説明も別れのことばもないまま」姿を見せなくなった。それからまもなくして、日系アメリカ人の第二世代を意味する「ニセイ」（二世）の学生のほとんどは、日本さえ見たこともない者ばかりだったのに、大学からいなくなり、のちにハーブが「強制収容所のアメリカ版」とか「アメリカ人の恥」と呼んだ施設に収容されたのだった。

まもなく、軍の当局は戦力となる人材を求めて、ハーブも結局は徴集されてアメリカ陸軍航空隊に配属されたが、背中の後遺症のため「限定任務」となった。そして基礎訓練を終えると、デンバーのローリー空軍基地にある軍の写真専門学校に配属されたのだが、その学校でハーブは、映画制作を学ぶのではなく、いきなり教える立場に立たされたのだ！　基地の横に教室を造るため、つい最近になって古い保養施設が改築されていた。この学校では、航空写真、地上写真（地上作戦のため）、それに映画の制作技術を学ぶことになっていて、学生たちはデンバー周辺の丘陵地帯に連れて行かれ、そこで仮想の街や風景を撮影する訓練を受けた。

ローリー空軍基地にいるあいだに、陸軍航空隊がカリフォルニア州カルバー・シティーに第一映画部隊を創設するという話を耳にしたので、映画の制作という自分のやりたい任務に就きたいと思って第一映画部隊への転属を申し出たが、その任務に就ける可能性はないと言われた。

そうこうしているうちに、ローリー空軍基地にいるのがいやになってきた。その基地は、真珠湾攻撃の前までは六百名の新兵を訓練しているだけだったが、一九四二年になると、年間五万七千人を訓練するほどに膨れあがり、立錐の余地もないほどになって、至るところに新しい施設が建設された。写真専門学校は三交代制で、一日二十四時間のカリキュラムだったから、たとえ日中に睡眠がとれなくても深夜から午前八時までの勤務を命じられることもあった。「自分の生活全体がひっくり返って、それは任務のせいばかりじゃない」と感じた。そして、とにかく数週間ほどぶっとおしで眠るまいと決意した。

デンバーの山岳地帯に冬が訪れて、寒さがきびしい季節になった。ある夜のこと、何週間も眠らないということは不可能だと考えた。「もう、こんなことはできっこない」と思いながら、兵舎から外へ出て、ショベルでかき分けられた雪道を歩きはじめた。道の両脇には、遠くまで雪がぼんやりと浮かんで見える。黄昏のなかで周囲は雪の明るさ以外には何も見えない。一面におおわれた雪のため、一日中つづくいつもの基地の騒音は聞こえてこない。ハーブは衝動的に道からそれて雪のなかに突進し、柔らかく積もった雪を掘り起こしはじめ、しばらく掘って手を休めると、仰向けに雪のなかに倒れ込み、そのまましばらく横たわった。

驚いたことに、この突飛な行為をしたせいで、大きな目的を達成できることになった。雪のなかに横たわっていたせいで発熱したのだが、陸軍では、兵士が病気にかかったら患者を陸軍病院へ入院させて長期間ベッドを埋めるかわりに一ヶ月ほど自宅療養させるという話を耳にしていた。ハーブは、発熱のほかに内臓に痛みがあるかのように訴えたので、虫垂切除とヘルニア治療を担当する病棟へ収容され、今は陸軍に所属しているがメイヨー・クリニック出身の外科医の診察を受けることになった。その医師は、だまされなかった。

「医師は、わたしを診察してから、『そうだな、虫垂を切除する必要はないと思うんだがね。手術はしたくないんだろ?』と言った。わたしは、『はい』と返事をした。『ただし、虫垂は切除しておいた方がいい。外地に出征したら十分な治療はできないだろうから、そうなると面倒なことになるからな。今は虫垂炎じゃないが、今後、虫垂炎になる可能性はあると思うから、今はひどい痛みでないことはわかっているが、切除しようと思う』医師はそう言った。病院では朝のうちから、わたしたちのような患者をつぎからつぎへと対応していた。

それで医師の言うとおりに虫垂切除を受け、一ヶ月の休暇をもらって母のところへ帰省した」

母親のナニーは、手料理のチキンスープとピロシキで息子が元気を回復する世話をしながら、十分な保養と、いつものように例の小言を何度も口にするので、ハーブは放っておいてもらいたい気持ちになって早く基地にもどりたくなった。

ローリー空軍基地にもどると、喉から手が出るほど望んでいたカルバー・シティーの第一映画部隊への転属命令が待っていて、たぶん外地の戦闘場面を撮影するための訓練を受けることになるだろうと伝えられた。第一映画部隊では、あらゆる戦場を記録するためのカメラマンを集めていて、なかでもカルバー・シティーに常駐できる映画部隊の隊員は経験を積んだプロのカメラマンにかぎられていたが、雪の降るデンバーをあとにすることを考えれば、そんなことは言っていられなかった。ハーブはつぎの飛行便でロサンゼルスへ向かった。

ロサンゼルスの空港からは、見慣れたいつものタクシーでバーバンクにあった以前のハル・ローチ・スタジオズへ向かった。この撮影所では、以前はローレル＆ハーディー、アワ・ギャング、バスター・キートン、キーストーン・コップスなどの俳優たちによる有名なサイレントのコメディー映画を制作していた。タクシーの運転手はハーブを横目で見ながら、「駐屯するにゃあ愉快なところだよ！　どんな俳優を知ってるんだい？」と訊いた。ハーブは、思い出すかぎりサイレント映画に出演していた俳優はだれも知らなかった。ただ何年かあとになって、恩師のボリス・モロス教授が、当時のサイレント映画のシーンをバックに、ハーブのためにバイオリンを弾いてくれたことがあった。

ハーブがスタジオの入口で守衛に転属命令書を手渡していると、高級将校たちのたくさんいるはずのゲートのなかから「軍帽でない帽子をかぶった軍人」を乗せた二台のコンバーチブルが走り去って行った。「平服姿のあの将校たち」のことを守衛に尋ねると、守衛は笑いながら、「ああ、あの人らは、おそい昼食の休憩をとる俳優たちだよ」と説明してくれた。

ジャック・ワーナーは第一映画部隊の計画立案者で、ハリウッドの映画スタッフが戦闘に参加して命を失わないよう、そのかわり愛国心を示すためにこの計画を思いついたのだった。ワーナーは政府を説得して、多くの将兵を早く養成するため陸軍で軍事教練用の映画を制作する専門家の部隊を編成したいと申し出て大佐に任命され、こうしてハリウッドの数百人の職員たちが前線に行かなくてもすむ方法を見つけ出したのだ。しかし、どういうわけか一方では、昔の兵隊たちがワーナーブラザーズの映画を制作しているという話が漏れたりした。

ある日、実際の陸軍が出し抜けにバーバンクにやって来て、仕事をしていた撮影所の全員に対してサンセット大通りにある大型の撮影所に移動するよう命令した。全員が今夜からはそこにある簡易ベッドで睡眠をとり、「軍隊食」と呼ばれる食事をすることになると言われて戸惑った。だれもが昨日までは自宅に帰り、家でゆっくりと食事をしていたからだ。

翌日になると、ワーナー大佐は部隊長を解任された。とはいえ、陸軍航空隊としては実際に軍事教練用の映画がほしかったので、戦争のあいだはハル・ローチ・スタジオズはそのまますっかり貸し出されることになった。ワーナーの後任には、スタント・パイロットとして知られたポール・マンツが新たな部隊長になったので、みんなは胸をなでおろした。ワーナーが父親だとすると、マンツは古い友人のようだったからだ。

初日にハーブと話をした守衛は、にせの将校たちに飽き飽きしていたのかもしれないが、新参者のハーブには疑わしい目を向けていた。守衛は、この若造が戦場カメラマンが訓練をしている丘陵地帯に参加する一人だとは思いながらも、ただの青二才みたいだったので、守衛があれこれ指示できるのは撮影所のことだけだったから、途方に暮れたように頭をかきながら、とりあえず副官のところへ行くようハーブに伝えた。そうすれば事情がわかるはずだった。

ハーブは仮の兵舎として使われている木造平屋の二棟の「部隊司令官」という標識の掲げられた一棟に出向いて、デスクに座っている将校に対面した。

「部隊の司令官だった中尉が映画でおなじみのロナルド・レーガンだったので、びっくりした。『君は副官を探しているらしいが、ここを向こうへ行ったところだ』とレーガン中尉が言った。そこへ行ってみると、副官はわたしの任務歴に目をとおしながら、『いったい、どうやってここへ来られたんだ、軍曹?』と訊いた。副官は、もう一度わたしの記録に目をとおしてから、『なるほど、ちょっとした手ちがいがあったようだな。君のことを戦闘映画班で使えると考えたようだが、君は『限定任務』になっているじゃないか。そういうわけだから、君を撮影訓練に参加させることはできんな』と言った。そのときレーガン中尉が入ってきたので、副官がレーガン中尉に、『中尉、この軍曹は撮影訓練のためこちらへ転属になったようですが、限定任務のようです。ですから、この男を丘陵地帯の撮影訓練に参加させることはできません。映画の制作については少々知っているようですが、南カリフォルニア大学で三年ほど映画を作っていたので、ここで使うことはできるとは思いますが、どうしましょうか？』と尋ねた。レーガン中尉は、棚にある任務一覧表を取り出してきて、その表には隊員たちがどの階級に属しているのか、各階級の志願兵が何人ほどこの部隊に許可されているのかについて記されていて、チェックしてみると、もう一人だけ入隊が許可されることがわかった。『一覧表によると、この軍曹は許可できそうだな』わたしの履歴に目をとおしたあと、レーガン中尉がそう言ってくれた。

わたしは胸をなでおろした」

ハーブは、ほかの隊員とは別の兵舎に自分用の簡易ベッドをあてがわれた。建物の内部は部屋に仕切りがなく、高さが二メートルあるオリーブグリーンのロッカーで仕切られた二十ほどのベッドが二列並んでいるのが自慢だった。それぞれのベッドの足元には揃いの小型トランクが置かれている。この部屋は、何もなければ非の打ち所がなくて、ほとんどのベッドにはシーツがなかったし、人が寝起きしているようには見えなかった。ほかの者たちはどこで寝るのかと訊いたら、この兵舎は映画を制作するときに仮に使うときか「正規軍」が使うときだけだと言われた。それで、この兵舎に配列されているベッドの意味がわかった。

「実際のところは、ほかの『志願兵』たちの日々の生活は、毎朝、ワーナーブラザーズに出かけるかわりにハル・ローチ・スタジオズに必要な報告をすることに変わっただけだった。駐車場には高級車が駐まり、志願兵たちは夕方になるとプールのある快適な自宅にもどり、軍服はビバリー・ヒルズで仕立ててもらう習わしだったから、世界中でもっとも高級な軍服を着る空軍だった。

軍から支給される給与は撮影所からの定期給与に比べるとわずかな額だったが、暮らしは困っているようには見えなかった。志願兵のほとんどは兵卒だった。みんなにはひとつの目的があったが、それは昇進ではなかった。昇進すると、『外地へ出征する』ことになり、自分たちにとっては脅威になるからだ。

とはいっても、みんなの正規の仕事が部隊として役に立たなかったわけではない。みんなの制作した映画が空軍の将兵たちを記録的な速さで訓練するのに役立っていたし、みんな最後まで軍のために全力をふりしぼり、立派な仕事をしていたのだ。

みんなの仕事は実際の戦闘とはちがって、だれも殺されることはなかった。殺される唯一の方法というと、映画のなかの演技で、ちょっと倒れ込むとか、その程度の恐ろしそうな格好をすることだった」

ハーブは、部隊のなかで事務処理や病欠の連絡を受けたり撮影班の準備をしたりする仕事を任された。ある金曜日の晩、週末の休みが必要だったジョージ・モンゴメリーはラスベガスへ行くために気が気でなかった。というのも、その休みのあいだにダイナ・ショアと結婚することになっていたが、その週末にちょうど司令官のレーガン中尉が不在だったのだ。それで、ハーブがレーガンの名前で週末の外出許可証を偽造して、このロマンチックな冒険を手助けしたのだ。部隊のなかで、もし一番お気に入りの男性を選ぶとしたらレーガン中尉になるだろう。レーガンは、どこをとっても「すてきな男性《nice guy》」だったし、人気スポーツのバスケットボールの名選手でもあった。

「今でもレーガン中尉の毎朝の習慣をよく覚えている。デスクに座ると、まず用心しながらコンタクトレンズをつける。当時はコンタクトレンズは珍しかった。それを見て、レーガン中尉も視力が悪いため限定任務にちがいないと思った。

そのあと、ヨーロッパと極東の前線が描かれた地図のところにわたしを呼び寄せて、色のついたピンを慎重に動かしながら、わが空軍がどこを攻撃しているのか、部隊がどこへ移動しているのかを説明してくれた。こうやってレーガン中尉が地図上で戦争を戦いながら、ドイツを倒したあと、黄色のピンを太平洋の方に動かした日のうれしそうな様子が目に浮かんでくる」

（父は以前、のちに大統領になったレーガン中尉が、もしも被爆後の広島に派遣されたとしたら世界の情勢はひどくちがうものになっただろうと言っていました。でも、父とちがってレーガン中尉は、撮影所をあとにして「非現実の世界」から現実の戦場へ行くことはなかったのです）

ハーブはハリウッドの安全で快適な軍隊生活を楽しんでいたが、一九四〇年代のロサンゼルスの街の様子を目にして、心を痛めていた。

「さまざまな人種が別々に暮らしていた。ワッツ地区には黒人、チャイナタウンには東洋人、ボイル・ハイツにはユダヤ人という具合だ。どこのゴルフ場もユダヤ人の利用を断っていた。そのため、映画界の著名なユダヤ人たちが二十世紀フォックス・スタジオの真向かいにヒル・クレスト・カントリークラブを造る結果になった（皮肉なことに数年して、そのゴルフ場の八番ホールで油脈が掘り当てられ、そのゴルフ場の会員権がもっとも高額になった）」

あるとき、陸軍航空隊司令長官ハップ・アーノルド大将がこの風変わりな基地を視察する予定だという通知を受けたので、みんな大慌てになった。そのため、アーノルド大将に基地の隊員の功績を認めてもらうような計画を立てることにした。

「その日のために脚本を書いて、想定されることはすべてステージで予行演習された。門にいる二人の守衛も俳優が受け持つことになって、守衛になりきった。

アーノルド大将が基地のなかを歩いて来ると、予行演習をした脚本どおりにすべてが順調に運んだ。その日の半ばになって、アーノルド大将が立っている広場に全員が集められた。アーノルド大将が、『諸君全員が戦いたいことはよくわかっている』と言ったので、それを聞いて自分たちも前線に派遣されるのかと思い、だれもが不安な気持ちになった。

『だが、諸君はここで重要な任務をこなしているので、ここにいるべきだと思う』とそのあと語ったので、みんな胸をなでおろした。

本当に冷や汗ものだったが、とにかくすばらしい演出だった」

ハーブはもちろん映画を制作する仕事にもどりたかったし、ハリウッドの映画会社で仕事をしたかった。ところが、それから一年半経ったころ、自分が戦争のために十分役立っていないのではないかという気持ちが強まってきた。

「もう辛抱できなくなっていた。本当のところ、ずっとつづいている戦争に我慢ができなかったのに、自分は映画の撮影所に座っているだけだった。こんなことはおかしいと思った。実際に考えてみれば、ばからしい考えなのだろうが、そのときのわたしは、おかしいと思っていたのだ」

ハーブは、半ば断られると思いながら士官候補生学校へ問い合せてみたが、驚いたことに、入学を許可された。そのころには自分の仲間でほかに入学を希望する者はいないだろうと思ったので、ハリウッドと映画関係の友だちに別れを告げて、士官候補生学校のあるマイアミへ旅立った。

8 士官候補生になる

一九四三年、マイアミ・ビーチ

士官候補生学校の施設は、マイアミ・ビーチの海岸線にあるホテルの四階から五階のすべてを占めていた。あたりの環境はすばらしく、周囲は至るところパステルカラーの淡い色に包まれ、青く澄んだ海に面して椰子の木々が生い茂り、海岸線の砂浜はまだそれほど開発が進んでいなかったので、訪れる人は少なかった。

ところが、そんな風景もハーブの惨めな気持ちを癒やしてくれなかった。この学校のだれもが自分を追い出そうとして、そればかり考えていると思い込んでいた。実際、ハーブは士官になる資格などなかったし、万一なれたとしたら、空軍で初めての現代風の少尉になりそうだった。

第一に、ハーブは体つきが正常とはほど遠い肥満体で、その原因は母親の手料理を好んだ結果だった(それは、わたしにも受け継がれたのですが)。しかも、子供のころから家のなかですごすことが多かったため、どんな運動にも熱中することがなかった(数ブロックはなれた惣菜店やケーキ屋に歩いて行く以外に、父が運動らしいことをしていたのを知りません。母が、わたしたち子供をセントラルパークにある花崗岩のロッククライミングやウルマンのアイススケート・リンクに連れて行くときも、父は一緒に行こうとしませんでしたし、父がカヌーやバイクに乗る姿はとても想像できません。まあどちらも、わたしもやったわけではありませんが)。

士官らしく見えないことに加えて、自分をアピールする方法を知らなかったし、ほかの多くの候補生たちとはちがって予備役将校訓練課程で訓練したこともなかった。そのため、軍人らしい礼儀作法から士官として部隊を統率する能力に至るまで、当然マスターしているはずのことにも、しくじってばかりだった。

しかし、士官候補生学校で乗り越えなければならない最大の問題は、学校に到着してまもなく知った、ばかげているとしか思われない自分の経歴のことだった。学校に入学してすぐと、そのあとにも何度もあったことだが、「ハリウッドの出身者なんて、だれもこの学校の課程を修了できるもんか」と言われたことだった。ハーブは、そのとおりかもしれないと思いながらも、そのことをくり返し言われるので、さすがに腹に据えかねて、みんなを見返すためにも絶対に学校の課程を修了してみせると決意した。

ただ、その代償は考えていたより大きかった。入学して三、四ヶ月の訓練のあいだは、「マイアミビーチのどんな楽しみ」も知らなかったし、体重が二十キロあまりも減った。そして課程を修了するためには、最後に不吉な試練が待ち構えていた。その試練というのは、障害物のあるジャングルを踏破する訓練だった。ハーブは、そんな訓練をしたら自分の体が壊れるのではないかと思った。

（父が思ったことは正しかったのです。父が歩道の植え込みよりも自然のなかに近づいたのをわたしは知りませんから、ジャングルを巧みに踏破できるなどとは考えられません。先ほども述べたように、わたしも父と同じ体型で、減量との果てしない戦いを受け継いでいるのです。二人の体型は、体操をしたり、敏捷に動いたり、早く走ったりするようにはできていないのです。せいぜい荷物運びのラバのように、辛抱づよく、とぼとぼと歩くのが落ちなのです。しかも都会で生まれ育ったため、コンパスや地図を利用する意味などわからないのです）

さいわいハーブは、十分な身体能力がなくても自分の生き方を前向きにする方法を見つける才能があって、ふつうに考えられるよりずっと簡単な方法を見つけ出した。卒業式のときに、卒業生たちが演じる出し物が予定されていて、ハーブは『格子なきスターたち《Stars without Bars》』という出し物の脚本を書かされることになった。そのため、なじみのあるハリウッドから演奏家と作曲家を一人ずつスカウトして、二人とも熱心に取り組んでくれることになったので、卒業の前に残っていた障害物訓練をどうにか切り抜けることができそうだった。野外訓練の最後の月は郊外で野営をすることになったが、部隊のほかの候補生たちがマイアミビーチから四十キロメートルを行進しているあいだ、出し物の自称プロデューサーたちはピアノを積んだトラックに乗って、その横を走りすぎ、テントにピアノを据えて落ちついた三人は自分たちの仕事に取りかかったというわけだ。

作詞について言うと、うまく書こうとする唯一の方法は寝そべって書くことだとハーブは信じていて、野外訓練中のある日のこと、テントのなかでいつものように寝そべった姿勢でちょっと気のきいた文句や、なかには際どい文句の歌詞を思い浮かべたりしていた。演奏家の方は、作曲家と一緒に肩を並べて曲の手直しをしている。テントの外では、熱心に訓練に励んでいる候補生たちの叫び声や足を踏みならし汗にまみれた様子が空気で充たされているようだったが、三人は涼しいテントのなかで、お互いに冗談を言い合いながらくつろいでいた。

突然、テントの入口が音を立てて開いた。熱と埃と一緒に一人の大佐が入ってきて、テントのなかを見まわすと、「おまえらは、ここで何をやっているんだ！」と怒鳴った。寝そべっていたハーブがベッドから飛び起き、演奏家は、さっと不動の姿勢を取って敬礼をした拍子にピアノの椅子が大きな音を立てた。「大佐、我々は出し物の制作をしているところです！」とハーブが応答した。

大佐は、ゆっくりと息を吐いてから事情を呑みこんだが、怒りは簡易ベッドに向けられていた。そのベッドは、このあいだ廃棄されたものだということが明らかだったからだ。大佐は、取り乱しているハーブを睨みつけながら、「よろしい、制作をつづけろ。ただし歩きながらやるんだ。寝ころんでやるんじゃないぞ！」と命令した。とにかく、こうしてハーブは歩きながら作詞をつづけて、出し物のリハーサルを監督しているあいだに、心配していた障害物訓練をせずに士官候補生学校の課程をどうにかやり遂げることができたのだった。

図11　士官候補生学校の卒業写真のハーバート・スサン。（わたしの祖母の所持品から。撮影者不明なるも軍隊で撮られた写真らしい）

卒業式には母親がニューヨークから来てくれた。列車の駅で落ち合う約束をしていたのに、母親はハーブの横をとおりすぎてしまった。「母はわたしのことがわからなかった。当時のわたしは母が気づかないほど立派な格好をしていたのだ。そんな自分の姿もそのときが最後だったが、とにかく、わたしは士官になった」

一九四四年、アメリカ陸軍航空隊の少尉になったハーバート（ハーブ）・スサンは、当時はバージニア州レキシントンのワシントン＆リー大学にあった情報教育学校へ配属された。この学校はプロパガンダの制作を目的としていて、「アメリカ軍の将兵たちに、なぜ戦うのかを鼓舞する」ための訓話の仕方を教わることになった。ハーブも、アメリカ人は自分たちのおこなうことにはすべて十分な理由があると信じていた（父のその確信も、のちに広島と長崎の光景を目にして打ち砕かれることになったのですが、そのことを父は、「心がばらばらになったような感じだった……、頭がおかしくなったような感じだ」と語っています）。

情報教育学校のつぎに配属になった場所では、それまではアメリカ軍は自由のために戦っているのだと信じていたのに、アメリカという国に限界があるという重要なことを学んだ。そこはオクラホマ・シティーのウィル・ロジャーズ基地で、ハーブは基地内の食堂、劇場、士官クラブの管理を命じられ、何千人もの将兵が寝起きしている基地のなかで、士気を高めるため食事の内容を工夫したり娯楽を用意したりする仕事を任された。士官がクラブへ入会するための少額の入会金を管理するだけでも、お金が山のように集まり、その年の終わりに、余ったお金はワシントンの政府の国庫へもどされることになっていた。退屈している多くの将兵と、有り余ったお金をどうするかという問題を解決する方法は、少なくともハーブにとっては、おいしい料理とすばらしいショーを提供することだったので、さっそく取りかかることにして、六十セントのステーキ・ディナーを提供したり、ハリウッドからやって来たハリー・ジェイムズのオーケストラによるパーティーを開催したりした。

ただ、このオクラホマでは、ニューヨーカーにとってはなじみのない文化的な問題に面くらった。基地のなかでは人種間の差別がひどく、黒人の将兵は、基地を建造した労働者たちが使っていた汚い小屋を兵舎としてあてがわれたが、白人の将兵は、そこから少しはなれた基地の中心で暮らしていたのである。娯楽のために街に外出するときも、黒人と白人は別々にされ、別々のバスで出かけた。ハーブは、こんなことは「不公平で、まちがっている」と思った。黒人も白人と同じショーを観て、同じハリウッドのオーケストラの音楽を聴くことができるはずだと思ったけれど、基地の娯楽としてハーブが用意できたことというと、白人のクラブの催しが終わったあとになってから黒人のクラブでおまけのショーをするという取り決めだけだった。「こんなやり方には少しも満足できなかった。黒人たちは、みんなこんなやり方に腹を立てていて、わたしも腹を立てていた。一ヶ所でみんなでやった方がどれほどかよかったのに」とハーブは思った。

ワシントン&リー大学にいたときに、心に残った講演のことが思い出された。その人の名前は忘れたが、構内の礼拝堂にあるロバート・E・リーの肖像の横にユダヤ人の歯科医が演者として立って、一同に語りかけていた。歯科医は、礼拝堂にいるすべてのキリスト教徒に向けて起立するよう言った。それからユダヤ教徒にも……、そしてそれ以外の宗教の信者にも……、起立するように言ってから、すべての聴衆が起立するまでそう言いつづけた。ハーブには、この歯科医の心がよくわかった。だれもが何かの意味では少数者なのだ。ただ、歯科医のこのことばはオクラホマでは届くことはなかった。

ショーの合間にハーブは、まもなく前線に赴くことになっている一万五千人の将兵たちに一週間のあいだ、この歯科医の話をした。ところが、その一週間のあいだに聴衆である将兵たちの反応が変わってきた。というのも、週の後半に集まった聴衆は、実際の戦場からもどってきた将兵たちになっていたからだった。ハーブは、この将兵たちが体験した実際の戦争のことを知らない自分がこの人たちに向けてなんと言えばいいのだろうかと思った。この将兵たちは、みんな太平洋の前線で戦ってきて、その戦場が「むごたらしいところ」だったことは明らかで、だれもが心に深い傷を負っていたのだ。ハーブは、「なぜ戦わねばならないのか」という話や、どうしたら戦争に勝てるかという訓話をすることはやめた。この将兵たちが聞きたいことは、そんな話ではなく、自分たちが戦場に残してきた戦友たちが今どうしているかということだったのだ。

ハーブは、この人たちの立場になって考えることは「ほとんど不可能だ」ということがわかった。そして、その想いが自分のなかで次第に膨らんでいった。ハリウッドから自分を追い出した罪悪感が、ふたたびハーブの心を苦しめるようになっていた。

「当時は、軍に所属していたとはいえ、自分を役立たずだと感じていた。これまでは、空軍で自分がずっとやりたかったことを自分なりにやってきた。映画という動く絵画のなかにいて、それを楽しんでいたし、あるいは、それに似たなかで暮らしてきた。

ただ、戦地では何か大事なことが進んでいて、自分もその一員として戦地を体験したかった。戦地で自分がどんな役目を果たせるのかはわからなかったし、銃の使い方さえ知らなかった。銃なんか手にしたくなかったけれど、それでも頭をめぐらせながら、戦地で何かを学んだり、戦地のことについて自分なりに何か言いたい気がした。

ふつうの気持ちとしては、『自分は利口なもんさ。外地に行かなくてすんでいるんだからな』というもので、ハリウッドのみんなだって、そう言うはずだった。しかし、何か申し訳ない気がしていた。

そのため、外地へ行きたいと思うようになった」

戦争が長びいている以上、戦地へ行きたいという希望が叶うことはなんでもなかった。ハーブは、ただちにヨーロッパへ出征する命令を受けた。自分が外地へ行くことを考えて、胸が高鳴った。ヨーロッパは「洗練された文明のあるところだ」と、都会育ちの父親から聞かされたことがあった。ところが、一九四四年の秋にヨーロッパへ出征するため冬用の衣類を詰めているとき、ヨーロッパの戦線では連合軍の勝利が目前となり、一方の太平洋の戦線では作戦上さらに将兵を必要とする状況になっていた。

出征の命令が変更になった。ハーブは太平洋の戦場へ赴くことになった。

9　夕食の席での口論

一九六八年、ニューヨーク

わたしの戦いはベトナムというか、少なくともベトナム戦争に反対する戦いでした。父とわたしが夕食の席で言い争っています。

「わたしだって意見を述べる権利があるはずよ！　政府は、この戦争をつづけさせようとして、うそばかり言い立てているじゃないの！」わたしが身を乗り出して吐き出すように言います。「なんの手出しもしない相手を殺すために、大人たちって、どうして若者を戦場へ送り出そうとするの？」

父は、肘掛けのついた大きな鋳鉄の椅子に背筋をのばして座ったまま、静かななかにも軽蔑するような口調でわたしに向けて、「おまえがそんなことを意見するには、まだ経験が足りないんだ。おまえはただ、ヤクを乱用するヒッピーたちの言っていることを聞いて口まねをしているだけなんだ」と応じます。

父が理性的な態度で偉そうにするほど、わたしの方は頭に血がのぼって無力感を味わうのでした。「パパは、わたしの友だちがベトナムへ行って正当な理由もなく殺されることなんかどうでもいいと思っているのよ！」今にも泣き出しそうになりながら、ノンカロリービールが入ったグラスを手荒くテーブルに置いたので、ビールがこぼれました。顔が赤らんでくるのがわかり、感情を抑えきれない自分に腹が立っていました。

夕食のテーブルは、分厚い大理石でできた一枚板で、ところどころに割れ目があって、きらきら光る雲母をまき散らしたようなまだら状の模様になったもので、熱で傷んだり汚れがつかないよう全体にコーティングがほどこされています。そのため何をしても表面は滑らかなままで、ひんやりしています。

そんなテーブルは、わたしの怒りにも無関心のようです。取り乱していたのと怒りのせいで父の顔をまともに見る自信がなかったので、じっとテーブルを見つめたままです。父は、テーブルの中央に座って母の方をじっと見ています。母は何も言いませんが、二人の様子から、母もわたしの考えに同意していないことはわかりましたし、ベトナム戦争に賛成はできないにしても、この議論ではわたしの肩を持つつもりがないことはわかりました。弟は、わたしの向かいに座っていて、ミートローフ、ガーリックパン、サヤマメの皿をつついています。

「戦争になったら、政府は秘密を守らなければならなくなるんだ。敵はいつもこちらの秘密を探ろうとしているんだからな。おまえも、この国の指導者とアメリカという国のことを信頼し、尊敬した方がいい。若者を死なせたい人間なんて一人もいないんだ。だが、ときには大切なことのために戦う必要だってあるんだ」そう父が言います。

「うそつきたちをどうして信用しなくちゃならないの？　わたしたちの国がひどいことをしているんだったら、それを止めるのがわたしたちのすることじゃないの？　パパたち大人は、わたしたちに政府のことを信用しろなんて言うべきじゃないのよ！」

わたしは自分の皿を見つめたままです。父の偽善的な態度が許せませんでした。それというのも、かつて父は、自分が撮影して機密あつかいになったフィルムを政府が隠蔽していると、こっそり話してくれたことがあって、話の内容は第二次世界大戦のことや戦争中の自分の任務についてのことで、そのフィルムはアメリカ国民に見せるべきだし、そのフィルムを使って映画を制作し、その映画によって原爆は二度と使ってはいけないし造ってもいけないと訴えることができるのにと残念がっていたからです。それに、父の友人で機密あつかいのフィルムを目にすることができる人に向けて、フィルムが機密あつかいになっていることに不平をもらして嘆いているのを耳にしたことがあったからです。わたしの知るかぎり、父はよくよく無邪気な人間か、とにかく政府のことは信用しろと言う不誠実な人間かのどちらかだと思ったのです。

「おまえには共産主義勢力を防ぐことがどれほど重要なことなのかわかっていないんだ。ベトナムが共産主義勢力の手に落ちたら、どうなると思うんだ？　共産主義者のやつらはロシアで、ただユダヤ人だというだけで、パパの伯母さんを殺したんだぞ。わたしたちがベトナムでやつらを押しとどめなけりゃ、やつらがここまでやって来るとは思わないのか！」

学校でロシア語を習っていたころ、祖母のナニーが持っていた、蜘蛛の巣みたいな筆跡のロシア語の古めかしい手紙を読もうとしたことをぼんやりと覚えています。手紙に何が書かれていたのかよくわかりませんでしたが、祖母は、その手紙は密輸の容疑でスターリンの強制収容所に入れられて亡くなった祖母の姉のソニアからのものだと言って、それには、つぎのように書かれていたのです。

「ナニーのところにはベッドの下に隠している銀器を探しに来るコサック兵はいないし、共産主義者が来ることなんかないのね。こんなことも無意味で悲惨な戦争のせいなのね！」

わたしは、祖母のナニーがベッドの下に銀器を隠しているのをときどきからかっていました。わたしが若かったころ、祖母はユダヤ人の大虐殺の話をしてくれたことがあります。幼いナニーは、人々が「行進」しているのを見て、その行進について行こうと自分も走って行ったのですが、まもなく凶暴な行為がはじまり、自分は両親から引きはなされたのだそうです。そのためナニーは、突然の恐怖に変わったなつかしい通りを一人で歩いて帰り、やっと家にたどり着いたのです。一家は商売を営んでいました。ナニーの祖父は、暖かいストーブを背にして、カップの縁に砂糖をのせるロシア風のお茶を売るためサモワールの番をしていました。ナニーの母は、ユダヤ人でない若いメイドを雇っていました。大虐殺が荒れ狂っているあいだユダヤ人は外出できなかったので、そのメイドは一家のためにこっそりパンを届けてくれたのです。この話は、ずっと遠い昔のことのように思われましたが、当時のわたしは、祖母がなぜ、もうこの世に存在しないコサック兵のことをいつまでも心配しているのか理解できませんでした。このことは、父が共産主義者に対して抱いていた偏執狂的な考えをわたしが理解できなかったのと同じものだったのです。

わたしは父に向けて話をつづけます。「この戦争がつづいたら、どうなると思うの？　四年もしたらポールだって戦争に行くことになるのよ。パパたちはそれでもいいの？　それとも、そのときになったら、戦うことをいやがってアメリカから出て行く若者たちに向けて、おまえたちは臆病者でも裏切り者でもないと言うつもりなの？　パパたちの息子だったら、きっとそう言って真っ先に息子を逃がそうとするはずよ！」弟はうんざりしたように呆れた顔をしています。以前にも、わたしのこの話を耳にしたことがあったからです。でも、少なくともこのときは父から大声で言われたのはわたしの方であって、弟ではなかったのです。

「今すぐ席を立って、部屋に行ってろ！　おまえがこの家で暮らす以上は、パパの話をちゃんと聞くもんだ！」わたしは木製の床に大きな音をさせて椅子をひいて立ち上がり、ナプキンが床に落ちたことにも気づきませんでした。

「わかったわ、出て行くわ。この家とも、さよならだわ！　こんなでたらめなんて、もうたくさんよ！パパたちなんか必要ないんだから！　これからは独りで自分の思いどおりにするつもりよ！」

「ここから出て行くことなんかできゃしない。おまえはまだ十六歳で法律上は未成年なんだ。今おまえがすることは、教育を受けることなんだ。おまえを無駄に学校へ行かせるために授業料を払ってきたわけじゃないんだ。いつか後悔して、パパが言おうとしていたことに耳を傾けるようになるはずだ。部屋に行って、よく考えてみるんだ！」

わたしは部屋のドアをはげしく閉めて、ベッドに倒れ込みました。ベッドには房のついた天蓋があって、それが壁一面に貼ったポスターのせいで少しずれています。マーティン・ルーサー・キング・ジュニアの写真が見おろしていて、別のポスターの「核兵器を持った子供を抱きしめることはできない」ということばが目に入ります。トランジスターラジオをつけて、ビートルズの曲を探しました。「ねえ、《Hey》ジュード、《Jude,》落ち込むんじゃないよ。《don't make it bad.》悲しい歌だって、《Take a sad song》明るくなれるんだよ《and make it better》」顔はまだ熱いままです。あんなに簡単に怒りで顔を赤らめるなんて、フェアじゃなかったのです。

高ぶった心をすり抜けるかのように涙が頬を伝わります。直していないベッドカバーの上に置いてあった本のなかから一冊を取り上げて、本の世界に没頭しようと思いました。本の世界は、危険なことも愚かなこともないところです。本を読んでいると、この現実世界には自分を感動させるものは何もないし、あらゆるものが移ろって行くことがよく理解できます。本のなかだったら、必要とあらば何時間も経たないうちに、相手に対して堂々と反論する女傑に変身できるのです。本のなかだったら、筋書きが映画のように上映され、人々の心が変わって行きます。それなのに、わたしの人生は同じ議論が何度も蒸し返され、自分の考えを人にわからせることができないままです。どっちにしろ、つぎの九月までには家を出ようと心に決めました。どこかの大学に入学できないのなら、仕事を見つけて、なんとか暮らして行こうと思いました。それまでには、自宅にいても本という別の世界で暮らす方法があることを知っていました。どんな本も、さまざまな世界に通じているからです。母はいつもわたしに、「あんたは本を読んでいるときは、頭の上に爆弾を落とされても見上げようともしないでしょうね」と言っていたものです。

＊＊＊

それから一年も経たないうちに、両親は車を一台借りて（本来のニューヨーカーは車を所有しません）、わたしをブリンマー・カレッジへ連れて行きました。両親は大学の寄宿舎を見てまわり、構内を感心した様子で歩きまわっています。両親のもとを去る時期をこれ以上待つわけには行かなくなりました。わたしはそのとき十七歳になっていて、法的にも自由の身になっていたのです。

ブリンマー・カレッジのキャンパスは、芝生におおわれた古風な構内とゴチック風の石造りの建物のため、映画のセットにでも使えそうな雰囲気が漂っていましたが、わたしは大学のそんな雰囲気には少しも興味がわきませんでした。とにかくブリンマー・カレッジには行きたくなかったのです。ところが、ハイスクールの学生部長がこの大学の卒業生で、わたしがブリンマー・カレッジに入学手続きをしないのなら、ほかの大学の入学も許可しないと言うので、やむなくブリンマー・カレッジの、お決まりの女子学生になったわけです。ハイスクールの学生部長は、わたしのことを、勉強はできるくせに社会面（音楽面も）では音痴だと考えているにちがいないと思いましたが、わたしは実際にそのとおりの人間なのでした。

はたしてブリンマー・カレッジに入学すると、さっそく反戦活動に参加しました。この大学は左翼活動の温床ではなかったのですが、クエーカーによって創立されたこの大学は、権力者には真実を語るべきだという教育方針があり、わたしもその教育方針を気に入っていました。とはいえ、反戦と公民権グループに深くかかわるほど、両親との不和はますますひどくなりました。そして、わたしは両親が、とりわけ父が、世代間格差の誤った側にいることを確信しました。

わたしからすると、父は筋のとおらない恐怖心を抱いていました。共産主義者をひどく怖れていましたが、それ以上に、わたしたち若者が共産主義者の嫌疑をかけられることを心配していました。父がマッカーシー公聴会のことをもちろん知っていて、赤狩りのなかでも、とりわけユダヤ人の芸術家たちに対する虐待のことが放送されたテレビを観ていたことが、わたしには理解できませんでした。さらに、わたしが大学でロシア語を学ぶのをきらいました。父の両親はユダヤ系ロシア人でしたが、家では決してロシア語を話さず、「少年」だった父を生粋のアメリカ人にしようと考えていました。わたしは、祖父母たちがロシア語を話せていたという貴重な遺産を失うことは恥ずかしいことだと思って、そんな境遇にはなるまいと考えたのです。そのため、「イズベスチア」を購読できる国際紙をあつかう新聞販売店を見つけ出しましたが、父は家にイズベスチアを置きたがらなかったし、大学でわたしに中国語を教えてくれる図書館の職員のことを父に話すと、いっそう被害的になりました。わたしは、世界中の言語のなかでもロシア語と中国語を大学で専攻していたのです。

＊＊＊

わたしがまだ少女だったころ、自宅のクローゼットの高い棚のところに不思議な写真を見つけました。それには触れてはいけないと言われていたものです。大きめのスクラップブックのようなノートが三冊ほど束にしてあって、それには異国の人たちや空襲で廃墟になった白黒の写真が貼ってありました。このノート類と、ばらばらになったスナップ写真とは、一家がどこで暮らしているときもクローゼットのなかに隠してありました。あるとき、その写真を学校へ持って行ってみんなに見せて話したいと頼んだら、父が怒鳴り声をあげました。

「あんな卑猥なものを未成年に見せると、パパが逮捕されるんだぞ！　あの写真には触れちゃいかん！」父は何も説明してくれませんでした。

顔が赤くなりました。どんなものが卑猥なのかわかりませんでしたが、その写真が恥ずかしいものだということを知ったのです。でも、クローゼットのなかをのぞき込んで目にした写真は、恐ろしそうで気が動転するようなものばかりでしたが、その写真のなかには性にかんするものは一枚もなかったので、それらの写真のどこが卑猥なのかわかりませんでした。写真はどれも、病気にかかった人や、着物姿の女性や、倒壊した建物を写した古い写真ばかりでした。何か危険で恐ろしいことを自分がしたという気はしましたが、なぜそうなのかはわかりませんでした。ただ、漠然としたなかにも強く訴えるような「それらの写真」が、両親と何か関係がありそうな気がして不安でした。そのことがあって数十年は、父の「忌まわしい」秘密の写真には手を触れないようにして暮らしたものです。

＊＊＊

一九八〇年代初頭に10フィート運動が父の撮影したフィルムと関連して日本で広く知られるようになったころ、グレッグ・ミッチェルをはじめとする数人のアメリカ人ジャーナリストが父に関心を寄せるようになりました。ある日、友だちから電話がかかってきて、今すぐナショナル・パブリック・ラジオを聴くよう言われたので、ラジオをつけてみると父の声が聞こえてきて、自分の撮影したフィルムを何年ものあいだ政府がどのようにしてアメリカの国民に隠して機密あつかいにしつづけていたかをくり返し語っています。そして、自分がどんなものを目にし、どんなものを撮影したかについて語っていました。わたしは戸惑い、苛立ちました。

ラジオのなかで父が語っている話のほとんどは、今までわたしに話してくれたことのない内容でした。父は、反戦デモに参加したことはありませんでしたし、平和について話し合うため各家庭を個別訪問をしたこともありませんでした。反戦平和のための企画ミーティングに最後まで座っていることもなく、それにかんする会報を編集したり、平和活動のプランについて話し合ったりすることもありませんでした。ロビー活動のためワシントンへ行くこともなかったので、いつのまに父は平和運動のヒーローのような存在になったのだろうかと思ったのです。そんなわけで、わたしは戸惑い、苛立ったのでした。昔の夕食の席での言い争いのことが半信半疑のような気になりました。きっとあのときは、ベトナム戦争という最悪の状況を目の前にしていたため、わたしは自分の意志に反して、父のことを平和について考える人間だとみなすことが十分にできなかったのです。

平和のために勇気ある行動をするということは、何か具体的な行動をすることよりも、熱心な証言者に会い、献身的な証言者を生み出すことなのだということが、ずっとあとになるまで、わたしにはわからなかったのです。平和を語り伝える人の勇気とは、デモ行進をすることでもなく、演説をすることでもなく、連邦議会の議員に電話をすることでもないのかもしれません。ときに必要なことは、ふつうでないことをすることではなく、ある事実に目を背けずに避けてとおらないことや、心を閉ざさないようにすることなのです。父の戦友たちの多くが、勝利を勝ち得たとだけ考えていた場所で、なぜ父は心に痛みを感じ、人間の苦悩を感じ取ることができたのでしょうか？

そんな風に父のことを思えるようになったのは、父が亡くなって数十年が経ってからでした。大学時代のわたしは、今よりもずっと、父のことをつまらない人間だと思っていました。あのころは、テレビ番組に出演したり映画を制作したりするくせに戦争をやめる努力をしなかった父のことを偽善者だと思っていたのです。

あのころのわたしの戦いは、行進とデモに参加することでした。父は、自分の戦争時代について語ってくれませんでしたが、父の話にもっと耳を傾ければよかったと、あとになって思うようになったのだと考えると、父は正しかったのです。

10　爆撃部隊に配属される

一九四四―四五年、太平洋の戦場

ハーブは、太平洋を三十八日間かけてマニラに向かう兵員輸送船に乗っていた。輸送船には三十六人の士官と五千人以上の志願兵が乗船していたので、当然のことながら、そのような船内の様子は自分にとって格好の出番になるのだった。それで、将兵のなかから演技に素質のある者たちを急いで探し出し、みんなが少なくともデッキで毎日三十分は楽しめるようなショーを催すことにした。そしてショーの合間には、ブロードウェイに出たことのある同僚のジョン・コスグローヴと二人でブリッジ・ゲームのチームを作って、ほかの将兵たちからちゃっかり巻き上げるつもりだった。

輸送船がマニラに着くまでに一度だけ停泊したところは、ビキニ環礁に近いマーシャル諸島にあるクウェゼリン環礁だった。ビキニ環礁は皮肉なことに、のちに原爆の実験場になったところだったが、クウェゼリン環礁に立ち寄ったのは海軍が実験場に使用する予定だったからではなく、その近くのマウグ・マウグ島に特別の中継地が用意されていたからだった。マウグ・マウグ島は、「ドロシー・ラムーアが出演する映画の舞台のような、白い砂浜に椰子の木々と大きな小屋がひとつあるような」風景の島で、「ビールに、アイリッシュ・ウイスキーに、ハバナの葉巻が、それぞれいっぱい詰まったカマボコ兵舎」のほかには何もないところだった。ようするに、これらの物品を将兵にしっかり堪能してもらって、この戦争が長くつづいている忌まわしい状況を忘れさせるのが目的だったので、将兵たちがすっかり満ち足りたあとは、大型のはしけに乗って自分たちの輸送船にもどって行くのだった。

この中継地のことは、ハーブが軍隊特有の慰労と休養を初めて体験した出来事で、葉巻を初めて味わった体験でもあった。それ以来、葉巻を手放すことがなくなり、ときには火を点けずに噛むこともあったりして、ハーブのトレードマークの小道具になった。

「船がマニラのスービック湾に着くと、戦争が急に身ぢかなものになった。街は破壊されていて、組織的な空襲によって通りや商店や家屋は瓦礫と廃墟のようになっていた」それはハーブにとって、初めて目にする戦争の光景だった。こんな光景はもちろん最後ではなく、それからのちにも、空襲を受けた街を見て受ける印象を植え付けられることになった。戦略上は連合軍がマニラを制圧していたが、周辺にはまだ日本軍が潜伏していて、日中は姿をあらわさなかった。

マニラに着いて初めての夜は、ブリッジ・ゲームの仲間のジョンと一緒のテントだったが、二人とも寝袋なしで地面に横になって寝るしかなかった。夜中になって突然、二人のテントが機関銃の掃射を浴びた。銃撃を受けたのは初めての経験だったので、ハーブは、「ぼくたち二人は撃たれなかった。ただ何人かは撃たれた」と話すのが精一杯だった。

日中は安全だった。軍隊の食事はきらいだったが、フィリピンの女性たちが頭の上に果物を乗せて村からやって来て、兵士たちに売ってまわったので、新鮮で異国の風味のする果物を何日も味わいながらすごした。

しばらくして陸軍航空隊司令部に「ラジオ・マニラ」の基地局があることを知った。そこからフィリピン全土に放送を流していて、ニューヨークのＣＢＳで副社長を務めていた大佐が監督をしていた。大佐はハーブとジョンを局のスタッフになるよう熱心に誘ったが、マニラ司令部の司令官には別の考えがあって、航空隊の戦闘要員にできた空きを埋めるため何ヶ月も士官を探していたのだった。そのため、ハーブとジョンをこれからどこに配属させるかについて大佐と司令官とはずいぶん長く言い争った。

「おかげでジョンは苛立って、どなったり叫んだりしつづけ、わたしは叫ぶのをやめた。まもなくして、ジョンはマニラにとどまることになり、一年後にはミンダナオと呼ばれるところから一通の葉書をくれた。それによると、ジョンは、木蔭に座って二人の女の子が差し出すココナッツと飲み物を味わい、団扇であおいでもらいながら自分の思いどおりにやっているようだった。小さな島にいて、ボートを一艘所有し、前線基地がある多くの小島にラジオや本などを送り届ける任務に就いていたのだった。それ以来、ジョンは戦争が好きになった。

わたしの方は戦闘部隊へ配属されることになった」

ハーブは、レイテ島に基地を置く第五空軍第三四五爆撃航空群に配属された。この部隊は「エア《Air》・アパッチ《Apaches》」として知られた部隊で、配下の中隊は「黒豹《Black Panthers》」や「超特急《Bats Outta Hell》」などのニックネームがつけられていた。ハーブはＢ25爆撃部隊の隊員のなかでは新参者だったが、この部隊は太平洋戦線でもっとも長く任務に就いていた。ただ、ハーブは戦意のある搭乗員ではなかったし、そもそも戦闘員ではなかった。上官の若い大佐は、外見からはわからない技能をもったこの新入りの士官をどのように使おうかと考えて思案に暮れていたが、やっとハーブに伝えた。「おまえが好きなようにやれ」

ハーブはレクリエーションと郵便業務の任務を受け持つことになった。ある日、沖縄の沖合にある伊江島《いえじま》という小島に移動する部隊に同行したことがあって、その島は従軍記者のアーニー・パイルが銃撃されて死亡し埋葬されているところだった。将兵たちは、船内に戦車を積み込み船外に人間を乗せることのできる大型の上陸用舟艇に乗って伊江島に向かったが、島にある港に着岸したとたん、パニックが起きて、「早くプランク（上陸用の厚板）を降ろして下船しろ！　早く上陸するんだ！」という怒号が飛び交った。

ハーブは、ある士官から、自分たちの部隊が船舶で初めてフィリピンに着いたときの出来事を聞かされて仰天した。そのときフィリピンの港の指揮官は、物資を陸揚げするのは夜まで待機するよう命じたのだが、その夜、日本軍の神風特攻隊の飛行機が物資を積んでいたアメリカ軍の艦船に体当たりして、船内にとどまっていた数百人が死亡したというのだ。伊江島は、フィリピンよりも日本の本土にずっと近いところで、島からは沖縄が見えたし、沖縄の洞窟では、はげしい戦闘がくりひろげられていて、特攻機による危険もあったため、みんなが船から争うようにして下船したのは無理からぬことだったのだ。

ハーブがこの部隊に配属されて数ヶ月経ったとき、いよいよ実戦配備されることになった。この部隊は、最終的には長いあいだ伊江島に駐屯することになって、多くの隊員たちは競い合うように戦果をあげて多くの勲章を授与されていた。第三四五爆撃航空群は、戦争が終わるまでに一万六百九回の出撃をし、百七十七機の航空機と五百八十八人の搭乗員を失った。実戦で戦果をあげた部隊に対する表彰は、当時はその隊に所属する隊員全員に授与されたので、ハーブはきまりが悪かった。「わたしは何もしていなかった。わたしにかぎっていうと、なんの貢献もしなかったのに勲章を授与されることになったのだ」

第三四五爆撃航空群は伊江島から連日のように出撃して、多くの犠牲者を出していた。B25爆撃機は、敵からの攻撃を受けていないときでも飛行中に危険をともなっていた。民間の飛行機とはちがって、敵のレーダーを避けるために低空飛行をしたり重量のある装備品を搭載していたため、墜落事故を起こしやすかったからだ。

図12　飛行機の前で飛行用の革ジャンパーを着たハーバート・スサン。（ハーバート・スサンの所持品から。撮影者と日時とも不明）

「初めて飛行機に搭乗してみたら、機体は、まるでブリキで造られているみたいで、今の飛行機とはまるでちがっていた。こんな飛行機は、今ではもう目にすることはないはずだ。機体がばらばらになるんじゃないかと思うほどガタガタと振動するし、機体の外と人間とのあいだにはブリキがあるだけなのだ。とても怖い乗り物だった。少なくとも自分はそう思っていた」

（この記述を読んで、父がいつも爆撃部隊の隊員が着用する革ジャンパーを自慢にしていた理由がわかりました。父はパイロットや爆撃手ではなかったのですが、このジャンパー姿がちょっと気取った姿に見えると思ったのでしょう。ブリキ缶のような爆撃機に搭乗して戦場を飛行すると、こんな記念品をもらうこともあるのです）

そのころになると、日本本土へ進攻する作戦が近づきつつあることが感じられた。駐屯している伊江島では、陸軍の工兵たちがブルドーザーを使って、「すべての樹木、枝、茂みに至るまで、くまなく整地」した。新たな滑走路が建造されることになり、戦闘によって予想される負傷兵のための病院も建設されることになった。そのため、これらの施設の建造を妨害しようとする日本軍から定期的に空襲を受けた。敵も、これから何が起きようとしてるのかわかっていたのだ。

薄気味の悪いある日のこと、ふいにあたりの騒音が静まり、まもなく人々の動きが止まった。アメリカ軍の最高司令官でもあるルーズベルト大統領が一九四五年四月十二日に亡くなったというニュースが届いたのだ。

「戦闘までもがそうなったように、この世が静まりかえったようだった。だれも何もする気にならなくなった。だれもが大統領の逝去を身内のことのように思っていた。沖縄でも本国でも、あらゆるものが止まった。わたしたちが知るかぎり、日本人たちも動きを止めた。その夜は空襲もなかった。人々は、茫然として動きまわり、意気消沈して歩きまわっていた」

その日の夜、ハリー・S・トルーマンが大統領就任を宣誓し、ふたたび戦争が継続されることになった。日本本土へ進攻する作戦の準備は進んでいて、沖縄にあるアメリカ軍のどの飛行場も、日本本土まで到達する長距離爆撃機が使用できるよう滑走路が延長され、部隊もぞくぞくと集まっていた。そして一九四五年八月、ふたたびすべての活動が停止した。日本に投下された「特殊爆弾」の噂がひろまったのだ。

「自分たちが特殊爆弾の話を初めて聞かされたとき、それがどんなに重大なことだったのか、本当のことは、だれにもわからなかった。軍のあいだでも、それにかんする情報は何もなかったから、これまでのように日本本土へ進攻する準備をひたすらつづけていた。

空襲がなくなり、伊江島の上空に特攻機が姿をあらわすこともなくなった。島は日本本土にも近かったため連日のように空襲を受けていたが、今では敵からの空襲はやみ、アメリカ軍も日本を空襲することをやめた。

まもなく日本が降伏したと聞かされた」

11　戦う気がないなら必要ない

一九四五年、伊江島

伊江島の滑走路に第三四五爆撃航空群の隊員たちが黙り込んだまま整列している。長期間にわたる隊員たちの任務と多くの犠牲者のために敬意を表して、降伏した敵に対面することになったのだ。しばらくすると、彼方の青い空に見える白い点が次第に大きくなってきて、全体を白く塗装した二機の飛行機が着陸してきて、機内から日本人の代表団が降りてきた。この外交官たちは、日本の降伏について連合軍側と協議することになっていて、伊江島は、この外交官たちがフィリピンにいるマッカーサー元帥と会見するための中継地になっていたのである。

整列しているアメリカ軍の将兵たちは、戦闘で傷つき自分たちの受けた苦痛のため、日本人に対する憎しみに充ちていた。将兵たちにとって、戦争はあくまでも個人的なものだった。そして、この日本人の外交官たちがマッカーサーのところへ行ったら生きてもどれないかもしれないと、ささやき合っていたし、二機の飛行機の搭乗員たちも将兵たちと同じ気持ちだった。

そんななかで、この日本人たちは島に到着して、日光に輝く飛行機のデッキに姿をあらわした。戦争中のプロパガンダでは、気の狂った野蛮行為や自殺行為を平気でする出っ歯の顔として描かれた「ジャップ」が突然、今では物静かになり、殊勝な様子をしている。しかも、敵であるこの日本人たちは外交官の服装をしているため、二万七千人ほどのアメリカ軍の将兵たちからきびしい視線を浴びるなかで、まるで地球外からやってきたエイリアンのように見え、爆撃航空群の多くの隊員たちにとって、この光景は、自分たちの今までの爆撃目標のなかでもっとも大写しになった眺めだった。

「自分たちには、この日本人たちはシルクハットをかぶって正装をした不気味な姿に見えた。だれもが、移りゆく歴史を眺めていることはわかっていたが、これから一体どうなるのかということは、だれにも見当がつかなかった。みんな微動だにしなかった。針が落ちても聞こえるほど静かだった。あのときは、自分たちは本当に生きていないような感じだったし、日本人たちは映画のなかに登場する聖人のように見えた。少なくとも自分はそんな気がしたし、まるで舞台のショーのようだった。わたしは、このときの様子を写真に撮って保存し、のちに新聞の号外に載せて記念にした」

それからまもなくして、伊江島の隊員たちは勝利とか敗北とかとは別に、戦争の終結が人によってはさまざまな意味をもたらすことを知ることになった。日本本土へ進攻する必要がなくなったという歓喜に充ちたお祝い気分があったし、何ヶ月も戦闘をつづけていた将兵たちは帰国できるつもりになっていたが、その一方で、戦争がなくなったことで喪失感におそわれた者たちもいたのだ。

「その夜、わたしたちの隊の何人かが自殺した。飛行機を戦場に飛ばしていたパイロットたちには、はっきりした任務があり、任務を遂行する方法を知っていて、自分たちと任務が一体になっていて、そうする理由がわかっていた。その一方で、太平洋で四年をすごしたあと目標を失い、わけのわからないまま帰国することなどできないと感じる者たちがいたこともよく理解できた。

船舶から物資を陸揚げして陸地にある倉庫へ運び込む黒人ばかりの中隊出身の丈夫そうな一団がいて、戦争が終わったお祝いをするつもりで航空機のトランスミッションに使うアルコールを飲もうと決めた。それを飲んだ七、八人が死亡し、十～十二人が失明した。こんな出来事があったせいで、あんな大男たちを目にすることになろうとは、まったく奇妙なことだった。

戦争が終わったことで、自分たちが長いあいだかかわってきた組織、期待感、存在理由がいきなり取り払われ、この急激な変化に順応することができない者たちがいたのだ」


(古今の歴史を見ても、戦争をやり抜いていると、目的意識や仲間意識や名誉のために活躍しようとする能力が養われてくるため、戦争ではこのような能力を持っていることが称賛されたのです。ですから、平和を守るために行動することが困難なことは無理からぬことなのです。「戦争！《War!》 何かいいことがあるのかい？《What is it good for?》 いいことなんか、ひとつもありゃしない！《Absolutely nothing!》」という歌は、わたしが思っていたほど正しいことばではないのです)

＊＊＊

ハーブは、もぬけの殻になった伊江島で一部の隊員とともに島に取り残されることになった。それは、ハーブが太平洋ですごした数ヶ月だけでは、まだ本国に帰る資格がないかのようだった。数日前までは懸命に建造されていた基地の施設を、今度は撤去するための任務を命じられた。

「それでは、どのようにすればいいのでしょうか？」ハーブが上官に尋ねた。

「飛行機をすべて崖から落とすんだ。それからトラックもすべて同じようにするんだ」

「ここにもどってきたときは、どうするのですか？　トラックは必要だと思いますが」

「だれかほかの者たちがトラックをもって来るさ」

そんなわけで、それから数週間かけて、ハーブはすべての飛行機とトラックを島の崖から海中に投棄する仕事に取りかかった。こんなやり方は幻滅を感じることだったし、ある教訓を学ぶことにもなった。

「自分たちは島の崖から飛行機を何機も海のなかに投棄した。それから立派なトラックも崖から投棄した。ジープも何台も投棄した。こんな乱暴で無駄なやり方は軍隊の典型的なやり方に思われた。

知っておかねばならないことは、戦争では説明する義務がないということだ。このことを、わたしは初めて理解した。

こうして何もかもが崖から捨てられた。ほかにどうすることができたろうか？　どれも戦争で使うものだったのに、戦う気がなくなれば必要がなくなるのだ。

原爆だって同じことなのだ。戦う気がないのなら原爆なんか必要ないのだ。まったく同じことなのだ」

戦争は終わった。まもなくハーブは敵の国である日本に行って、さまざまな人たちに会うことになろうとしていた。

12　占領後の日本人に会う

一九四五年、東京

伊江島の任務が片づいて、つぎの任務は、日本に新しく設置された司令部にいる高官の調度品を空路で運んで行くことだった。ハーブは初めて武器を携行することになった。そして、以前に耳にしたことだったが、日本軍の横柄な元兵隊や戦争好きな日本人に会って、日本の軍隊とはどんなものだったのかを知りたいと思った。

東京から車で十五分ほどのところにある立川という基地に降り立ったが、立川は、伊江島を攻撃した神風特攻隊のパイロットたちが駐屯していたところでもあった。そして、特攻隊のパイロットたちの多くも今ではもう戦死しているにちがいないと思った。パイロットたちのかつての上官たちの宿舎は、今はアメリカ軍の将校たちが使用していて、将校には一人ずつメイドがついて部屋の掃除をしていた。そして毎朝、日本人のメイドがやって来て、掃除用の衣類に着替えるのをハーブは興味深そうに眺めた。ハーブのメイドはひどく念入りなところがあって、部屋にある太鼓腹のようなずんぐりしたストーブの内側まで毎日のように掃除をし、夕方になると、もとの着物に着替えて、ハーブにお辞儀をして帰宅した。メイドのこの若い女性たちは、数週間前までは神風特攻隊のパイロットたちにも同じように世話をしていたにちがいないと思った。この女性たちは、物品がどこにあるのか正確に知っていたし、どんな仕事をすればいいのかをしっかりとわきまえていたからだ。それにしても、この女性たちがアメリカ人の自分に対しても親しげで丁寧な様子にハーブは少々戸惑った。

ある日、ハーブのメイドが自分の家に招待したいと誘ってくれた。好奇心があったし、招待を受けることにした。

（この話を読んで、驚きました。このような招待を受けることは、当時はきっと前例のないことで、どういうわけで父がこんな具合に歓迎されるようになったのかという説明は記されていません。父の背丈、白い肌、青い目などは、そのメイドには異国のもので異様だったにちがいありませんが、そのことは、のちに父が広島と長崎で父のことを目にした日本人たちも同じように感じたことだと思います。わたしは、そのメイドと家族が戦争中にどんな体験をしていたのか知りませんが、少なくとも父は自分たちの敵だったのです。あの人たちにとって、父のふるまいが不快感をあたえなかったのか、あるいは父に何か魅力を感じるものがあったのでしょうか？　それとも、占領軍の兵士の一人だった父と親しくすることで何か得をすることがあるとでも考えたのでしょうか？）

招待を受けたとはいえ、初めは怖かった。街にはアメリカ人を歓迎しない重苦しい空気が漂っていたし、表面上はアメリカ軍に対して敵意らしいものは見られないものの、敵意に充ちた感情が灰の下で燻《くすぶ》っている火のように漂っているのがわかった。アメリカ軍の司令官たちは、天皇が降伏を受け入れるよう国民に命じたから日本人たちはそれにしたがったまでなのだと説明した。

「わたしの印象では、戦争中の日本人たちは家を一軒ずつを奪い合うような命がけの戦いの準備をしていたのだ。アメリカ人の命を救ったひとつには、一人の政治家でもあり皇室の人間というより神の存在とみなされていた天皇が、国民に対して降伏するよう命じたからなのであり、日本の国民にとって天皇がどれほど重要な存在であるかは疑いないことだ。天皇に黙ってしたがうという、この素朴な行動が引き起こす日本全体の現象に、わたしはすっかり驚いてしまった。これは日本人の特性であって、実用的に物事を処理するアメリカ人とはまったく異質なものだと思った」

日本人は、自分たちが戦争に負けたことに憤慨していたが、国民の多くは、本当は戦争を望んではいなかったのだとハーブは思った。日本人は戦争によってあまりにも多くのものを失っていた。そのため一般の日本人から、「東條はバカ、東條はバカ」ということばをくり返し耳にしたし、東條英機陸軍大将は日本の軍国主義を作りあげた陸軍大臣だったが、そのころには「頭がおかしい人間」と呼ばれるようになっていた。このように、アメリカ人に対する表だった反感がないことには驚いていたが、自分の知らないどこかに強い敵意が潜んでいるという気もしていた。そのため、不安はあったけれど、好奇心の方がまさって、メイドの招待に応じたのだった。

日本の家屋に入ったことはなかった。それが今まぢかに日本の風習に接しようとしている（父は、わたしと同じように不器用で大柄でしたので、そのときの様子が目に浮かぶようです。軍靴を脱ぐため玄関の上がり框《がまち》に座って、靴下を履いた大きな足を小さなスリッパに突っ込み、家の主人や奥さんに不器用にお辞儀をし、低い天井に頭をぶつけないように気をつけながら、かすかにイ草の匂いのする畳にぎこちなく胡座《あぐら》をかいて座り、大きすぎるほどの指で小さな湯飲みを慣れない手つきでかかえて、お茶をすする様子が目に浮かびます。どこを見まわしても、周囲にあるものは、父にとっては、なじみのないものばかりだったはずです）。

夕食を出されて、ハーブは思いがけない気がした。ご飯と味噌汁とは別に、大切なお客のために見つけてきたわずかな野菜や魚のなかの一番いい部分を自分に提供してくれて、その家族はハーブに別の世界を見せてくれたのだ。

「日本で目にしたものは、なんでも好きになった。ただ、そのことを自分は認めたくなかった。なぜかというと、結局のところ、この人たちの示してくれた好意を考えたら、戦争のせいでわたしは人生の五年半を無駄に費やしてきたことになるからだ」

＊＊＊

ハーブは、十二ヶ所の駐屯地にある売店の在庫管理と娯楽を企画する任務を命じられた。地上に足が着きそうなガタガタゆれる小型の飛行機で方々の駐屯地を飛びまわり、新しくできた売店の状況を点検して、押しかけてくる進駐軍の兵士たちに対応できているかを調べた。まもなくして、売店で働く人間が「何か道徳上の問題」を引き起こして金銭をごまかすことがあるために自分の役目が重要だということを知った。売店で一箱六十セントの煙草が闇市では百五十ドルで売られ、五ドルのキャンディー・バーが駐屯地の外では十から十五ドルで売られていたのだ。闇商売で大もうけをする人間がいることにハーブは驚いたが、何かが自分を押しとどめていると感じた。

「大もうけをする人間がいることは知っていた。しかし、自分にはそんな才能はなかったし、仮に自分が何か不正をしたとしても、うまく行かないだろうと思っていた。だれもわたしの言うことを信じないだろうし、そのころの日本で信じる人はいなかったと思うけれど、十二ヶ所の売店を任せられて、わたしは一ペニーも不正なことをして手に入れたことはなかった」

ハーブは立川の空軍基地で士官のためにショーも企画した。出演者は東京からやって来た日本人で、そのショーを準備するときにも戦争に勝った軍隊の力を見せつけられた想いがした。

「とても理解しにくいことを説明しなければならない。わたしたちは日本を占領した。そのことは、自分たちの欲しいものはなんでも手に入るし、することができるということなのだ。日本政府は、わたしたちが要求するものにすべて費用を負担しなければならなかったから、『今度は、これが欲しい』と言えば、日本政府はそうしなければならなかった。このたびのショーも面白そうだったので、ショーにかかる費用を日本政府に要求して上首尾だった。

ショーがはじまる直前、わたしが出演者の更衣室へ行ったとき、部屋のなかで男も女も一緒になって衣装を着たり脱いだりしているのを見てびっくりした。人前で裸になるという風習は、自分たちとはまるでちがっていたので面白いと思った。日本を去る前になってようやく、その風習に慣れることができたが、国によって道徳上の慣習がひどくちがうことを当時は興味深く思った。とはいえ、日本の風習に順応できたアメリカ人はほとんどいなかった。従軍牧師も含めて、だれも日本のその風習には少しもなじめなかったので、更衣室は男女を分けて建てさせられることになった」

日本人の世界観がアメリカ人のそれとはひどくちがっていることを知った今ひとつの体験は、ハーブが京都のある店に立ち寄ったときに痛感した。その店は、入口の戸に「創業一一二五年」と書かれていて、仕事場にいる職人たちが漆器を作っていた。店の奥で、一人の年老いた職人が特別に見事な模様を描いている。表面の漆は深い色合いだった。その職人の息子が横で仕事をしている。

「見事なものですね。だれのために作っているのですか？」ハーブが訊いた。

「天皇陛下のために作っているんです」

ハーブは息を呑んだ。老人がつづけた。「この仕事に就いて、かれこれ九十八年になりますが、この作品に取りかかってから、わたしで五代目です」

「それじゃあ、いつ完成するのですか？」

「わかりません。今はまだわからんです」それが答えだった。

ハーブは、日本人の人生観に見られる禁欲主義と宿命論がこの職人の姿にもあらわれていることを

図13　鳥居の前で伝統的な衣装を身につけた日本人の女性たちとハーバート・スサン。（アメリカ陸軍から提供。「京都でスサンと芸者、1946年」とダニエル・マクガバンによる記述あり）

知って、すっかり驚いた。アメリカ人とはちがって、日本人は結果をすぐに求めることをせず、時の流れに身を任せることを心得ているのだ。だから万一、アメリカ軍が日本本土へ進攻することになって日本人がそれに抵抗するよう命令されたら、それによる困難や失われる多くのものにも耐え忍ぶにちがいないだろうと思った。そう考えると、恐ろしいことでもあった。

13　父の肉声を探す

二〇〇七年、ワシントンDC

亡くなるまでの長いあいだ父は、腹を立てたり小言を口走るだけの人間だとわたしは思っていました。偽善者だから核兵器を憎みながらベトナム戦争には賛成し、公民権に賛成しながらわたしが黒人の男性と結婚することには反対し、偽善者だから核戦争をやめさせるための映画を制作することを主張するくせに制作しようとしないのだと思っていました。過去の出来事に対しては、いつも憤慨した様子で話をし、失望し、政府やテレビ業界や、さまざまな仕事の仲間や妻や子供たちにまで裏切られていたのです。部屋の壁に「『できたはずだ《coulda,》、やるべきだった《shoulda,》、やるつもりだった《woulda》』は、もうたくさんだ」という自分の好きなことばをテープで貼りつけていましたが、そのことばにもかかわらず、生涯にわたって、やればできたのに、すべきだったのに、やるつもりだったのに、と考えて暮らしていたように思われました。

そんな父だと思っていたのに、コロンビアのオーラル・ヒストリーで父の肉声が聞ける歴史証言記録を見つけたときには、まるで別人のようでした。テープから流れるその声の人物は、熱意があって、大きな希望を抱いた実直そうな若者で、驚くような体験を語る最中にも自分の立場をわきまえていました。その雰囲気は心温まるもので、穏やかそうな印象でした。そんな父に会いたかったと思いました。弟が父の遺品のなかにあった資料を読んだときの反応は、そんなわたしと同じものでした。「ぼくはハーブ・スサンという、こいつが好きだよ。すばらしいやつだよ！」

生前の父は、自分の助手をしていた女子学生がテープレコーダーを使っていたことはもちろん、この助手が記録したテープがオーラル・ヒストリーとして編集されていたことも話してくれたことがありませんでした。しかも自分のオーラル・ヒストリーを公開することにサインすることを断ったり渋ったりしていたことも、話してくれなかったのです。もし、わたしがこの記録を見つけ出さなかったり、遺言執行人として閲覧することを許可されることがなかったとしたら、そのテープはずっと封印されたままになっていたことでしょう。父は多くのことを何も話してくれなかったのです。

父のこのオーラル・ヒストリーをあらためて編集しようとしながら、どうしてわたしとのあいだにこんなにも大きな溝ができ、父が口をつぐんでいたのかについて考えざるを得ませんでした。これまで父が秘匿していたものを暴く権利がわたしにあるのだろうかとまで考えました。そして気づいたことは、父の世代は逞しく禁欲的であらねばならないと教えられる時代の人間だということでした。多くの退役軍人は自分の戦争体験を語ろうとはしません。沈黙を守っているのは、あえて話さないというよりも、愛する人たちに恐怖の体験を語りたくないためか、あるいは、単に感情的なことを語ることができないだけなのでしょう。わたしがもう少し歳をとれば、これまでの自分よりもっと同情心を持って父の歴史に耳を傾けることができると思うのです。

わたしは、父と被爆者たちの物語を今のこの時代に伝えようと決心して広島から帰国し、その手はじめに一冊の本にまとめることを考えました。文章は、わたしのような弁護士や判事の商売道具であり知識が蓄積されたもので、これまでは法律上の議論をするために頑丈で立派な壁を造る煉瓦のように、ことばを使ってきました。けれども、本書で語ろうとする物語は、それとはちがう書き方を求められます。そのため、物語の書き方を学ぼうとして作家のところを訪問したり、ワークショップに参加したり、批評家のグループに会ったり、ノンフィクションを書いた人の体験談を読んだり、ガイドブックも勉強しました。そうこうしているあいだに、父が広島と長崎で撮影したフィルムを入手しようとしながら長いあいだ何も成果が得られなかった事情をわたしが知るようになり、父が書き残した資料と、わたしが広島で出会った人たちの話をもとに本にまとめようと考えはじめてから三十年が経過しようとしていました。

今ふり返ってみても、時間をかけることが大事なことがわかります。日本から帰国して、すぐに本を書き上げていたら、のちにオーラル・ヒストリーで見つけた父の肉声による物語を耳にすることはなかったでしょうし、今より早く本が完成していたら、父が生きてきた人生よりもっと長い視点に立って父の生涯を回顧することはできなかったと思うのです。

それに、父の肉声を聴くことができたことと、そのあいだにわたしも人間的に成長したことで、ずっと昔の父とわたしの記憶がよみがえってくるようになったのです。わたしがまだ幼かったころの父にまとわりついた楽しかった気分や、一生懸命な気持ちの記憶がフラッシュバックのように思い出されてきたのです。あのころの父は、自分で勝手に作った、「ス〜〜〜サ〜〜〜ンは、愉快な男なんだよ！」という歌を勝手に口ずさみながら、そのあとに、コメディアンのスパイク・ジョーンズの録音番組にぴったりの、こっけいな弦楽器の効果音を入れて聴かせてくれたり、「日本じゃ、おまえたちは『ちっちゃなスサンさん』だ」と何度もくり返し言っては、いつまでも笑っていたものです。わたしは父の笑う姿をすっかり忘れていたのでした。

幼いわたしと弟は、詰め物をした大きな椅子の肘掛けに座って毎年のように父から「サンタクロースがやってきた」を読んでもらったものです。父が旅行から帰って来て、両手をうしろに隠したりポケットに入れたままドアから入ってきたりすると、わたしたちは飛び上がって父の腕を引っ張りながら、「何をくれるの？なんのプレゼント？」と叫んだものです。あるとき、前からほしかった白くてすてきな猫のぬいぐるみを買ってきてくれて、そのうち毛皮がすり切れてなかの詰め物がのぞくようになっても、そのぬいぐるみをわたしにずっと持たせてくれました。長いあいだわたしは、父は子供のころは少しも遊んでくれなかったと思い込んでいたのですが、そうではなかったのです。

図14　両手を使って写真の構図を決めるハーバート・スサン。（撮影者、日時、場所とも不明だが、1983年に日本を訪れたときらしい）

幼いわたしがダンスを踊っているときなどは、写真を撮るときの両手で構図を決めるポーズをとって撮影する格好をして、わたしはスターになったような気分でした。また、わたしたちが夏になるとよく行っていたフリーダムランド・テーマパークに展示してあるシカゴ大火やサンフランシスコ大地震の場面では、自分が陣頭指揮をするような格好をして見せたり、あるとき弟が泣いていると、映画撮影のシーンをカットするときのようにわざと横柄に腕を振りまわしたりして、世の中のことはなんでも自分が采配できるような態度をして見せたものです。

父のオーラル・ヒストリーを聴くまで、わたしはこれらの記憶をすっかり忘れていました。幼かったころの父との思い出を消し去り、のちにわたしの記憶にある父に置き換えてしまった暗い影の部分が広島と長崎の所産だったのかどうかはわかりませんし、それと同じように、父の体を蝕んだ悪性腫瘍が広島と長崎に滞在したことによって生じたせいかどうかもわかりません。人生には多くの選択肢がありますし、うつ病や癌のような複雑な経過をたどる病気には多くの要因があります。とはいえ、父が被爆地で目にし耳にしながら、結局その体験を自分が映像で伝えることができなかったことが父の心身を損なう一番の原因だったことはまちがいありません。

父のオーラル・ヒストリーを見つけてから、本書の構成は対話形式になりました。父の物語でもなく、わたしの物語でもなく、原爆がどういう意味をもたらしたのかということを語った、もっと広い世界を描いた内容になりました。それと同時に、初めは父とわたしとのあいだを遠ざけていた長年にわたる反目が、のちになって、年月、世代、大陸、そして父の死をつうじて、二人を結び合わせてくれることになったのです。

わたしは、従来の核問題にかんする論争に結論を下そうとして本書を書いたのではありません。三十代のときに本を書きはじめていたら、そんな内容の本になったかもしれませんが、とにかく何事をするにも時間のかかるわたしが挫折をくり返してきたことが、本書を完成させるのに、こんなにまで時間がかかった理由のひとつなのかもしれません。また本書を書き上げた理由は、長いあいだわたしを苦しめてきた問いかけに、ついに答えを見つけ出したからでもないのです。わたしの問いかけというのは、なぜ父がこれまでのような行動を取ってきたのかという個人的な疑問だったり、なぜ自分の国だけが核兵器を使用したのか、なぜ戦争がなくならないのかという社会的な疑問なのですが、とはいえ本書はそれに対する回答でもないのです。

年月が経つにしたがって、わたしはもっと前向きな問いかけを持つようになってきました。その問いかけというのは、たとえば、移民や黒人たちのような「ある集団の人たち」のことを脅威とみなす人間の本能的な衝動がどこから生ずるのかという問いかけであり、そのような衝動の結果として、「ある集団の人たち」を劣った人間として見るようになるのはどうしてなのかという問いかけなのです。すなわち、傷ついたり弱い立場の人たちに対して、どうすれば自分たちと同じように互いにいたわり合うことができるかという問いかけであり、どうすれば自分の国と世界をもっと好きになれるのかという問いかけなのです。

また本書を執筆しているうちに、父が録音テープに残していた物語と、わたしの記憶のなかにある父の思い出とが、わたしのなかで共存できるようになったことも確信できるようになりました。たとえ父が亡くなる前に父みずからがそうする方法を見つけ出せなかったとしても、わたしには確信が持てるようになりました。そして、父の物語のなかに、わたしの問いかけに対する答えが詰まっていることもわかったのです。

わたしは若くして家を出ましたが、そのあと自分が人間的に成長するには長い年月がかかりました。作家のルイーズ・アードリックは、つぎのように語っています。「若いときには、ことばは周囲に散らばったままなのです。そのことばが、経験によって少しずつ集められるようになり、それを使って文章を組み立ててゆくと、最後に物語が出来あがるのです」

14　戦略爆撃調査団と天皇の専用機関車

一九四五－四六年、東京

一九四五年十一月のある日、ハーブはかつての知人だったダニエル・マクガバン中尉の訪問を受けた。マクガバンは、やせ型で身長が二メートルもあり、ひときわ目立つ人物だった。カルバーシティーで戦場カメラマンの訓練を受けていたので、レーガン中尉と一緒にいた当時からハーブのことをよく知っていて、陸軍のカメラマンとしてヨーロッパ戦線で航空写真を撮影したことで今では有名になっていた。マクガバンは、トルーマン大統領の指示を受けたアメリカ戦略爆撃調査団の撮影チームにハーブを加え、戦争中にアメリカ軍が日本の各都市に対しておこなった爆撃の破壊状況を映像におさめる任務に就かせたいと思ったのだ。

この調査団には、日本人の生活様式や軍人と民間人などにかんするあらゆる方面の専門家がいて、日本を爆撃した効果の詳細を報告書にまとめる指示を受けていた。同じような調査はルーズベルト大統領の指示によって敗戦後のドイツでも実施されていた。日本でのこの調査団は、ワシントンで報告書を作成するため、すでに日本を発って帰国していたので、そのあとから映像を記録におさめるという計画は、たぶんマクガバンがあとから思いついた考えだろうとハーブは思ったが、とにかくこの話に奮い立って、日本の各地を訪れるための仕度を東京でととのえた。

RESTRICTED

GENERAL HEADQUARTERS
UNITED STATES ARMY FORCES, PACIFIC 1-19
AGPD-A

Advance Echelon
APO 500
1 Jan 46

AG 210.453 AGPD

SUBJECT: Order.

TO : Off, civ and EM concerned, US Strategic Bombing Survey APO 234.

1. Fol-named off, civ and EM now on dy Pacific Hq US Strategic Bombing Survey APO 181 WP o/a 5 Jan 46 to Ube, Hiroshima, Okayama, Kobe, Osaka, Kyoto, Nagoya, Shizuoka, Toyama, Akita, Aomori, Sendai and Hitaichi, Honshu; Nagasaki, Kagoshima, Oita and Yawata, Kyushu; Tokushima, Niihama and Imabari, Shikoki on TDY of approximately thirty-eight (38) days for purpose carrying out instructions. Upon compl will ret present sta. Tvl by mil acft is dir for accomplishment of an urgent missic directly related to the emerg. Rail, govt mtr and water transportation auth. TDN. Transportation Corps will furnish necessary transportation. Alws of 50 pounds personal baggage auth each individual while traveling by air.

1ST LT DANIEL A MCGOVERN 02044851 AC
1ST LT ROBERT H WILDERMUTH 0470775 AC
2D LT HERBERT S SUSSAN 0588154 AC
Mr. Dan B Dyer, Civilian
Mr. Ernest M Hall, Civilian
S Sgt Olaf A Bolm 39530683
S Sgt Michio Shimomura 36979913
Sgt Benjamin R Potts 12064413
Cpl Wallace G Hoover 16160372
Cpl Henry Wischhoefer Jr 19146065
Cpl Raymond V Wizbowski 36868306

2. Above-named off and civ are accredited representatives of the US Strategic Bombing Survey and have been directed by the Chairman, US Strategic Bombing Survey, to inspect plants, buildings, installations, structures, and their contents; examin copy or microfilm books, documents or correspondence and papers, including official reports and records; take photographs, interview military and civilian personnel, when necessary in the accomplishment of this mission.

By command of General MacARTHUR:

B. T. Doyle
B. T. DOYLE
1st Lt AGD
Asst Adj Gen.

DISTRIBUTION:
11 off, civ and EM concerned (thru USSBS) (10 ea) AGPO, Manila (8)
Pacific Hq USSBS APO 181 (1) AGPD-A (10) AGPE, Manila (8)
Chairman, USSBS APO 234 (1) AG Records (24)

RESTRICTED

図15　戦略爆撃調査団への命令書。隊員の氏名と、「任務を至急遂行する」必要がある都市のリストが示されている

ハーブは、かつての東京電力株式会社のビルに寝泊まりすることになり、ビルに着くと、最上階の大食堂に案内された。そこは四方がガラス張りになっていて、東京の街が一望できた。百個ほどあるテーブルには、戦後の日本で探し出された豪華な椅子とテーブルクロスが使われていて、日本の伝統的な和服を着たすてきな女性たちがテーブルのあいだを、まるで地面に触れていないかのように、しとやかに歩いているし、ボーイ長やウエイターも、ニューヨークの高級フランス・レストランのように正装をしている。その日のランチは長テーブルに多くの皿を並べた立食だった。料理は、数ヶ月前までの乾燥食品と薬の匂いのするコーラのような飲み物でできた戦闘糧食とは大ちがいだったし、当時の日本人の暮らし向きとも大ちがいだった。建物の外に見える銀座通りでは、ひしめくようにして店が並び、闇市がにぎわっている。

食事のあと、十四階建てのビルの二階にある大広間まで降りると、ひとりの将校がハーブにショッキングな光景を見せた。その将校は何も説明せずに、さまざまな機器の部品が数百も並べてある大きなテーブルを示し、これが何かわかるかとハーブに訊いた。

「少しも見当がつきません」

「ノルデン爆撃照準器だ。戦争が終わってみると、日本人たちは、こいつで木っ端微塵にされていたというわけさ」将校が静かな口調で説明した。

アメリカ陸軍航空隊では、ノルデン爆撃照準器と呼ばれたこの自動照準装置を、投下する爆弾をできるだけ目標に正確に着弾させるための重要な秘密兵器と考えていた。そのため、作戦に失敗したら、搭乗員は捕虜になるのを覚悟で真っ先にこの装置を破壊するよう命じられていて、この装置を搭載した爆撃機が海上に不時着したときは、搭乗員が退避する機会を失ってでも装置が機体と一緒に水中に没するよう機体の浮力装置を取りはずすことになっていたと聞かされた。この装置が複製できるなどとはだれも信じていなかったし、敵の手に渡るなどとはだれも思っていなかったが、とにかくそうするよう命じられていたのだ。説明を聞いたハーブは、日本がアメリカより一年早くこの装置を開発していたら戦争の結末はどうなっただろうかと思わずにはいられなかった。

ハーブたちの撮影チームは明治生命ビルのなかにある二つの部屋を拠点に活動をはじめた。五階にあるその部屋からは、アーチ状の有名な橋を渡って堀と中世の城郭の向こうにある皇居の敷地が見わたせる。マッカーサー元帥も、この明治生命ビルから二ブロックのところにある第一生命ビルの自分のオフィスから同じように皇居の風景を眺めているのだ。なお、第一生命ビルの「ダイイチ」という語は、日本語でいう「ナンバー・ワン」を意味すると考えてよさそうだった。

焼夷弾による破壊状況は、見わたせる周囲のすべてにわたっていたが、皇居と、煉瓦造りの明治生命ビルと第一生命ビルの二つの建物だけは、爆撃による被害を受けていなかった。それというのも、アメリカは日本側の抵抗が強まることを怖れて天皇を殺害したくなかったからで、ハーブが耳にした噂によると、マッカーサーは日本が降伏する前から第一生命ビルを進駐軍の司令部として使用しようと考えていて、その建物を爆撃させなかったそうだ。

ハーブはマッカーサーの絶大な権力に驚いた。自分が支配する国を見わたす君主のような雰囲気を漂わせていると思った。ただその一方で、日本国民に対しては選挙で投票して自分たちの政府を樹立する自由を認め、みずからの権限によって日本を民主主義国家に作り上げようとしていたのである。

ある朝、オフィスの窓から外を見ていたとき、この民主主義が誕生する光景を目撃した。数千人の群衆が皇居の真向かいに作られた演台のまわりに押し寄せていて、演台の横には高さ三メートルの看板が数人の演者のうしろに掲げられている。叫び声と混乱状態で、まるで暴動でも起きたのかと思って、急いで階下へ降りてみた。そこにいる人たちが何を話しているのか少しもわからなかったが、群衆を勢いづかせている興奮は伝わってきた。ハーブは日本における初めての民主的な政治集会を眺めていたのだった。

ハーブが撮影チームの一員として視察旅行のため東京をあとにする前、日本にこの民主主義をひろめようとしている張本人のマッカーサーに身ぢかに接することになった。マッカーサーのオフィスに呼ばれて初めて、アメリカ軍の高官たちがなぜ自分のような少尉を呼んだのか、その理由がわかった。マッカーサーはハーブに向けて、撮影チームの一行が日本の各都市を映像におさめるため視察をしているあいだに、それらの都市で自分の占領政策がうまく進んでいるかを併せて取材してもらいたいと言ったのだ。

「もし自分たち一行がマッカーサー元帥の気に入るような映像をフィルムにおさめたら、大いに満足してもらえるだろう。マッカーサー元帥は、ちょっとした提案として、わたしに依頼したわけではなかった。これは命令だった」

マッカーサーの命令によって、ハーブは微妙な立場に立たされることになった。マッカーサーは単に威圧的なだけの人物ではなかった。ほとんど伝説上の人物にまでなっていて、この人に向けてノーと言える人間は一人もいないほどだった。それと同時に、ワシントンの政府から撮影チームに対して届く命令はいずれも具体的な内容で、その命令を完遂するために許される時間は短かった。自分たちはマッカーサーから受けたこの命令を、追加された任務として呑まざるを得ないと思った。会見の終わりに、ハーブはマッカーサーに向けて、依頼された任務を自分たちがおこなうためには元帥がそのことをワシントンに報告しなければならないのではないかと伝えた。ワシントンの政府が同意すれば、視察で取材する目的がマッカーサーからの命令だということで一行は思いのままの行動が取れることになるだろうし、そうなれば占領政策の広報活動にかんする映像を制作することも重要になってくるのだった。そして、この問題は二度と取り上げられることはなかった。

視察旅行に出発するまでに、ハーブはカメラと発電機とフィルムを収める専用の缶を準備した。それから、これまで太平洋戦線に残されている未使用のカラーフィルムを全部そのまま提供してもらうよう頼んで入手した。「コダック」は、これから撮影に使うことになっているコダクロームというカラーフィルムが製造されるほんの少し前に登場したフィルムだった。戦略爆撃調査団の撮影チーム一行は旅程を決めて、映像を記録する都市を選定した。それから、一行のため国内に残っていた鉄道車両のなかから特別列車が日本政府から用意され、三十八日間の日程で二十二の都市を訪れることになり、一行はまず初めに長崎に向かい、そこから日本列島を北上しながら各都市を視察することになった。

ハーブは、このたびの冒険旅行を熱心に計画した。この旅行が自分の任務の目的を充たしてくれるすばらしい経験になるような気がしていたのだ。ただ、ひとつだけ困ったことがあった。自分たちが何を撮影するのかという台本はどこにもなかったのである。

＊＊＊

一九四六年一月初旬になって、特別列車が横浜の引き込み線に用意され、ハーブたち十一人の一行が道中で必要な物品を積み込んで出発する準備をととのえていた。車両のうちの一両は睡眠をとるための寝台車として使用され、もう一両はラウンジ風になっていて、そこで仕事をしたり、会議をしたり、くつろいだりする車両で、さらにもう一両は食事をする車両だった。さらに、もっとも大事なもう一両は冷蔵車で、食品が傷まないよう氷が積み込まれた。一行が出発するとき、冷蔵車には大切なカラーフィルムと煙草と、当時の日本で物々交換するときのおもな品物になっていたキャンディー・バーなども十分に積み込まれた。最後に、各都市の街中を移動するのに使う二台のジープと燃料のガソリンも、一緒に列車で運ばれることになった。

なかなか見つからなかったのが機関車だった。戦争が長びいたため、ほとんどの機関車は部品が不足していて動かすことができなかったのだ。ハーブも撮影のために使う機材の不足という同じような問題をかかえていて、使えそうなカメラや機材を探すため、日本国内にある映画の撮影所などに問い合わせた。戦争中に重要でないものは供出されていたのだ。やっと機関車が見つかった。ハーブは、機関車の車体の横に十六枚の花弁が描かれた菊の紋が目にとまったので、横浜駅の駅長を見つけてきて、機関車の車体に金色で描かれた花の紋章を指さして、あれは何かと尋ねた。駅長は通訳をつうじて、これは天皇陛下を象徴するものだと説明した。こうして一行は、天皇専用の機関車に牽引されて日本の荒廃した都市の状況を視察するため出発することになった。

列車が横浜の雑踏する駅の構内を発車して、一行は初めてビールを飲みながら、くつろいだ気分になった。途中の至るところで、アメリカから運ばれた物資が積み込まれた貨物車が見え、その物資のおかげで進駐軍の将兵たちが日本にいても本国と同じようにすごせるようになっていた。ハーブは車窓からその貨物車を眺めながら、敗戦した日本で目にするひどい貧困のなかで自分たちにはこんな満ち足りたものがあることが奇妙な気分だった。

「戦後の日本の貧困はひどいものだった。人々は空襲のあとに残っていた切れ端で木造の小屋を建てて暮らしていた。食料は不足していて、おまけに高価だった。どこでも闇市が幅をきかせているのに、アメリカ人が行く先々には、コカ・コーラ、ベーブ・ルースの話、煙草にビールを用意しなければならなかった。貨物車に積み込まれているおびただしい物資を目にしながら、伊江島のことを思い出した。あそこでも駐屯地のとなりに五百ポンド爆弾が山のように積み上げられていた。ただ今度は、ダイナマイトの山ではなくキャンディーやコーラの山の方でよかったと思った」

列車は、まもなくすると焼夷弾で焼け野原になった東京の近郊を走り去って、美しい田園地帯を通過して行った。沿線から見える耕作地はどこもよく耕され、家と家のあいだは丁寧に整地された敷地になっていて、岩だらけの小高い山の中腹は緑におおわれ、きれいな段々畑になっている。列車は日本列島を南下し、機関車は蒸気を吐きながら車輪が律動的な音を立てている。水をはった水田では、昔の絵画に登場するような格好をした農民が牛を曳きながらゆっくりと歩いている。そんなのどかな風景は時間を超越しているように思われた。

しばらく列車が南下して行くと、まもなくして瀬戸内海の海岸線が見えてきた。水田のある谷あいに点在する村は無傷だったが、沿岸部のかなり大きな街は、ほとんどが爆撃による被害を受けていた。列車が駅を通過するたびに機関士は速度を落としたので、車窓からは爆撃で破壊された建物の骨組みや外観を目にすることができたが、まだら状に大きく焼けただれた石積や灰色の焼け跡ばかりの街と、心をうばわれるような田園風景とが、ひどく対照的だった。

ハーブは、とある小さな駅にあった建物の扉に天皇家の紋がついているのに気づいた。一行の一人だったアーネスト・ホール博士は東京大学の元英文科教授で日本文化の専門家でもあったので、ホール博士に尋ねてみると、日本国内のどの駅にも天皇だけが使用する待合室があったということだ。天皇が立ち寄らなくても、どの駅も、その部屋は粗相がないように整備されていたのだった。

天皇の専用機関車で牽引される一行は、車内で皇族のようにすごしていた。

「列車のなかでは、ステーキ、緑菜、根菜、アイスクリームなどが全部そろった夕食を堪能した。旅行の初めから、そんな食事のメニューが当たり前に思われていた。外の世界では多くの人が飢えに苦しんでいたけれど、わたしたちは王侯貴族のようだった。ビールはふんだんにあったし、いつでもパイプや煙草を楽しむことができた。わたしは二十四歳ながら、そんな専用列車に乗って日本中を旅行していたのだ。元気いっぱいだったし、気持ちも高ぶっていた。映画を制作することが大好きだったし、今からそれができるのだ。

あれ以上の贅沢があっただろうか？」

15　かつての長崎はどこなのか

一九四六年、長崎

視察団の一行にとっては列車の旅がふだんの生活になっていたから、機関車が吐き出すいつもの蒸気音と列車のガタンゴトンという律動音が急にやんだので、熟睡していたハーブは目を覚ました。寝台車のなかに夜明けの朝日が差し込んで朝はまだ早かったけれど、いつもとは何かちがっている。ベッドのそばのブラインドをあげて車外を見てみた。地面が見えない。列車は水面の上を進んでいる。列車の耳慣れた音が聞こえなかったのは、さざ波の立った水面に音が吸収されていたからなのだった。ハーブは、霊魂を有する列車に自分が乗ってこの世を去って行くような気がした。しばらくして、その意味がわかった。

「自分たちは、日本でもっとも大きな島である本州と、その南にある九州とのあいだにある関門海峡の狭い単線を通過していたのだ。わたしは、車窓から『ちがう』側を見ていたので、のちに九州から北上するときに同じ路線のところで写真に撮った驚くような光景をそのときは目にすることができなかったのだ。その光景というのは、沈没した多くの艦船が船体を半分ほど海面に突き出したまま何キロメートルにもわたってつづく船の墓場だった。日本と枢軸国の巨大な戦艦、空母、輸送船などが、空襲から退避中に百機ほどのB29によって捕捉され、爆撃を受けて沈没していたのだ。

戦争中によくある空襲だったとはいえ、あの光景は戦争によっていかに大きな損失をこうむるかということをあらためて示していた」

半ば水没した幽霊のような艦船を横に見ながら列車が関門海峡を通過したあと、一行の気分は変わりはじめた。最初の目的地である長崎に近づいてきたので、それまでの旅行気分がなくなってきたのだ。ホール博士が長崎の街についてみんなに講義をはじめ、戦前の長崎のガイドブックを回覧させた。

長崎は人口が二十万ほどの街で、谷あいになった浦上地区から南に向かってひろがる地形で、周囲は険しく小高い山に囲まれている。一五〇〇年代から長いあいだ、日本が外国との交易のため開かれた唯一の港だったが、そのあいだには外国人を追放したり、風変わりな風習に疑いを抱いて、何度も外国人に対する迫害がおこなわれてきた。オランダとポルトガルの商人たちは長崎の出島という小さな島に居住して、当時は日本でもっとも西洋化された街になっていた。のちに造船業が盛んになって世界中の船乗りたちが入港し、総じて産業全般が盛んだった。キリスト教は、きびしい弾圧を受けながらも、長崎では三百年以上にわたって信者たちは密かに生き残っていたが、発見された隠れキリシタンたちは殉教者となった。それでも、一八五三年にアメリカのマシュー・ペリー提督が日本に来航して交易のため開港を迫ったころにも隠れキリシタンたちは生きのびていて、とくに長崎では、表向きは商店や自宅に仏像を安置していながら、実は仏像の内部に十字架を隠しているのを見つけることも珍しくなかった。

ガイドブックによると、長崎は風光明媚な街のようだった。これまでの旅行のあいだ目にしてきた日本の風景から考えると、美しい街だということが想像された。列車は、印象的な姿の山あいや、赤や黄色に色づいた葉の茂る木々に囲まれた狭い鉄道線路を走って行く。

しかし、一行が九州を通過しているときにハーブの心を一番とらえたのは、自然の美しさよりもホール博士が語った、伝説上とされる蝶々夫人の悲恋の物語だった。この物語は、長崎の小高い山の中腹にあったグラバー邸が舞台となっていて、アメリカ海軍のピンカートン大尉と「妻」となった蝶々さんというあう日本人女性との出来事をプッチーニがオペラ化して一九〇四年に初演したもので、つぎのようなあらすじだった。ピンカートンが魅力的な若い芸者と知り合い、長崎に滞在しているあいだに一緒に暮らすようになる。ピンカートンは周囲から、日本人の蝶々さんから慕われていることには気をつけるよう注意されるが、まもなく今より望ましい任務ができたため、蝶々さんには、また日本へもどってくるという、うわべだけの約束をしてアメリカに去って行く。そのとき蝶々さんはピンカートンの子供を身ごもっていて、ピンカートンが去ってからも港に入港する船を眺めながら約束を信じて愛しい人を待ちつづける。ところがピンカートンが日本へもどってきたときはアメリカ人の新婦が一緒だった。新婦は「寛大にも」蝶々さんの子供を自分が育てようと語る。なお、この作品の少なくともいくつかの改訂版では、悲嘆にくれた蝶々さんが最後に自害することになっている。物語の原作は、一八九八年にジョン・ルーサー・ロングが「センチュリー・マガジン」に発表したものだが、ロングは、自分の姉がトム・グラバーに会ってトムが実在の蝶々さんの息子だと聞かされたというので、学者のなかにはロングのいかがわしい主張を信じている人もいて、そのためグラバーと関係があるらしいということになっている。

一行が長崎に到着する予定日の夜明けは、いつも以上に太陽が明るく輝いていた。一行は、蝶々さんのロマンチックな恋の物語を聞いて、日本が空襲を受けたすさまじい影響を「ありのままの姿」として記録する任務をしばらく忘れた。一行は、あらためて長崎の歴史と地形について最終的な説明を受けるためラウンジカーに集合した。ロバート・ウィルダーマス中尉は、ベルトの留め金を一生懸命ぴかぴかに磨いている。ハリー・三村は、自分のコダック社製の特製の映画撮影用カメラを点検している。三村はハリウッドのカメラマンで、真珠湾攻撃があったときは東京にいたため、戦争中は日本にとどまっていた。ミチオ・シモムラ軍曹とレイモンド・ウィズボウスキー伍長は、ジン・ラミーで遊びながらカードを出し合っては椅子にもたれたりしている。シモムラは日系二世の通訳で、戦争中に自分の家族が強制収容されたことで日本をひどく恨んでいた。ウィズボウスキーは、従軍カメラマンとして志願していた。

ラウンジカーの隅ではダン・ダイアが、自分が目当てにしている地図を前に物思いにふけっている。ハーブは、ダイアのことを「民間人の服を着た奇妙な人物」のように思っていたが、実はアメリカ国防情報局の戦略脆弱対応部門の一員で、戦争中は日本に対する爆撃計画の立案と目標選定にかかわる任務に就いていたことをあとになって知った。ハーブは、ダイアのことをつぎのように語っている。

「ダイアは、自分が選定した爆撃目標がうまく破壊されたことを確認するため、この視察旅行に参加していた。非公式ではあったが、実は一行のなかでは地位が高い人物だった。民間人だったが、軍の部門でも民間人のトップとして仕事をしていた。当時の職場は陸軍省で、今では国防省と呼ばれているところだが、そのころはまだ陸軍省と呼ばれていた。わたしは一行のなかで映像を撮影する任務に就いていたが、ダイアは映像が撮影される手順を指示することまでできた」

　ハーブは、ダイアが爆撃の目標に選定した都市の地図を持参してきて、爆弾を投下した目標に対してどのような効果があったかをくわしく調査していることを知った。「アンドウさん」というコックは、水差しを持って一行たちのあいだを歩きまわり、コーヒーのお代わりを訊いたりして、車内にくつろいだ香りを充たしてくれた。ハーブは、みんなとは別のテーブルに独りで座ってタイプライターを打ちながら、このたびの旅行について記録する日誌を作成していた。

図16　撮影チームの列車のなかでタイプライターに向かって仕事をするハーバート・スサン。1946年。（アメリカ陸軍から提供）

　ホール博士は、長崎について説明を終えると、「というわけで、この街が例の大きな爆弾を投下したところだ」と言った。

　午後の日の高いうちに、列車は狭い渓谷をゆっくりと通過し、走行が可能な単線をとおって浦上地区の北側に入って行った。

「列車に同乗している雑役夫がわたしのところに来て、『まもなく長崎です』と言った。わたしは車窓に顔を押しつけて外を見た。長崎の街に入ったのだ……、しかし街はなかった。車内は沈黙におおわれた。だれも身動きしない。わたしは茫然として外の奇怪な光景にことばを失っていた。だれもがことばを失っていた。一行のうちの何人かは厳格な軍人で、過酷な戦場を経験してきた従軍カメラマンだったが、こんな光景を目にした者はいなかった。しかも、それが一発の爆弾で生じたとはだれにも信じられなかった。ダン・ダイアが周囲の沈黙をやぶって、線路からあまり遠くないところに立っているポールを指さして、『あそこが爆心地だ』と言った。

自分たちが目にしている徹底的な破壊の状況は、ことばでは言いあらわせない。あらゆるものの表面が灰色に焼けただれた錆のような奇妙な色になっていた。見わたすかぎり、本来あるはずの色がなかった。谷あいにある延々とつづく石積みや小高い山の中腹にある破壊された建物のほかは何もなかった。列車は、ほとんど匍《は》うように速度を落としたまま、辛うじて走行できそうな線路を進んでいる。それから十キロメートルほど進んだところで、瓦礫と廃墟のなかに奇跡的に立っている鳥居が見えてきた。それから、破壊されたキリスト教の聖堂が見えてきたので、びっくりした。日本にキリスト教の聖堂があるとは思っていなかった。

見わたすかぎり、あたり一帯は日本の伝統的な屋根瓦が地面をおおい隠すように散乱している。その瓦の表面は泡立ったようになっていて、爆発のときに発生した熱か、あるいは、そのあとに発生した火事嵐によって最初の爆発で残っていた建物が焼失したことによって生じたようだった。

破壊されたこの一帯には、どんな生命も目にすることができない。このあたりは、人間をはじめとするあらゆるものが死滅し、傷つき、逃げ去っている。一発の爆弾でこんなになったのだ。

自分たちが列車のなかにいて、目の前の世界が自分たちの外側にあることを神に感謝した」

茫然としている一行を乗せた列車は、ノロノロと進んで行く。車窓からは、ひん曲がった梁が火膨れして同じ方向に倒れかかっている建物の様子が不気味に眺められる。巨大な採石場に蓄えられるほどのたくさんの岩も見える。緑におおわれた小高い山々のまわりから円陣を組んだ死が取り囲んで巨大な手でなぎ倒したように、小学校と中等学校の建物が倒壊している。生徒たちはだれ一人として、倒壊した天井や粉々になったガラス片や建物の内部を破壊した恐ろしい熱によって生き残ることはできなかったことだろうとハーブは思った。のちに、生徒たちの何人かが生き残っていることを知って驚いたが、あとで一行が滞在しているあいだに、生き残ったその生徒たちのむごたらしい傷痕を目にすることになった。

ハーブは、車窓からずっと外を見ていた。まもなく、列車は速度を落として、停車した。そこで見たものは、ようするに何もない光景だった。空襲を受けて破壊された建物の跡などではなく、ただの瓦礫であり、空虚であり、動くものはなく、生きることが不可能なところだった。

この光景は、長崎で起きたことについてハーブが初めて抱いた、ぼんやりとした予感を感じさせた。原爆がおよぼす影響については、前もってなんの心構えも教えられなかったし、通常の爆弾と何がちがうのかも知らされなかった。原爆が引き起こす危険性や、講じるべき予防対策についても教えられていなかったし、一行は放射線装置やガイガーカウンターも持参していなかった。アメリカ政府がなんの注意も告げず、戦争が終わったあとになって健康を損なう場所に軍事行動ではない一行を派遣したなどとは、ハーブは想像だにしていなかった。

16　海兵隊を訪問する

一九四六年、長崎

長崎駅に着いた一行は、座席に座ったまま車窓から駅の残ったあたりを眺めていた。一行の列車が着いた引き込み線のとなりにプラットホームが一本だけ残っていて、被爆地の長崎に着いて初めて目にする生きている人たちがそこにいた。

磨き上げたボタンのついた制服を着た小柄な男が、ほかの人たちの前に不動の姿勢で立っていて、その横に制服を着た二人の助手らしい男が立っている。そして、この三人のうしろに、目立たない服を着た女が八人、モップ、箒、雑巾を持ったまま直立不動で立っていて、一同はハーブたちの乗っている列車に向かって一斉にお辞儀をした。

ハリー・三村が列車から降りて、ゆっくりとプラットホームの方へ歩いて行き、いかめしそうな様子でその人たちにお辞儀をかえした。ハーブは、ハリーが駅長らしい人とことばを交わしているのを列車のなかから見ていた。

ハリーがもう一度お辞儀をしてから列車のなかにもどって来ると、それまでプラットホームに整列していた人たちが一斉に動きはじめた。女たちは列車のまわりや車体の下の方に向かって行った。

ハリーの説明によると、責任者で一番立派そうな男が駅長で、女たちは鉄道業務では最下位の地位で、列車のトイレを掃除することになっているそうだ。そう言ってから、ハリーがひと息ついた。話をつづけるのが辛そうだった。

「駅長が、長崎へようこそとあいさつしてくれたよ」やっとハリーが口をひらいた。「駅らしい様子がなくなったと言って、ぼくに謝るんだ……」その日は寒くて空気は澄み、さわやかだったが風がほとんどないので、街をおおう静寂がいっそう強く感じられた。長崎駅に着いた列車のなかで一行が待機しているあいだ、この世界が止まってしまったようだった。しばらくすると突然、一台のジープがエンジン音を響かせてやって来て、駅の傾斜地をとおって一行たちのラウンジカーの前に横づけした。海兵隊のMPが二人、ジープから飛び降りると、ハーブには見なれない格好の敬礼をした。「ブラックウェル大佐がよろしくとのことです。それで一行がこちらにいつまで滞在されるのか、どんなことを計画されているのかと尋ねておられますので、ご報告いただければと思います」MPの軍曹が言った。

図17　長崎駅の引き込み線に停車する撮影チーム一行の列車。1946年1月。（アメリカ陸軍から提供。場所と時期はダニエル・マクガバンが特定）

ハーブは急いで車室にもどって命令書をつかんできた。命令書は、日本語のほかに、連合軍のすべての言語（英語、ロシア語、フランス語、中国語）で書かれていて、その内容は、トルーマン大統領と統合参謀本部の命令によって、この一行は、いかなる建物にも立ち入ることができ、いかなる人物にも尋問でき、いかなる食料や物資も入手でき、軍民双方の協力を要請できることを許可すると書かれていた。この命令書にしたがって、ハーブも書類鞄のなかに「大統領令にもとづき合衆国の陸軍長官によって設立された」戦略爆撃調査団の一員に任命するという陸軍省のパスを入れていた。この命令書にもとづいて、ハーブは列車からジープを一台降ろし、海兵隊員たちのあとについて港にある海兵隊司令部に向かった。泥でぬかるんだ道路がつづく荒廃した街の中心部をとおって、原爆の爆心地から九キロメートル先にある波止場へ向かいながら、その途中でハーブは、ようやく日本人たちが歩きまわっているのを目にすることができた。その一団は、おびただしいテントがある海兵隊の宿営地の横を歩いていた。宿営地のそれぞれのテントのあいだは木材をわたした歩道でつないであって、そうしてあるのは、ハーブたちが到着する前に暴風雨が襲って宿営地の一帯が沼地のようになったからだった。山手にある高台のあたりは、かつての観光ホテルか、パステルカラーのおしゃれな別荘らしい建物が無傷のまま点在している。

海兵隊司令官のブラックウェル大佐は、かつての港長が使っていたオフィスに寝泊まりしていて、その部屋からはアメリカの船舶が人気のコカ・コーラやキャンディー、煙草、食料品などを陸揚げしている港が一望できる。長崎港は、鉄道と同じように、のちに日本を占領したときに利用することを考えて爆撃の目標からはずされていたのだ。

大佐は航空団の記章をつけた奇襲部隊の制服を着用していて、ハーブを驚かせた。特大の重たそうなマホガニーの机に背筋を伸ばして座っている大佐にハーブは敬礼をして名前を告げ、命令書を差し出した。大佐は命令書と目の前の若いハーブとを交互に見比べてから、「楽にしろ。椅子にかけ給え」と大きな声で言った。

それからは質問の連発で、小うるさそうな一行の長崎滞在をどうやって早く退散させようかと考えているようだった。「大佐、我々がどのくらい滞在するか、本官にはわかりません。ただ、このような街の状況は、これまで見たことがありませんので、当初の予定より長くかかりそうです」

「わたしは何をすればいいのかね？」ハーブは食料とジープの燃料を補給してもらいたいと言った。「少尉、我々は必要なものはなんでも諸君に提供するよう命令されているから、そうするつもりだ。軍曹に請求書を渡せば、そのとおり手配してくれるはずだ」

ハーブは大佐に礼を言って辞去しようと立ち上がったが、少しためらってから、ここに来る途中で泥のなかにたくさん並んだ海兵隊のテントをとおりすぎるとき山手の方に水に浸っていないホテルが何軒かあるのに気づいたと大佐に言ってから、「海兵隊員たちのために、なぜあのホテルを使わないのですか？」と質問した。

長崎は占領された街であり、アメリカの海兵隊によって占領されているのだ。海兵隊員たちは、太平洋の前線で困難な戦闘を体験し、島ごとにジャングルや浜辺や洞窟で戦ってきたのだから、隊員たちが山手にあるすばらしい別荘のようなホテルですごすのにふさわしいとハーブは思ったのだ。

「少尉、あの者たちは海兵隊員だ。泥のなかで寝起きすることは平気なんだ」そう言うと、机の上のブザーを押し、軍曹がドアをあけた。ハーブは追い払われることになり、軍曹のあとについてジープのところまでもどって行った。ハーブの顔には、大佐が最後に言ったことばの余韻が残っているらしかった。

「押しが強いんですね、少尉」軍曹が微笑した。「そりゃあそうさ。あの大佐は規則どおりにやっているだけなんだ。だから、海兵隊員は家がきらいで泥の方が好きだなんて、ぼくに言ったんだ」ハーブが応じた。

ちょうどそのとき、港のドックのところで海軍の上陸用舟艇から十数人の兵士たちが降りてきて、そのあとから二番目の一団が降りてきた。すると兵士たちの前に二台のトラックが停まって、兵士たちはそれに乗り込んでいる。みんな大声で騒いでいて、まるで休暇でももらったかのようだ。ハーブには、廃墟のようなこの街でどんな楽しみを見つけるのか想像できなかった。

「あいつらは、いったいここで何をするつもりなんだ？　原爆の落ちた跡でも見に行くんだろうか？」ハーブが軍曹に訊いた。兵士たちを乗せたトラックは、街とは反対の方角に走り去り、どこへ行くのか教えましょうかと軍曹が言った。興味があったのでハーブもジープに飛び乗った。ジープが山手の方へ登って行くと、さっきの兵士たちを乗せたトラックが街から見えていた別荘の一軒の前に停車していて、トラックから兵士たちがどやどや降りて、まるでパーティーにでも行くような様子だ。三階建てのその別荘の戸に「1」という番号が大きく書かれている。もう一台のトラックは、となりの別荘に停車していて、その別荘の戸には「2」という番号が書かれている。これらの別荘は「10」まで番号がつけられていた。

軍曹は、ハーブの先ほどの疑問に先手を打って言った。「この別荘はどれも慰安所で、駐屯する兵士らの相手をするために用意されているんです。毎日トラックでここに連れて来られるんですよ。そして、あいつらがいったん別荘に入って、ことが済んでトラックに乗って帰る前には、かならず酸化水銀を服用（当時の不快な性病予防法）させられるんです」

だから、海兵隊員たちは泥のなかの宿営地のかわりに、この別荘には宿営させられなかったわけなのだ。

17　ほかの人とはちがう

一九四六年、長崎

戦略爆撃調査団の一員として当時の長崎を訪れた父は、原爆がもたらした軍事面の影響とは別の何か重大なものを感じ取ったのです。それは自分の同僚も含め、そのとき長崎にいたすべての人たちにとって悪い前兆となる何かだったのです。父は、長崎について感じたことを、つぎのように記しています。

「めちゃくちゃに破壊されて家の原型をとどめず、だれ一人いない瓦礫のなかを、自分ひとりが何キロメートルも歩きつづける感じをことばで伝えるのは、ほとんど不可能だ。だれの生涯にも、これほど荒廃した光景を目にすることなど思いも寄らないはずだし、受け入れることもできないはずだ。わたしの語れる能力を超えていることは明らかで、それというのも、こうして目にする以外に何か重大なものがある気がするからなのだ。少なくとも、わたしはそんな感じがした」

ハーブはぞっとして恐怖を感じたが、まもなく、そんなふうに感じるのはふつうの反応ではないと考え、海兵隊員たちが、「この長崎の街も、オーストラリアから太平洋に至るまでの長くて血みどろの旅によって手に入れた街のひとつのように行動しているだけなのだ」と思い直した。

（わたしは、父が長崎の街を歩きまわりながら、死と破壊に対して感じた鋭敏な反応に感心しています。

当時の多くのアメリカ人とはちがった反応を示していたからで、父は、アメリカが戦争に勝利したことの彼方に、人間として敗北したという印象を受けたのです。むごたらしい戦争は終わりました。日本を占領した将兵たちの心には、真珠湾の裏切り行為、太平洋での凄惨な戦い、捕虜に対する残虐行為などが生々しく刻まれたままで、それは父も同じだったはずなのに、父は、日本が敗北したことに対して、なぜそのまま勝利の気分や安堵の気持ちに浸ることがなかったのでしょうか？）

ある日、ロシア海軍の士官たちの代表団が長崎にやって来た。一行は廃墟をちょっと見ただけで、ひとつのことだけに関心を示した。それは、街の通りに作られていた「ベンジョ」（便所）だった。この露天の小便所は、地面に穴を掘っただけのもので、そこで用を足すのだ。瓦礫に埋もれなかった小便所が原爆による破壊のなかで残っていて、ロシア人たちは、この小便所の仕組みを面白がって何枚も写真に撮った。連合軍の水兵たちも、旅行で長崎を訪れると、焼けただれた屋根瓦や熱で溶けたガラスなどを記念に持ち帰り、連合軍の従軍看護婦たちは破壊された家屋の瓦礫のところで笑いながら写真を撮ってもらったあと、列車に立ち寄ってビールをご馳走になったりした。

＊＊＊

生きていることを大いに楽しむことは、だれもが死を免れない定めがあるかぎり不思議な反応ではありませんし、父もその想いには免疫がなかったので、軍に請求して列車の冷蔵車に保存してあるステーキ、チキン、冷たいビール、アイスクリームなどを腹いっぱい堪能したのです。また、ある雷雨の晩、ひとりの女性と身を寄せ合って雨宿りをしたことがありました。その女性はイギリス人の大尉で、両親はドイツ軍によるロンドン空襲で亡くなったそうで、そんなロマンもあったのです。

とにかく父は一時的であれ、長崎の廃墟を見たあとにしては似つかわしくないような快活さと勝ちほこった気分を取りもどしたようです。生は讃える価値があり、死は敬うに値しているということなのでしょう。それでも、死の街の亡霊たちは、敵の亡霊かどうかには関係なく、父の周囲をさまよっていたのです。

父は、ナチスを打ち破ったアメリカ陸軍に所属するユダヤ人の兵士でした。第二次世界大戦が終結したときは沖縄が見える伊江島に駐屯し、マニラでは宿営していたテントが機関銃で掃射され、日本の潜水艦の攻撃にさらされながら兵員輸送船に乗って太平洋を横断し、伊江島では日本が降伏する直前まで駐屯している基地が特攻機に攻撃されました。そして、そのあと父は日本本土への進攻作戦に参加したかもしれないのです。父にも日本が敗戦したことを祝い、日本人に対して憎しみを抱く理由がいくらでもあったはずです。ただ、長崎で父がたずさわった撮影の仕事については、つぎのように語っています。

「自分たちは十分な設備と機材を使って、このホロコーストを映像におさめるための単なる人間でしかなかった。ぞっとするこの光景を映像におさめなければ、何が起きたのかという重大さをだれも本当に理解することはないだろうという気がした」

図18　カメラを構えるハーバート・スサン。場所と日時は不明。（アメリカ陸軍から提供）

仮にわたし自身が、戦争に勝利した安堵感のまま、いきなり長崎のような過酷な場所に連れて来られたら、どんな感じがし、どんな行動を取っただろうかと想像してみました。悲嘆にくれるでしょうか？　それとも、自分は生きのびたんだという気持ちになって心を閉ざすでしょうか？　それとも、勝利者として証言を求められると思うでしょうか？　それとも、その光景を目にしたことで、あらゆる戦争を憎むようになるでしょうか？　それとも、自分の国が初めて原爆を持てたことを神に感謝するでしょうか？　それとも、戦争を憎みつつ神にも感謝するのでしょうか？

18　小さな芽吹き

一九四六年、長崎

翌朝の明け方ちかく、ハーブは列車の窓から射し込む朝日で目を覚ました。耳を澄ませても、周囲は完全な静寂に包まれたままだ。音がないということは、静寂そのものが存在していることでもあって、機関車の蒸気音や列車が走行する車輪の音が聞こえないというだけではない。起きると、列車から瓦礫ばかりの死の街が朝露で濡れた朝のなかへ降り立った。朝日が高く昇ってきて、谷あいが強い日射しを浴び、墓場のような壊れた屋根瓦を不気味に照らしている。

一人でジープに乗り込んで、朝食の前に爆心地へ向かった。飛行用の革ジャンパーだけでは朝の冷気が身にしみるようだ。ポールで目印をつけられた爆心地の近くにジープを駐めると、木材で作られただけのポールの周囲を歩きまわりながら、いろいろな方向から写真を撮った。

周囲には、人の姿はない。数キロメートル先まで見わたせて、視線をさえぎるものは何もない。三菱重工業があったところの、むき出しになった桁の向こうにある貨物停車場に、動かなくなったままの列車が見える。鉄道線路がとおっている山あいのV字型になった方角には、長崎刑務所の壁の一部が四十五度に傾いたまま倒れずに危なっかしそうに残っている。その壁の内側にあった刑務所の建物はなくなり、看守も囚人たちも消えてしまっていた。全員が死の宣告を受けたのだ。

原爆が炸裂したときには医師や医学生や患者たちでいっぱいだった医科大学と附属病院の外観が見え

る。のちにハーブは、原爆が炸裂したとき階段教室では外科手術の臨床講義がおこなわれていたと聞かされた。しかし、その手術の場面で生き残った人はだれもいなかった。

医科大学の近くに、破壊されているが、まぎれもなく聖堂らしい輪郭が残っている。その廃墟のなかで、きれいな着物を着た少女が一人でミサのため聖餐《せいさん》杯を献《ささ》げているのが見える。廃墟のなかのおごそかなその儀式の様子を見て、思わず息を呑んだ。と突然、場面が消え失せて、今のは幻影だったことに気づいた。その廃墟には、時が止まったままのように、散らばった煉瓦と破壊された彫像しかなかった。ハーブの目から涙があふれた。

「急いで駅まで帰って、安全な列車のなかに早くもどりたくなった。これ以上耐えられなかった。涙があふれた。この残酷な現実を受け入れることができなかった。列車にいる者たちが、わたしの涙を見て男らしくないと思うことはわかっている。自分が今ここに一人でいることがありがたかった。わたしは鼻をかんでジープのところへもどった」

そのとき、何か動いているものが目に入った。年老いた男が一人、だぶだぶのくたびれた服を着て道を歩いて来るのが見える。片手に大きなジョウロを持ち、肩に鍬をかついでいる。ハーブには、男の目がかがやいていて、皺のよった口元が微笑んでいるように見えた。そして、こんな廃墟のなかで何をしているのだろうかと思った。腰の曲がったその男がハーブにお辞儀をしたので、ハーブもうなずいて挨掬をかえし、男のために道をあけた。それから男は、屋根瓦の破片を片づけた小さな空き地を鍬で丁寧に耕しはじめ、ハーブにこちらへ来てみるような身ぶりをして地面を指さした。

地面を見ると、土のなかから小さな芽が顔を出しているのが目に留まった。男は、その新芽のひとつずつに、ゆっくりと丁寧に水をかけている。爆心地からわずか三メートルほどの畑に野菜を栽培しようとして……、植物は育っているのだ。生命がふたたび訴えはじめているのだ。

ハーブは、自分がこの場所にいる目的がはっきりとわかった。これまで焼夷弾による空襲を受けた街をいくつも見てきたが、長崎はそれらの街とはまったくちがうと、この日はっきりとわかった。


「そのときのわたしの気持ちは、ここにいたんだ──原爆が投下されたとき、ここにいたんだ──という感じで、願わくば地球上であんな瞬間を二度と起こさないでほしいという気持ちだった。そして、長崎にいるあいだにできるだけ映像としてあらゆるものを記録し、実際に何が起きたのかを映像をつうじて世界中の人たちに見てもらいたかった。何をどうしたらいいのかという専門的知識はなかったけれど、あのような状況に投げ込まれた以上、とにかく心に反応したことは、なんでも記録してみようと思った。たとえば、長崎で使用された原爆の威力がどの程度だったにせよ、金属を焼き尽くし、石の表面を泡立たせるほどの高熱だったということは、わたしに衝撃をあたえたし、わたしの理解を超えるものだった。だから、原爆によって生じた光景を目にしたら、とにかく撮影した。衝撃が一方向に向けておよぼした威力と、あらゆるものを押しつぶすほどのすさまじい衝撃波にも驚いた。一発の通常爆弾が投下された場所とはまったく様相がちがっていて、通常爆弾が炸裂したのとは似ても似つかない光景だった。

長崎で起きたことは、どれも変えることはできないのだ。いやだと思っても、恐怖を感じたとしても、受け入れねばならないと思う立場から逃げ出すことはできなかった。怖かったが、怖いと口にすることをためらうつもりもない。だから、この兵器を怖がらなかったり、この事実を隠したいと考えている人たちは、盲目か気が狂っているとしか思われなかった。

自分たちは軍の命令によって撮影したが、原爆による物理的な破壊の状況と同じように、人間の悲惨

図19　*Japan in Defeat*から引用した1946年の長崎。（アメリカ陸軍から提供）

図20　*Japan in Defeat*から引用した1946年の長崎。（アメリカ陸軍から提供）

図21　*Japan in Defeat*から引用した1946年の長崎。（アメリカ陸軍から提供）

な状況も、従来とはまったくちがうのだということをしっかりと映像におさめることができた。わたしの個人的な役割は、視覚をとおして真実を集めることで、それがもっとも効果的なやり方だと確信した」

（父は、のちに『敗戦後の日本《Japan in Defeat》』と名づけた本を編集して文章に残しています。その記録は、生き残った被爆者や医療従事者などが語った内容をもとに長崎で起きたことについて父が知ったことをまとめたものですが、その人たち自身の、つぎのような体験も載っています）

「礼拝のため聖堂に集まっていた人たちは、何トンもの赤煉瓦と石でできた数多くの彫像の下敷きになったのです。医科大学の破壊された階段教室のなかには、体がばらばらになったり焼けただれた医学生の死体が白いタイル張りの床を埋めつくしていました。三菱製鋼兵器製作所は、金属の梁がねじ曲がった塊だけになり、爆風のため、まるで巨人が荒々しい手でなぎ倒したように倒壊していました。爆風と火炎と高等学校の建物の残骸が巨大な竜巻きとなり、それから逃れようとした学生たちは、熱線で焼けただれた顔や手をしたまま瓦礫の下にもぐり込んだのです。刑務所では、頭上からの爆風によって建物の天井と壁が人々の上に倒れてきて、看守と囚人たちが並んだようになって死んでいました。谷あいの住宅街では、黒焦げになった死体と、粉々になった屋根瓦と木材の破片が残っているだけでした。そのため、原爆が炸裂した直後に奇跡的に助かった人たちが山手から反対にあった被害の少ない地区からやって来たときも、かつては人々が暮らしていた浦上の谷あいは死臭に充ちたままでした」

19　二つの要求

一九四六年、長崎

大声で人の名前が呼ばれている。ハーブが爆心地から列車のところへ、ちょうどもどったときのことで、大声の主《ぬし》は「ふつうの」陸軍士官であるウィルダーマス中尉で、一行のなかの五人の下士官兵たちをプラットホームに整列させて徒手体操を命じているところだったのだ。日本人の駅員が二人、驚いたような顔をしてその様子を眺めていて、撮影チームの民間人たちも列車の窓からのぞいて見ている。「この廃墟のど真ん中で朝の徒手体操をさせるなんて信じられないことだ」とハーブは思った。

ハーブはジープを運転して海兵隊司令部へ行き、撮影チームの責任者である東京のダニエル・マクガバン中尉と連絡をとるため電話を借りた。そして、電話でマクガバンに二つの要求をした。一つはウィルダーマス中尉を解任することで、二つめは撮影チームの人間が命令することには制限を加えないことで、ようするに長崎での滞在期間を延長して物理的な被害状況だけでなく、原爆を目撃し生き残った人たちの証言や治療状況なども記録する許可をもらいたかったのである。

「そのような記録を残すことは軍事上も役立つとマクガバンに訴えたのだが、心の底では嘘をついていた。本当は、原爆で生き残った人たちのありさまが人々の心を動かし、生き生きとした状況を伝え、このような非人道的な兵器をなくす先例になると考えていたのだ。

当時のわたしは、原爆がおよぼした影響を世界に向けてはっきり示す資料として映像におさめる一方で、軍の命令による情報も収集しなければならないという面倒な道を歩まねばならないことがわかっていた」

一つめの要求はすぐに認められた。しかし、二つめの要求をマクガバンはためらった。戦略爆撃調査団の専門家たちは報告書をまとめるため全員がすでにワシントンにもどっていて、できるだけ早く映像のフィルムを入手したかったのだが、ハーブが二つめの要求を強く求めるためマクガバンもやっと応じはしたが、本国からは好意的な反応がないと釘を刺した。それでも、一週間以内にはウィルダーマス中尉が解任され、このたびの計画の命令書が書き換えられて、滞在期間については、「任務を遂行するために期間が必要な場合には」という但し書きが追加された。

撮影チームのつぎの任務は、今の仕事を発展させるための計画を立てることで、ハーブは口数の少ないダン・ダイアと今後の計画について話し合った。ダイアは、以前にちょっとした視察で長崎にいたことがあると打ち明けた。ダイアは陸軍省のために記録を残したいという自分なりの考えを持っていて、ダイアの関心は、爆心地からの距離を正確に測定して爆心地から同心円状に一マイル（約一・六キロメートル）ごとの地点の物理的な破壊の詳細な状況を写真におさめることだった。一方のハーブはそれとは対照的に、物理的な破壊の状況とは別のことを考えていて、原爆で被災した人たちの物語を聞き取り、原爆が犠牲者にどんな影響をおよぼしたのかということを記録に残したかった。二人はやっと合意して、ダイアは自分の計画のため従軍カメラマンを使うことになり、ハーブは民間人のカメラマンだったハリー・三村を同伴させることになった。

ハリー・三村が運のよい選択をしたことは明らかだった。英語と日本語の両方を流ちょうに話せたので、ハーブも自分の目的を進めるのにありがたいと思ったし、お互いに相手のことを気に入っていた（二人は、のちに何年ものあいだ連絡を取り合っていました。わたしが子供のころ、ニューヨークのアパートにハリー・三村が訪ねてきたときのことを覚えています。わたしには老人のように見えましたが、子供のわたしには大人はみんな年寄りで大儀そうに見えたのです。わたしが父の物語に関心を持つようになって日本を訪れる前に、父親みたいに思っていた三村が亡くなったと聞かされて悲しい想いがしたものです）。

ハーブと三村は大村海軍病院へ向かった。病院は長崎市内にあり、重症を負ったやけどの患者を治療するために使用されていて、二人のアメリカ人軍医が治療にあたっていた。ハーブは、この二人の軍医に、映画に登場するドクター・ジレスピーとドクター・キルディアという渾名をつけた。映画と同じように前者の方が後者よりもずっと年配の医師だったからだ。日本人の医師も勤務していたが、アメリカ人の二人の軍医はペニシリンを使って熱心に患者を治療していた。ペニシリンは戦争中に負傷者の死亡率を下げることがわかっていたので、重度のやけどを治療して感染を予防するため手に入るだけのペニシリンを徴発していた。ペニシリンは当時の日本人にはまったく手に入らないものだったので、やけどの患者の生死を分かつことになると訴える二人の軍医の求めに応じて、ハーブはさらに多くのペニシリンを入手するためワシントンに電報を打った。

軍医やハーブたちの努力にもかかわらず、ハーブたちが撮影場所を探してから写真を撮るため病院にもどってみると、何人かの患者は亡くなっていて、ベッドが空いていた。ハーブが衝撃を受けたのは、これらのやけどの患者が原爆の直撃（即死した人のほとんどはそうだった）をこうむっていたわけではなかったことだった。この入院患者たちの多くは、爆心地から生存可能な遠距離で被爆していたので数ヶ月もあれば回復するはずだったから、通常の爆弾によるものだったら体に障害を残したとしても完全に治癒するはずだったのに、患者の多くは、むしろ病状が悪化していた。

やけどを専門に治療するこの病院と、ハーブたちがのちに訪れた長崎の病院も、説明のつかない患者たちでいっぱいだった。原爆による後遺障害は不可解で、その様子は医師たちを当惑させ、悩ませていた。ハーブと三村は、長崎で何が起きたのか、どのような治療が必要なのかを医学的に知ることが重要だと考えて、自分たちが目にしたやけどの患者は全員を撮影することに決めた。ただ、やけどの患者をこのように撮影することが正しいのかどうかについては少しためらいもあった。

ダン・ダイアの方は、破壊された構造物や生命のない対象を詳細にフィルムに記録するようカメラマンに指示しただけだったので、何も問題はなかった。撮影された廃墟には、どこにも人間の姿は写っていなかったから、ダイアのフィルムは軍の当局としてはなんの異存もなく、原爆がおよぼした効果に対する無言の証拠として保存されることになった。

ところがハーブの方は、被爆者たちが周囲の健康な日本人たちから敬遠されていると伝えられていて、それというのも、被爆者たちが醜い傷痕を残しているためだったり、被爆者たちの病気が「うつる」と

図22　場所は不明だが、街中をとおるジープに乗った撮影チームの一行。1946年。（アメリカ陸軍から提供）

怖れられているためだったり、あるいは、ほかの多くの被爆者たちが犠牲になったのに自分だけが偶然に生き残ったという、ただそれだけの理由で撮影されることを拒んでいたのだった。とはいえ、そんな理由で被爆者たちが撮影されることを拒んでいたら、長崎でこの人たちが味わった苦難を伝える手がかりが失われることになると思った。そのため、撮影チームに幅広い命令権があったとはいえ、ハーブは被爆者たちを撮影する前にだれかに協力をしてもらう必要があると考え、日本人は権威にしたがう傾向があることを知っていたので、長崎県知事の協力を求めることにした。

長崎県庁は、原爆で破壊された区域の外側に位置していたが、それでも付近の家屋やビルは窓がなくなっていて、屋根は黒く焼け焦げていた。そのあたりでは人々がせわしなく動きまわっていて、再建工事が進んでおり、ほそぼそとながら仕事をはじめているところもあった。ハーブたちのジープが三階建ての県庁の前に停まった。県庁の建物の窓ガラスがなくなったところは板で囲いがしてあった。ハーブたちが両開きのドアを開けて知事室に入った。

ハーブは、知事に丁寧に説明することが大事だと考えて正規の軍服を着用し、通訳にはシモムラ軍曹を同伴させていた。シモムラは、日本が戦争をはじめたせいで自分のような日系二世がきびしい立場に置かれたことで日本を恨んでいた。この怒りは、このたびの旅行でどんなことがあっても和らぐことがなかった。シモムラは優秀な通訳だったが、困った癖があった。

「知事室に向かう途中で、シモムラ軍曹に伝えた。シモムラの通訳は表面上は丁寧だったが、相手の日本人のことを、『この野郎がほざくには……』とか、『このろくでなしが知りたいことは……』などと余計な注釈を英語に翻訳して自分の感情をぶちまけるので、かならず正確な通訳をするよう命じたのだ。シモムラはわたしの言うことを愉快そうに聞いていたが、『了解』と敬礼をしてから、にやりと笑った」

知事は立ち上がると、大きな机の向こうからハーブたちにあいさつをした。背景には新しく取りつけられた窓ガラスから長崎の市街が見わたせた。知事の横には、知事側の通訳と側近が一人ずつ立っている。互いにあいさつと紹介を終えて、一同は着席した。ハーブが多言語で書かれた命令書を知事に見せて、自分たちは長崎が原爆によってこうむった物理的な破壊状況と医学的な影響を映像におさめるため訪れていると説明した。

「それで、あなたがたは県に何をお望みですか？　ご覧のように、わたしたちは多くの問題をかかえています」知事がそう言って、シモムラ軍曹がそれを通訳した。知事がつづけた。「目下のわたしたちのおもな問題は、医療機材が不足していて待ち望んでいることと、闇市で食料を買う余裕のない数千人もの生存者が飢えに苦しんでいることです。これらの問題について何か対策を講じていただけないでしょうか？」

ハーブは、長崎の住民のために物資を運搬する船が一隻アメリカから医薬品を運んで来ているところだと説明し、それが長期間の食料不足に対する回答になっていないことは認めたが、明日にはアメリカ産の米を積んだトラックが五台ほどこちらに到着する予定で、とりあえず数千人をまかなうには十分なはずだと説明した。

知事が正確な英語を使って、「おっしゃるとおりです、少尉。それだけでは問題の解決にはならないと思いますが、ありがたい行為には感謝します」と言った。

流ちょうな英語にハーブが驚いたのを見て知事は、自分は何年間かアメリカに滞在していてプリンストン大学を卒業したのだと言った。ハーブが前もってシモムラ軍曹に注意していた勘は正しかったというわけだ。それから知事は、「これらの問題は、日本にある進駐軍の当局と交渉する方が賢明だということはわかっていますし、当局の見解は公表されるのがふつうですからね」と言った。

（この逸話は、わたしが若かったころに父が当時の被爆地のことを語ってくれた数少ない話のひとつでした。少なくとも、父が賢明にも自分の通訳に正確に通訳するよう注意をしたことや、知事が流ちょうな英語を話したことなどは、わたしには珍しい話でした。とはいえ、知事が破壊された街のことには目をつぶって飢えに苦しんでいる県民の方に力をそそいでいる事情については話してくれませんでした）

知事がお茶を命じてから、話をつづけた。「アメリカ人はすぐに本題に入ることを好むということは承知しています。ようするに、あなたがたはわたしに何をお望みなのですか？」ハーブは、自分たちはケロイドやそのほかの傷痕を負った被爆者たちを映像におさめて被爆者たちの物語を記録に残したいのだと説明し、物資を提供するかわりに被爆者たちに写真撮影に協力してくれるよう知事から手配をしてもらいたいと頼んだ。知事の返答は典型的なアメリカ人のことばのようだった。

「よろしいでしょう、少尉。あなたのおっしゃることはよくわかりました。いずれにしても選択の余地はなさそうですね。明日には米が届くのでしょうからね」

こうして、ハーブは知事からの委任状を手にすることができて、病院で撮影をはじめた。アメリカから米も届いた。

「しかし、申し訳ない気がした。というのも、届いた米はA級米だったが、その米はアメリカ人が好む漂白した長粒米で、日本人の口には合わないことがわかったからだ（日本人はアジアで栽培される白か茶色をした短粒米を好んでいて、戦争中に寄せ集めの穀類として木の実しか食べられなかったのに、やっぱり短粒米がよかったのだ）。善意と思ってやったことが期待はずれに終わった。それでも何もないよりは、そんな米でもあった方がよかったのだ。結局、米はすべて消費された」

それからは、ハーブと三村は病院で多くの時間をすごした。二人には医師も医療従事者も同伴しなかった。放射線が人体にどのような影響をおよぼすかについては何も知らなかったし、二人はただ自分たちが目にした原爆の実相を映像におさめるだけで、撮影した記録を説明するためには別の人に委ねることになったのである。

20 静かな被爆者たちと会う

一九四六年、長崎

ハーブは被爆者全員に対して、原爆が投下されたときどこにいたのか、そのとき自分はどうなったのかということを聞き取る方法を試みた（アメリカ政府が数十年後に機密を解除してフィルムを公開したとき、被爆者へインタビューした音声記録が残っていないと日本の批評家たちから不評を買ったことがありました。それに対して父は、『だれも当時の立場だったら、音声を記録したり動画を撮影したりすることは簡単ではなかった。自分たちは、できるだけのことはやったのだ』と述べています。そのため、被爆者たちの詳細な記述や音声記録は見つかっていません）。

原爆によるすさまじい高熱によって生じたやけどの特有な傷痕のひとつに、醜いケロイドがあった。ケロイドの傷痕は、少しずつ発育しながら表面がくずれたようになり、まもなくすると突然、発育をやめた。ハーブたちは、原爆が炸裂した瞬間にやけどを負って永久に傷痕を残した人たちをつぎつぎと見ていったが、被爆者たちは、熱線を浴びたときの体の向きや身につけていた衣類の種類などの偶然によって、永久に体に残る傷痕や場所が決まった。

ハーブたちが見ていた被爆者たちは今もなお生きている幸運な人たちで、それまでの数週間のあいだに亡くなった数千人の人たちを映像におさめることはできなかった。亡くなった人たちは、原爆が投下されたときは防空壕のなかにいたり、怪我をしないほど遠くはなれた場所にいて、初めは元気そうだったのに、まもなくすると吐き気や嘔吐が出現し、次第に衰弱して、だれにもわからない奇病のため亡くなったと噂されていた。当時のハーブにとって放射線障害は不可解だった。

ハーブたちは長崎赤十字病院を訪れた。病院の窓にはまだガラスがなかったが、白い漆喰の建物は無事だった。一人の医師がレントゲンフィルムが保管されていた部屋に案内してくれた。保管されていた未使用のフィルムは原爆による放射線を浴びて、すべて感光していた。原爆が炸裂したとき病院内に患者がいたことを示す唯一の痕跡は血痕だった。壁一面に、血液が飛び散った跡が残っていたが、奇妙なことに真向かいの壁にも同じように血痕が残っていた。衝撃波によって患者の体がばらばらに飛散して体内の血液がすべて一方向に飛び散ったあと、その血液が跳ね返って反対側の壁にも飛び散ったのだった。

病院の医師たちは、多くの職員が亡くなったり負傷したため、患者たちが苦しみながら叫び声をあげつづける様子を目のあたりにしながら何もできないという絶望感を抱いていると語った。医療機材は壊れて医薬品も足りず、間に合わせの部屋で手術をするしかなかった。

「病院の様子は、わたしの全感覚に影響した。人間のほとんどの機能が崩壊していることが五感で感じられた。患者たちの粗末な衣類に触れることができたし、重い怪我や、やけどを負った姿を見ることができた。院内のあらゆる場所に押し込められた患者と職員たちがいるのに、淀んだような奇妙な静けさを感じた。原爆がおよぼす特徴のひとつは、おびただしい負傷者を一度に処置しなければならないこと

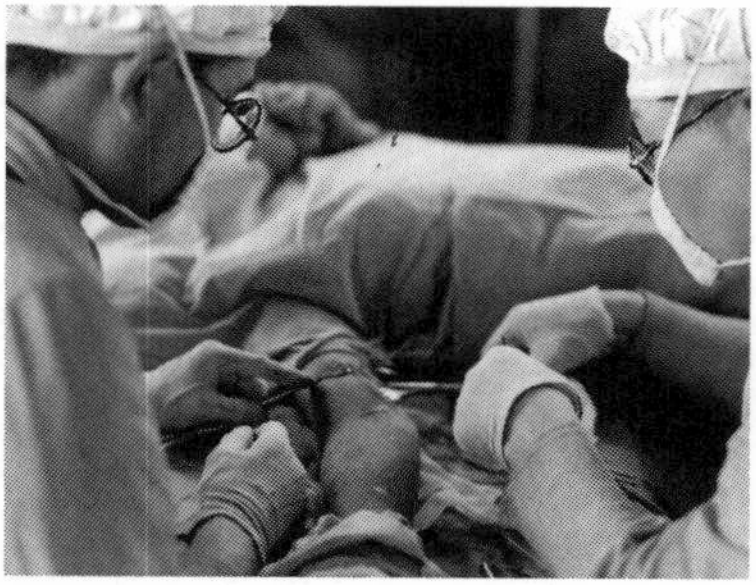

図23　手術中の外科医たち。(*Japan in Defeat* から引用)

で、あの静けさを別にすれば、ニューヨークのベルヴュー病院の騒々しい救急処置室のようだった。

廊下のところで看護婦たちの横をとおりすぎたが、その看護婦たちも、原爆の炸裂を生きのびながら爆風によって顔や体中に刺さったガラス片で負傷していた。手術室では外科医たちが患者たちからガラス片を取り除いていて、その治療を受ける患者たちが列をなして辛抱づよく待っていた」

赤十字病院でハーブたちは被爆者に一人ずつ面会した。外来患者の多くも、知事からの要請があったので、撮影のため病院に来ていた。

「あの日のことで忘れられないのは、わたしの心と体に埋め込まれた映像のコラージュで、あのような光景は決して目にすることのできないものだった。忘れることなど決してできないだろうと思った。松葉杖の人、下肢を失った人、腕に三角巾をした人、手がつぶれた人、手足を粉砕された人、治らずに肉が露出したままのやけどの人、飛散したガラス片でひどい裂傷を負った人、ケロイドの瘢痕の周辺に傷口があいたままの子供たち。原爆によって、この人たちが生涯持ちつづけるはずの傷痕を負った異様な姿に、わたしは衝撃を受けた。

ある女性は、着ていた服の黒い部分にやけどを負ったが、白い部分の肌は無事だったため、体の表面に服の模様のような痕を生涯残すことになった。ある少年は、ズボンの膝に穴があいているところだけやけどを負った。またある女性は、熱線のあたった側の顔と手にやけどを負ったが、反対側は無傷だった。トラックを運転していた男性は、半袖のVネックの開襟シャツを着ていたことがわかるような形のケロイドを残していた。ある若い女性の顔は、溶けた蝋が固まったようになって医師から治療を受けていたが、その医師も白衣で隠れていなかった頭と腕にやけどを負っていた。

やけどを負った赤ん坊が、傷痕のある母親の乳房から乳を飲みながら純白の白衣を着た看護婦たちから母子とも処置を受けていたが、その看護婦たちにも傷痕があった。この人たちは、泡立った瓦や、粉砕されたタンクや、壊れた窓や、焼けただれた道路のコンクリートと同じように、原爆による傷痕を一生涯刻みつけられたのだ」

被爆したとき市松模様の服を着ていた女性を写真に撮った。その

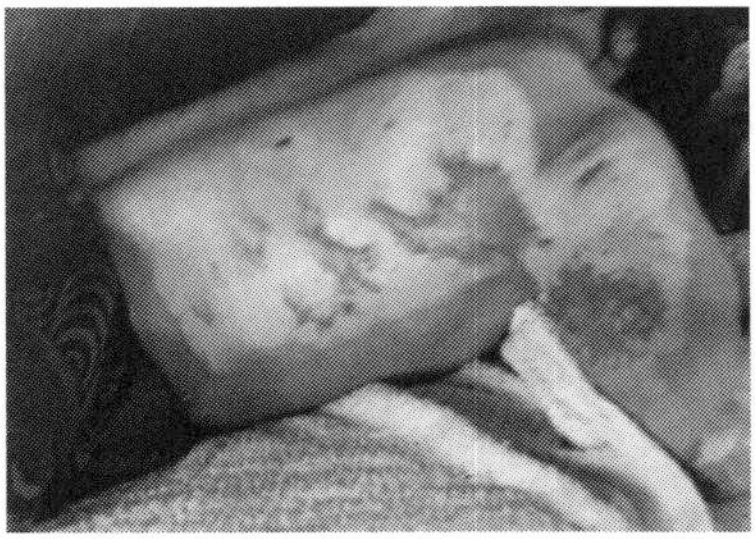
図24　やけどを負った女性の皮膚の様子。（*Japan in Defeat* から引用）

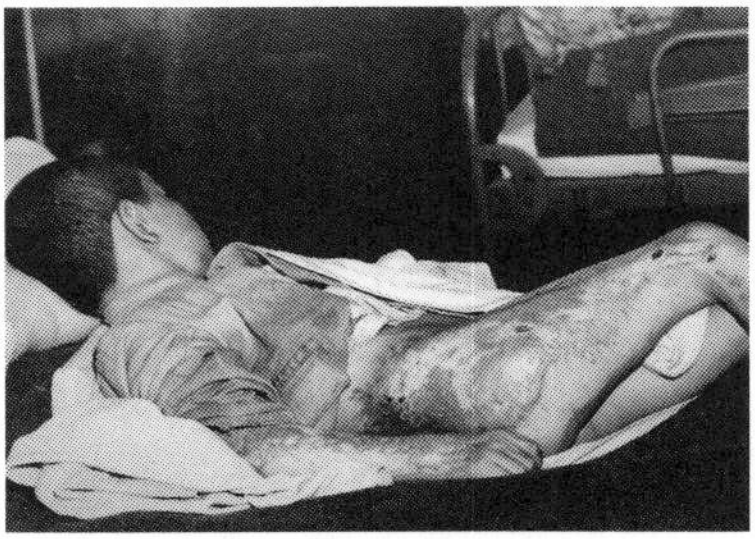
図25　体の半身にやけどを負った少年。（*Japan in Defeat* から引用）

女性の肌には、着ていた服の市松模様の痕がそのまま残っていた。あの日の朝、川で泳いでいた少年の写真も撮った。この少年の水のなかにあった部分は無傷だったが、泳いでいるとき水面から出ていた部分はひどいやけどを負っていた。

ハーブたちが訪れた三つめの病院は、浦上第一病院（現在の聖フランシスコ病院）だった。患者たちは、床に並べた藁布団やベッドにぎゅうぎゅう詰めになって寝ていたが、自分たちの両親、子供、妻、兄弟たちが病院の外に野宿している場所から隔てられているだけで、家族たちは、身内の患者のために小さな鉄火鉢を使って調理をしては水や食べものを届け、ひそひそと話しかけ、患者に必要なものを用意し、できるだけ安楽にすごせるよう世話をしていた。ハーブは、家族たちが身内の患者を黙々と世話しているのに驚いた。アメリカの病院だったら、患者の家族たちは病室で騒々しい物音を立てていたが、日本の病院では、患者の看病を家族が手伝ったり食事の世話をするのがふつうだったのだ。家族たちは何ヶ月も昼夜を問わず患者につきっきりになっていたが、その家族たちも、ほかに暮らす場所がなかったし、もどる家がなかったのだ。

家族たちのこのような光景を目にしたハーブは、死ななかったり負傷もしなかった人たちに対しても原爆が少なからぬ影響をおよぼすことをあらためて知った。また患者のだれもが、医師や看護婦が自分たちのところに来てくれるまで辛抱づよく待っていることにも感心した。自分だけ特別に治療をしてくれと要求する患者はいなかったし、痛みをともなう治療をするのに麻酔を使わない場面を目にしたことがあったが、その患者は叫び声も呻き声もあげなかった。

長崎の病院でハーブが目にしたもっともひどい症例は、原爆が炸裂したとき郵便物を配達するため自転車に乗っていた十代の少年だった。背中全体が文字どおり骨まで見えるほどのやけどを負っていた。少年は、集められるだけの大量のペニシリンを投与されていたが、生き残っているのが奇跡のように思われ、医師たちも、この少年は長くはもたないだろうとあからさまに考えていた。少年の様子を撮影するため、ライトが据えられた。少年の名前は谷口稜曄《すみてる》だった。

（この写真が当時の谷口さんで、国連の写真展示で父が目にして、自分が撮ったのを思い出し、10フィート運動のきっかけにもなった写真です。谷口さんは、大きな苦難を乗りこえて、日本で反核運動家として有名になりました）

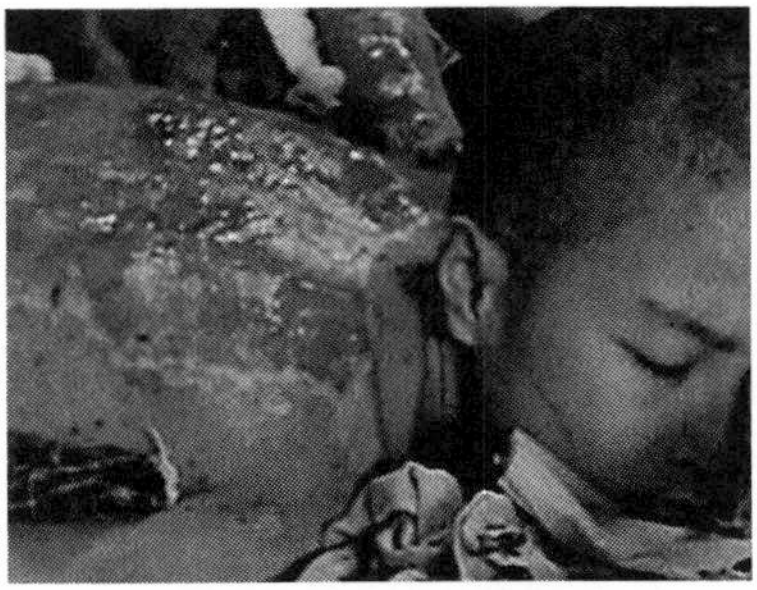

図26　1946年の谷口さん。戦略爆撃調査団のフィルム。（アメリカ陸軍から提供）

21　オワスレモノノ、ゴザイマセンヨウニ！

一九八七年、長崎

石膏のようなアラバスターで造られた小さなダンサーが二体、完璧なパ・ド・ドゥ（対舞）の姿勢で動作を止めたポーズをとっています。このダンサーだけが音楽を聴いていたのです。あたりは埃だけらの暗闇でした。でも、そこにいたのはこの二体のダンサーだけではなくて、そばには対になったダンサーもいたのですが、これと同じ美しいカップルのダンサーは、わんぱくな子供の手にかかったように粉々に壊れて横たわっています。

わたしとケンドラは、長崎原爆資料館の薄暗い照明に照らされた小部屋にあるガラス張りの展示ケースのなかをのぞき込んでいます。この小部屋は、日本人以外で被爆したオランダ人の牧師、ドイツ人の伝道師、アジア系の学生、朝鮮人の労働者、連合軍の捕虜たちの遺品を展示したところで、この小部屋には、ある反省の気持ちが込められています。ダンサーの彫像の横には小さな紙で、長崎で被爆したオランダ人の捕虜から寄贈されたと書かれています。

資料館のなかにある恐ろしい映像や展示物は、わたしが子供のころ自宅の戸棚の高いところに父が保管して見てはいけないと言われていた写真の記憶を思い出させました。館内の展示物には日本語と英語でいろいろな数字や科学的な説明が書かれていますが、味気ないデータや恐ろしい写真をあとからあとから見て行くのはやりきれないと思いました。でも、二組の小さなダンサーは、なんの説明がなくてもわたしに語りかけてきます。美しいものと残虐なもの、生きることと人を殺すこと、それが一緒になって、人間が為しうるあらゆることをこの彫像は黙って証言しています。

わたしとケンドラは前の晩、尖った鼻先と高速で走ることにちなんだ「弾丸列車」の新幹線に乗って長崎に着きました。東京から長崎まで日本の中心部をわたしたちは数時間かけて疾走し、父は同じ道のりを数日かけて列車の旅をしたのです。新幹線の車内の通路を小型のカートをひく女性が何度も行き来して、缶ジュースやお弁当を割高で売っています。売り子のこの女性たちは、車内に入るとお辞儀をし、車内から出るときもお辞儀をしますが、わたしは買う気になれませんでした。さいわいなことにマサが、(当人はよく知っているので)駅にいる売り子から、冷凍ミカン、ゆで卵、焼き栗を買ってきてくれて、乗車する前に売店で、箱詰めの料理を意味する「エキベン」(駅弁)を選んで買うよう教えてくれたので、その方がずっと安かったからです。

車内の売り子の女性がお辞儀をする車両の出入口の上には電光掲示板があって、日本語と英語で現在の走行速度と、つぎの駅に停車する時刻が表示されます。駅に停車すると、そのたびに、録音されたアナウンスが呪文のように、「オワスレモノノ、ゴザイマセンヨウニ！」とくり返します。そのことばは、長いあいだ忘れていた記憶や歴史を呼びさますにはとても都合がいいように思われるのですが。

東京を発ってから一時間ほど経つと、日本の田舎の風景が眺められるようになりました。沿線の海岸では波が砕け散る岩だらけの断崖、平野ではゆったりと流れる広い川、耕作された田畑、太陽光発電で伝統の瓦がおおわれた小さな住宅が密集する街などが見えます。東京じゅうを歩きまわり荷物を持って大急ぎで乗車に間に合ったので、くたびれていましたが、ケンドラを寝かしつけたあとも、ずっと眠らずにいました。父と同じように、わたしも座ったまま眠ることができない体質なので、車外が暗くなって外の景色が見えなくなるまで、のどかな街並みや車でいっぱいの道路を車窓から眺めていました。当時の父が本州から九州に渡る関門海峡を通過するときには、たくさんの難破した軍艦が見えたはずですが、今はそれもなくなっていて、美しい風景になっていました。新幹線は福岡を通過し、猛スピードで走行して行きます。

長崎に着いたときは不運でした。わたしたちの乗った新幹線は二時間おくれで到着したのです。日本の鉄道は時間どおりに走ると思っていましたが、このたびは例外でした。滝のような雨が空から屋根や階段や壁を伝って降りそそいでいます。長崎には地下鉄がないので、予約していたユースホステルを探す方法がわかりません。それで、ニューヨーカーがよくやるように長崎駅でタクシーを拾うことにしました。

タクシーのドアは、運転手が外に出なくてもいいように、ロボットアームで開き、運転手は、みんな白い手袋をはめています。わたしたちの乗ったタクシーの運転手は、クロスを敷いて清潔にしてあるシートに、雨に濡れてもじもじしているケンドラの様子を見て、いかにも不愉快そうです。タクシーは、雨で濡れた玉石の急な坂道の下のところまで来ると、運転手がここで降りてもらいたいと言います。わたしが理解できたかぎりでは、この坂道は車ではこれ以上進めないので目的地までは徒歩で行ってほしいと言っているらしいのです。わたしとケンドラは歩いて行くことになり、重たい荷物を背負い、ケンドラの手をひいて、すべりやすい玉石を用心しながら、とぼとぼと歩いて行きました。それから、やっと「交番」を見つけたので、わたしは、身ぶり手ぶりで自分たちが困っていることを伝え、ガイドブックに載っているホステルを指さしながら、使えるわずかな日本語をくり返しました。警察官は気の毒がってタクシーを呼んでくれましたが、そのあいだにも、車が進めないはずの坂道にある交番の前を、車が何台も登って行きます。交番から呼んでもらったタクシーは、今までとは少なくとも十ブロックもちがう方角に向かって走りましたが、ちゃんと目的地まで無事に連れて行ってくれました。日本のタクシー運転手はニューヨークのタクシー運転手に比べると礼儀正しいし、ずっと上品な人が勤務していると思う反面、目的地に連れて行ってもらうのは当てにならないと思いました。

ホステルに着いて、玄関にある背の低い棚に靴をおさめ、化繊でできた平べったいスリッパを履いて二段ベッドのある小さな部屋に入り、荷物をおろしてケンドラの着替えをしてから、ホステルで夕食をいただきました。食事は、大型の電気釜からプラスチック製のしゃもじでご飯をよそい、トレーに並べられたお椀に味噌汁をつぎ、フライドチーズとエビ団子、いろんな野菜の漬物、刻んだキャベツにマヨネーズがかかったサラダでした。午後十時になると全館の照明が消灯になるので、それまでに急いで寝る仕度をしなければなりませんでした。

翌日は晴れです。ホステルの規約では午前八時までにはチェックアウトする必要があったので、ホステルを慌ただしくあとにして、雨で洗われたあとの長崎の街を見学することにしました。長崎の小高い山並みはサンフランシスコを思い出させます。わたしはケンドラに蝶々夫人の悲しい物語を聞かせながら、グラバー邸とそこにある庭園を訪れてみました。施設のなかは、中庭や池や植え込みなどのあいだをめぐるように小道が曲がりくねって上の方に向かってつづき、広い池には黄色と白と黒で彩られた大きな鯉が泳いでいて、池のなかに置かれた飛び石のところで人が立ち止まると、鯉たちがエサを求めて集まって来ます。長崎が原爆の目標だったことを想像するよりも、こんな場所で蝶々夫人の悲しい恋の物語を想像する方がずっと気が楽です。

小高いこの山の中腹からは長崎港のすばらしい風景を眺めることができます。港は、当時と同じように巨大なクレーンや大型の船舶や活気のある造船所のほかに、工場や海運業の施設が見えます。三菱重工業製作所は、戦争中は軍艦を建造する軍需産業の一部だったため、広島につぐ二発目の原爆の第二目標として長崎が標的になったのです。(興味深いことに、この会社の公式の沿革では原爆についての記述が抜けていて、一九四二年に戦艦武蔵が竣工した記述のあと、いきなり一九四九年に天皇が戦後に視察に訪れた記述になっています。https://www.mhi.Com/company/location/nagasakiw/history/《二〇二〇年一月二十三日にアクセスした時点で》) なお、二発目の原爆投下の第一目標は小倉でしたが、当日の天候状況のため、小倉は原爆の惨禍を免れたのです。

グラバー邸のつぎに浦上聖堂へ行ってみて、当時の破壊状況を目にした父が深く心を痛めたことがよくわかりました。聖堂は一九五九年に再建されましたが、被爆前の聖堂の詳細な設計図面が残っていたため、再建された聖堂の一部に被爆前の構造があえて取り入れられています。聖堂の二つの塔には原爆のあとに残っていた鐘が吊されていて、小さい方の鐘は鋳直さなければならなかったのですが、大きい方は無傷で見つかりました。ヨセフとマリアの彫像は、ほとんど損壊を免れたのですが、表面は焼けただれていて、その二体の彫像の横には頭部を吹き飛ばされた別の彫像が悲しい見張り番のように立っています。ただ、聖堂の美しい内部は、平和を感じさせる以外のものは何も残っていなくて、元どおりになったステンドグラスをとおして陽光が射し込んでいます。わたしとケンドラは祈りを捧げました。

＊＊＊

図27　1983年に訪日したハーバート・スサンが谷口さんと挨拶を交わしているところ。周囲の人たちはだれか不明。(ハーバート・スサンの所持品から。撮影者は不明)

港を見わたすグラバー邸で、わたしは谷口稜曄さんと面会しました。被爆して大やけどを負いながら生きのびた、あのまぎれもない少年だった人です。谷口さんは、自転車に乗って郵便物を配達しているときに原爆の熱線でひどいやけどを負い、その写真が10フィート運動をはじめるきっかけになったのです。谷口さんの話によると、写真を撮られるときに使われた撮影用のライトが背中一面のやけどの痛みを強めたことを父が気にしていたのは父の誤解であって、本当はあのライトの温もりが気持ちよかったのだそうです。とはいえ背中の痛みがひどかったので、写真に撮られたことだけは覚えているけれど、あとは何も考えられなかったと話してくれました。谷口さんは、あの写真は長崎で何が起きたのかという真実を伝えるために「きわめて重要」であり、あの写真を撮られることがなかったら、自分が今でも生きていることを知った人たちは「起きたことの本当の怖さ」を信じようとしないだろうと考えながらも、フィルムに残された自分の写真を見ると、じっと耐え忍んできた苦しい当時の体験がよみがえるのです。谷口さんは、自分が出会った人たちに少しでもあのときのひどい出来事を知ってもらおうと考えて、自分のやけど姿を写した写真を名刺に印刷して使っているのです。

谷口さんは、医師たちや父の予想に反して長生きをしました。郵便局にも復職し、結婚して健康な子供を二人もうけ、一九八七年にわたしと会うまでには孫まで生まれています。二〇一七年に亡くなったときは八十八歳でした。一九五〇年代には早くも反核運動をはじめて、一九五六年に長崎で開催された「第二回原水爆禁止世界会議」に参加して演説をおこなっていて（第一回は前年で、アメリカが初めて水爆実験を実施した翌年に広島で開催されました）、この会議で、核兵器に反対する証言をおこなっている被爆者を支援する日本国内の団体を結束させる目的で「被団協」（日本原水爆被害者団体協議会）が結成されることになったのです。谷口さんは、自分が何も語らなかったら（自分が語りはじめてからも、自分の子供たちが差別を受けることはなかったと話していました）、子供たちは自分を非難するだろうと感じていたのです。

谷口さんは、痩せてひょろ長く、引きつった顔をした人でした。これまで何度もやってきたように、シャツをたくしあげて体の傷痕を見せてくれました。以前は傷痕を人に見せるのをいやがっていましたが、今では谷口さんの「語り部」の一部をなすもので、核兵器の意味を世界中に伝える方法なのです。谷口さんは、自分の肌は今でも冷たく感じるけれど、風呂に入ると、その部分の皮膚がひどく薄いので、固いものに触れると破れるでしょうと話していました。

胸と背中の部分は切り取られて空洞になっていて、表面が奇妙にひきつった皮膚になっていました。谷口さんの傷痕は、その写真を見て何か期待するものを感じ取ったり、以前にも写真で見たことがあるという人でも実際の傷痕を目にしたらショックを受けるほどで、忘れることなど決してできません。

22　原爆が残した影像

一九四六年、長崎

ハーブたちの撮影チームは、「影像」として知られることになった現象も長崎でフィルムにおさめた。爆心地の近くではすべての人が亡くなったが、その人たちの多くは原爆による高熱によって跡形もなく蒸発し、想像を絶する熱線を浴びたため、ただひとつ、この世に残したものというと黒い染みだけで、それは陽があたらないのに映し出される奇妙な影のようだった。その人たちの体やそのほかのあらゆる物体が、石や金属やコンクリートや背後にあったものに影像として残されたのである。ハーブは、この影像の不可解な意味に生涯にわたって取りつかれた。だれかが、この地球上から消え去ったのだが、ずっと前に存在しなくなったその人のわずかな燃え殻と影とが、今でも残されているのだ。

不気味なシルエットのようなこの影像は、原爆がほかのどんな爆弾ともちがう今ひとつの姿を示している。もちろん放射線障害もひとつの姿であって、放射線は原爆が炸裂した当日の人たちだけでなく数週間後に被爆地に入ってきた人たちまでも汚染し、ひどい怪我を負った人が生きのびた一方で、無傷の人が目に見えないこの殺人鬼の手にかかって亡くなったのだ。しかし、ハーブをもっとも驚かせたのは、長崎の街全体が一発の爆弾によって破壊されたことだった。焼夷弾によって一面に焼き払われた街もあったが、それは何十機もの爆撃機が何千発もの爆弾を投下した結果だし、そのような空襲を受ける地上の人たちは、今まさに頭上から爆弾が投下されていることを知っていたが、長崎の人たちは、上空を飛行するわずか数機の飛行機がどれだけ重大な結果をもたらすかにまったく気がつかないまま、一瞬にして根絶やしにされてしまったのだ。

浦上聖堂と、それに隣接する医科大学の破壊の状況を目にして、ハーブはひどく心を乱された。日本でもっとも大きなキリスト教の施設にアメリカがこんな爆弾を投下したことが信じられなかった。ハーブはユダヤ人だったが、キリスト教徒の西洋人が日本で唯一のキリスト教の聖堂の真上を爆心に選んだという皮肉な行為が納得できなかった。壮大な建築物として建てられた聖堂のなかで目の前に残っているものと

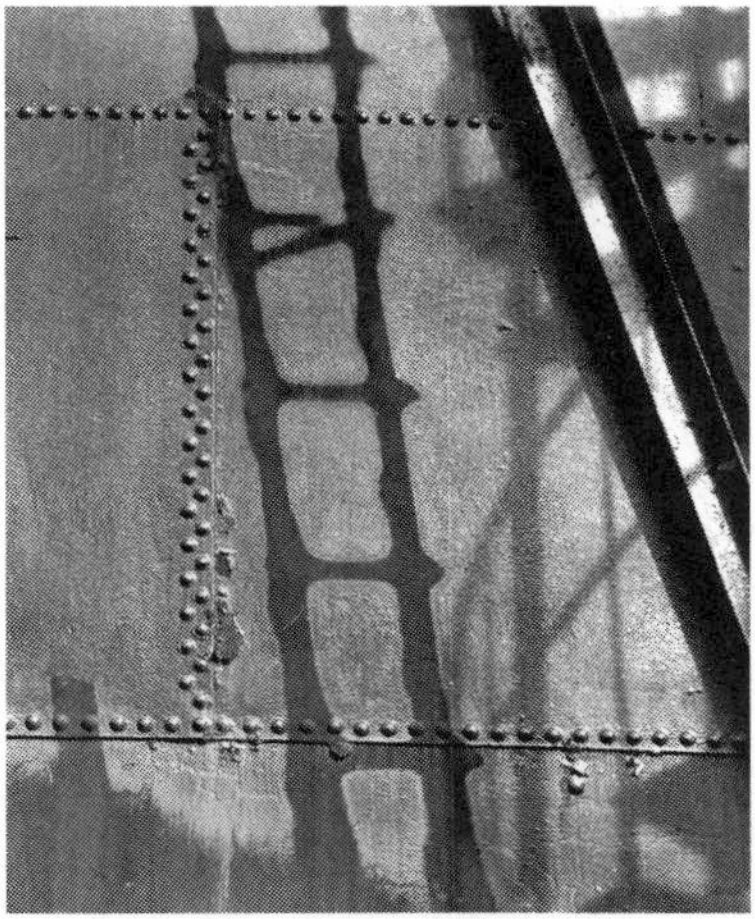

図28　1946年当時の長崎で壁に焼きついた梯子の影像。（*Japan in Defeat* から引用）

図29　欄干の両側に影が映っている広島の橋。右側の影は太陽によるもので、左側の影は原爆の熱線によって消えずに残った影像。（*Japan in Defeat* から引用）

図30　長崎にある浦上聖堂の破壊を免れたアーチ状の入口に立つハーバート・スサンとダン・ダイア。（アメリカ陸軍から提供。ダニエル・マクガバンの記述によって特定）

いえば、何本かの柱、壊れかかった壁、破壊されて焼けただれた聖徒たちの彫像、破壊された煉瓦の大きな塊だけだった。日本の昔の権力者たちが十字架やイエス・キリスト像の顔をサムライに踏みつけさせても壊すことのできなかったものを、連合国の人間たちは一瞬にして瓦礫の山にしたのだ。

ハーブたちの一行が長崎に到着する少し前に、原爆が投下されたあとの廃墟になった聖堂で初めてのミサがおこなわれたことを一行は知った。そのあと長崎に着いたハーブは司祭に向けて、そのときのミサの様子を映像におさめたいので、もう一度ミサをおこなってもらえないかと頼んだ。司祭は同意して、あらためておこなわれたミサは、周囲の恐ろしい光景のなかで荘厳な美しさに充ちていた。信者たちが端正な着物と絹のベールに身を包み、ステンドグラスをとおして陽光が射し込み、あたりに漂うこまかな塵がキラキラとかがやいて、まるで一条の光が天上からまっすぐ射し込んできたようだった。

ハーブとハリー・三村は、被爆後に初めて再開された小学校の様子も映像におさめた。子供たちがきちんとした服を着て整列して座っている様子は、ハーブには別の世界に飛び込んだように思われた。子供たちは、先生が挨拶をすると、教えられているとおり先生に向けて恭しくお辞儀をする。こんなひどい破壊のあとにもかかわらず、子供たちに至るまで祖国と国民の暮らしを再建しようとする日本人の逞しさにハーブは畏敬の念をおぼえた。

図31　教室のなかのハーバート・スサン。撮影日時と場所は不明だが、1946年初めの長崎と思われる。（アメリカ陸軍から提供）

教会と学校の被災状況は、軍事上はもちろん調査の対象にならなかったが、ハーブとハリー・三村は撮影の対象を病院だけにかぎらず、被爆がおよぼす人間と文化面の状況も映像におさめようとした。ハーブには「人間に対する非常に強い関心」があって、技術面と軍事面における記録を集めることだけに専念しているダイアと張り合った。

ある日、一行のコックをしているアンドウさんをともなって、海軍から食料品を受け取るため港にある倉庫まで出向いた。そのころには海軍の船舶に積んである食料が最上のものだということは、だれもが知っていて、アメリカ海軍の水兵たちには伝統的に新鮮な食事が提供されていたが、一方の海兵隊員は、今でも戦争中に食べていたのと同じ「Kレーション」（戦闘糧食）と缶詰で暮らしていた。もちろんハーブたちは大統領の命令書によって自由に食料を調達できることになっていた。

二人がジープで街のなかを進んでいる途中で、日本人の男たちが小さなビルの残骸を背に寄りかかって、しゃがんだ格好で朝食を食べているのが目にとまった。男たちは、中身が同じ小さな弁当箱で食事をしているようだった。その中身は、わずかなご飯に、かろうじて海藻や野菜の切れ端が添えてあるだけだった。ハーブたちがとおりすぎるとき、男たちはぞんざいな目つきでジープを見やったが、ハーブたちに物乞いをしたり不平を言う者はいなかった。当時の日本では至るところで食料難がはびこっていて、野菜を手に入れるには田舎まで遠出をするか闇市に行くしかなかった。闇市では、農民たちが毎日小さな荷車に野菜を積んで街に運んできて、廃墟のなかに建てた小屋で野菜を売っていたが、それでも肉や魚は手に入らないことが多かった。ハーブは、自分たちの贅沢な食料のことを考えて戸惑うとともに、男たちがあんな粗末な食事でも威厳を保っていることが不思議に思われた。

ハーブはフィルムに撮影した内容はすべて日誌に記録し、そのとき自分が会った人たちや目にした光景について自分がどのような印象を受けたかも記述したが、その印象は、記録をつづけていくにしたがってハーブの心をさらに締めつけ、ありきたりの記述ではなくなっていった。

23　広島平和記念式典

一九八七年、広島

「広島」という地名は「広い島」を意味していて、その名のとおり、この街は河口の三角州にひろがった広い島のような地形で、砂地でできた孤立した区域がたくさんの橋でつながっています。現在の広島市には百万人以上の人たちが居住し、とても活気にあふれていて、平和公園の外側の地域で、かつては一面の荒廃状態だったことを思い起こさせるような場所はほとんど残されていなくて、オフィスビル、銀行、レストラン、デパートなどが街の中心部にひしめき合っています。横断歩道では、白と黒のさまざまな模様の服を着たショップガールや、一緒になってみんなで笑い合っている制服姿の女の子たちや、スーツ姿のサラリーマンたちが、信号が青に変わると視覚障害者のために鳴り出す民謡の愉快なメロディーとともに一斉に忙しそうに広い横断歩道を渡りはじめます。

一九八七年八月五日の午後早く、わたしとケンドラの乗った新幹線は広島駅に着きました。広島駅は小さな駅だと思っていたので、駅から出たらタクシーを拾うつもりでしたが、実際はキオスクやいろんな店が並ぶ大きな駅で、構内では人々が四方八方に歩きまわっています。わたしはケンドラの手をひいて駅の外に出ましたが、広い駐車場とバス停があるだけで、タクシーやタクシー乗り場が見つかりません。それで、もう一度駅にもどって構内を歩きまわり、タクシー乗り場を見つけようとして、「タクシーワ、ドコ?」と片言の日本語で尋ねたら、構内にある通路をとおって駅の反対側のもっと広いところへ行かなければならないことがわかりました。

タクシー乗り場へ行く途中の通路に展示されていた写真を見て、ふと足を止めました。ポスターサイズのその白黒写真は、父が秘密にしていた棚にあったのと同じ、被爆者の顔や体の写真を拡大したような写真で、それらが一列に長く並べられています。わたしは、しばらくその写真に見入ってから、リュックサックを背負ってタクシー乗り場へ向かいました。

＊＊＊

ゴォーン！　大鐘のこの音を聞くと、音が聞こえなくなってからも、まだ体に振動が感じられるようです。それが何度もくり返されます。ゴォーン！　その音は、吊りさげられた「お寺の鐘」（梵鐘）を「木の棒」（撞木）で突いて出しているのです。

広島に着いた翌日も、やっぱり八月の暑い朝です。平和公園の慰霊碑の前に置かれた鐘がゆっくりと鳴らされて、訴えるように低く響いています。この鐘は毎年、原爆記念式典のために平和記念資料館から台車に乗せられて運び出されるのです。

たくさんの人が記念資料館に向かうため広い並木通りを歩いていて、建物には式典を知らせる大きな横断幕が垂れ下がっています。資料館は、建物が二階だけの高床式構造で、その建物の下をとおって記念式典が催される式場に行くことができます。そこから一ブロックはなれた向こうでは、奇妙な音楽が聞こえ、たくさんの旗がどれも半旗を掲げています。

制服姿の日本人のボーイスカウトたちが、来賓者に花束を渡したり、お年寄りや体の不自由な人たちが椅子に座るのを手伝っています。原爆死没者の名簿を納めた石棺のある慰霊碑に向かって人々の長い列がつづき、石棺には新たに亡くなった被爆者の名前が毎年の式典の日に納められるのです。

引き締まった制服姿の生徒、腰の曲がった年老いた女性、スーツ姿のサラリーマン、日本政府の関係者、濃黄色の僧衣をまとった僧侶、被爆者の遺族たちが、おごそかな様子で順次、慰霊碑の前に進んで行き、手にした花束を恭しく供えて、お辞儀をし、手を合わせて静かに祈っています。前もって用意された桶に広島の川から汲んできた水を充たして、つぎからつぎへと花束が投げ入れられ、いっぱいになると、すぐに桶が取り替えられます。

慰霊碑に刻まれた碑文には、「安らかに眠って下さい 過ちは繰返しませぬから」と記されていますが、このことばは長いあいだ論争の的となっているのです。過ちを犯したのは、だれなのか？　だれに対して過ちをくり返さないと誓うのか？　広島の人たちが過ちを犯したという意味なのか？　アメリカ人が同じ過ちをくり返さないという意味なのか？　でも結局のところ、特定の対象を示さないことがより深い意味を持つと考えられるようです。大切なことは、だれかを責めることではなく、どんな理由があったにせよ、二度とこんな恐ろしい運命がだれにも訪れないようにすることなのです。

年老いた人たちが悲しそうな表情で静かに深い祈りを捧げたあと、団扇であおぎながら自分が座る席を探しています。若い人たちは少し頼りなさそうな様子で、自分たちはどうしたものかと互いに顔を見合わせています。僧侶たちは、よく響く団扇太鼓を叩いています。西洋人の多くは少し居心地が悪そうな様子で、もしかしたら自分たちは押しかけてきた余計者なのではないか、非難されている人間なのではないかと気にしているようです。子供や赤ん坊が、見慣れない人たちや聞き慣れない音にびっくりして、代わり番このように目を見ひらいたり泣き叫んだりしています。あたりは何百本という線香の香りで充たされています。そのあいだにも、慌ただしくポーズをとって写真を撮り合ったりしている人もいます。

わたしとケンドラは、ほかの来賓者、ボランティア、ワールド・フレンドシップ・センター（ＷＦＣ）の関係者たちの一行と一緒に平和公園まで歩いて来ました。今夜はＷＦＣに泊る予定です。わたしの番が来て、慰霊碑の前に歩いて行き、花を供えて平和を祈りました。

突然、胸がつまって涙があふれてきました。父が亡くなった葬儀のときよりも、この式典の方が父の葬儀のような気がしたのです。慰霊碑の前で、わたしは心おきなく父の死を弔いました。

オーケストラが核兵器の悲劇をもとに作曲したクラシック音楽を演奏しています。広島市長が平和宣言を朗読し、この年に慰霊碑に納められた原爆死没者の名前が読み上げられたあと、午前八時十五分、沈黙の瞬間が訪れました。広島のすべての時計が止まった、あの日の朝の瞬間です。式典が最高潮に達し、何百羽という鳩が青く澄みわたった空に放たれました。

放たれた鳩は、「ふつうの鳩」で、日本語の鳩は dove の鳩と pigeon の鳩を区別していません。西洋では dove が平和をもたらすシンボルと考えられて儀式などで用いられていますが、式典が終わったあとの広島では、式典のときだけ神聖化された pigeon の鳩たちが、平和公園を訪れる旅行者たちが捨てた残飯などでなんとか生きのびながら、いつのまにか厄介者になりはじめるのです。でも、その鳩たちも記念式典の日には大空に高く舞い上がって、感動的な場面を見せてくれたのです。

＊＊＊

つぎに述べる儀式は、記念式典と同じ日にあったもうひとつの記憶すべきものです。式典がはじまる数時間前の明け方、平和公園内の静かな一角で、個人による儀式が執りおこなわれるのです。被爆者、平和活動家、何人かの招待客が、なごやかな雰囲気のなかで儀式に集まり、盛大な飾り付けも、音楽も、スピーチも、静かな想いに浸る妨げになると考えて、公式の式典行事を避ける被爆者たちが、名前のわからない死没者の遺骨を埋葬した塚のそばに集まるのです。わたしが初めて記念式典に参列したときは、この儀式のことを知りませんでしたが、もう一度広島を訪れたときには、この儀式にも参列しようと思っています。

あの記念式典のあとから、わたしは自分も被爆二世だと思うようになりました。

24　お天道さまは、いつも見ていらっしゃる

一九八七年、広島

記念式典のあと、わたしとケンドラはWFCに帰りました。この団体は一九六五年にバーバラ・レイノルズによって設立されたもので、バーバラは核兵器に反対して平和巡礼をつづけた人として知られるようになったクエーカー教徒でした。団体の目的は、「希望の都市」である広島のユニークな役割を知ろうと広島を訪れる人たちを安い費用でもてなすとともに、広島から平和のメッセージを発信して日本人と世界の人たちとの友情の架け橋となることです。そして、地元の献身的なボランティアの人たちの支援を受けながら、施設の館長が世界各国から二年ごとに交替するため来日しています。

初めてこの施設に滞在したときは、広島駅から乗り物に乗ってすぐのところにある伝統的な日本家屋で、そのときの館長はビル＆ジーン・チャッペルという二人のアメリカ人で、ブレザレン教会のメンバーでした。ブレザレン教会というのは、メノナイト派と、わたしが所属しているクエーカーとともに「歴史的平和教会」のひとつです。

施設の入口のそばに、「世界人類が平和でありますように」と書かれた、たくさんの標柱がまず目に留まります。この標語は、ときには建物などに直接取りつけられているものもありますが、多くは四面体か六面体の木の柱で作られています。さまざまな言語で書かれていて、広島の街じゅうで目にしますが、わたしが来日する前のアメリカでは見たことがありません。でも、一年後にシドウェル・フレンズ・

スクールにある幼稚園にケンドラを入園させたとき、園の入口の近くにあの見慣れた標柱が建っているのを目にして胸がときめいたものです（最近は、日曜日ごとにシドウェルのキャンパスで開かれるクエーカーの集会に出席するときに、その標柱を見ております。帰りには正面玄関の横に、英語、日本語、ロシア語（祖母のナニーが使っていました）、ポルトガル語（ブラジルで生まれた母が使っていました）で書かれた別の標柱が建っているのを見ております）。二〇〇一年九月十一日以降にはアラビア語で書かれたプレートをわたしが追加しましたが、心ない人によって傷つけられたので取り替えています。

WFCでは「コーヒーハウスと友情の夕べ」を主催し、日本人の家庭にホームステイをする手配をしたり英会話教室や討論会をひらいて、被爆者が日本人や世界各国の人たちに原爆の体験談を語る機会をもうけたりしています。一九八七年八月六日には、空《そら》フミコ、山岡ミチコ、竹内千代の三人の被爆者を語り部として招待しています。空さんは長年にわたって学校で英語を教えていましたが、世界中から来た人たちに平和のメッセージを伝える役目があると考えたのです。山岡さんは広島の「原爆乙女」の一人で、顔にはまだ傷痕が残っていました。山岡さんはクエーカーが原爆乙女の支援を申し出たのをきっかけに、シドウェル・フレンズ・スクールと深いつながりをつづけています。この三人の女性は平和使節として何回かアメリカに渡ったことがあり、わたしが広島に滞在しているあいだに何度もお会いしました。山岡さんは、のちにワシントンを訪れたとき、わたしの自宅を訪ねてくれました。でも、わたしが広島を訪れて初めて会ったもっとも印象深い人は竹内さんでした。

竹内さんは、ずんぐりした体つきをした高齢の女性です。しぼんだリンゴのような顔のなかから黒眼

図32 「平和を願う友の会」の山下サトコさんが折った紙人形。（著者が撮影）

が斜視の人で、前屈みになって、折り紙と円い形の紙を使って素朴な顔を念入りに描いてゆきます。もう八十代でしたが、わたしたちに話しかけるあいだも手先を器用にすばやく動かして折り紙を作っています。ずっとこの作業に熱中していて、色とりどりの着物をつけた一対の紙人形を作るのを自分の天命だと考えているのです。

竹内さんは、一九三〇年代に小学校の先生をしていましたが、戦争がはげしくなってきた三十六歳のときに退職しました。それというのも、勤めていた小学校の方針が、毎日授業をはじめるとき教師に深々とお辞儀をするだけでなく、天皇の写真にもお辞儀をするよう生徒たちに求めることに決まったからです。しかも、生徒たちは兵隊のように隊列を組んで登校することになり、挨拶をするときも返事をするときも怒鳴り声のように言わなければならないのです。ほかの教師たちも、こんな教育指導はあまりにも軍国主義的だという竹内さんの意見に賛同しましたが、これについて話し合う職員会議のときは竹内さんが発言しただけで、竹内さんの意見を公然と支持する教師は一人もいませんでした。教育布告によって学校での教練がふえ、国旗と国歌「君が代」を敬う傾向が強まり、そのどちらもが戦争を賛美する党派とつながっていて、もうそのころから自分は反戦思想を持っていたと竹内さんは言いました。

竹内さんのこのことばを聞いて、びっくりしました。戦争中の日本では、国民はだれもが国家の命令に盲目的にしたがっていただけだったと言っていた父のことばに、わたしも同感だったからです。父とわたしは二人とも、まちがっていました。

竹内さんは浄土真宗の学校で学びました。両親とも信心深い人で、竹内さんが子供のころに近所の畑から果物を盗んだことがあって、母親からその果物はどうしたのかと訊かれたので、盗んできたけど、「だれも見とらんかったよ」と口答えをしたのです。母親は穏やかな調子で諫《いさ》めながら、「お天道《てんとう》さまは、いつも見てらっしゃるんよ」と言ったのです。かよっていた浄土真宗の学校では、「内なる生命」を重んじていて、竹内さんは幅広い読書をつうじて、人間はだれもが豊かな内なる生命を持っていることを知り、自分自身の内なる生命を信じることを学んだのです。

竹内さんのこのような仏教思想は、「すべての人には神が宿り、内なる小さな声に耳を澄ませることによって聖なる知恵を得ることができる」というクエーカーの思想と非常に似ているので、びっくりしました。竹内さんは、平和は愛について教育することによってのみ得られると考えていて、愛は個人と団体すべての境目を越えて存在するべきだと言って、キリスト教徒が「コリント人への第一の手紙」に見出すのと同じ考えに至る道を歩んできたのです。わたしたちは、ただその声を聞く耳を持つだけでいいのです。

竹内さんは、このような考えと子供たちに対する愛情によって教師になったのですが、当時の日本政府が軍国主義的な方針だったため、愛する教職をはなれることにしたのです。ただ、このまま両親と一緒に暮らすだけになったら、どこかの工場に動員に行かされることもわかっていましたから、そのかわり近所の子供たちの家庭教師をすることにしました。

一九四五年八月五日、以前に学校で教えていた何人かの子供たちが自宅に訪ねてきました。そのとき竹内さんは、小さな鯉が泳いでいる池の絵を描いているところでした。穏やかで静かな絵でした。一人の男の子が、「魚たちの世界は戦争がないから、ぼくも魚になりたいな」と言いました。翌日、この男の子は原爆に見舞われ、ひどいやけどを負って、なんとか生きのびていましたが、ひと晩じゅう、「痛いよう！　痛いよう！」という叫び声が竹内さんの耳に届きました。翌日、男の子は亡くなりました。この話が、竹内さんの語る被爆体験のすべてなのです。自分自身の辛い体験を語るのではなく、自分の愛した多くのもののなかから一人の子供の苦難についてだけ語るのは、いかにもこの人らしいと思います。

教師をしていたころに鮮やかに残っている記憶のひとつに、一九二七年にアメリカから友情の証しとして金髪の青い眼の小さなセルロイド人形が贈られてきたことがありました。この人形が竹内さんの学校にも届けられて、生徒たちがみんな、この人形を手に持って、「ママ！」という声を出させようとしたのを覚えていました。人形に添えられた手紙には、「かわいい日本の女の子へ。わたしと一緒に遊んでね。お友だちになってね。アメリカと日本がいつまでも友だち同士でありますように」と書かれていました。日本の童謡には、このセルロイドの人形のことをテーマにした歌があります。「日本の港に着いたとき　いっぱい涙を浮かべてた　わたしはことばがわからない　迷子になったらなんとしょう」この歌は、手紙の内容と同じく、「やさしい日本の嬢ちゃんよ　仲よく遊んでやっとくれ」で終わっています。子供たちはみんな、この人形と友だちになりたかったのです。

青い眼の人形たちは、一九二七年三月三日の「ヒナマツリ」（ひな祭り）までに届くよう日本へ送られました（三百体以上の人形が広島にも届けられましたが、残っているのは四体だけだそうです）。毎年三月三日になると、日本じゅうの女の子たちが「ひな祭り」（「ひな」は皇女、「祭り」はフェスティバルの意味です）を祝います。その日になると、女の子たちは赤い布でおおわれた何段にもなった台座に「ヒナニンギョウ」（ひな人形）を丁寧に並べるのです。人形たちは平安時代の宮廷の人たちを模していて、一対の天皇と皇后、大臣、楽人、官女などを並べたあと、女の子たちは、恭しい様子で、お互いに甘酒を注ぎあい、小さなお菓子を礼儀正しく勧め合います。そして、どの家庭でも、このひな人形は代々受け継がれて行くのです。

バーバラ・レイノルズがアメリカへ帰国する予定になったとき、広島の人たちの気持ちをアメリカ人に伝えるにはどんなものを持ち帰ったらいいだろうかと日本の友人たちに相談したとき、竹内さんは青い眼のセルロイド人形たちのことが頭に浮かび、小学校の子供たちがあの人形を争うように手にしたがっていたことを思い出して、アメリカの子供たちもあのような人形を受け取るのがいいのではないかと思ったのです。そして、自分たちの身に起きた原爆のことを、ただ伝えたり、相手に仕返しをするようなことを考えたりするのではなく、広島の人たちの愛を示すような人形を作って、人形の一体ずつに人間の心が美しいものだという自分の想いを込めたかったのです。紙で折った人形をアメリカ人が見ても、そんな自分の想いを理解してくれる人はほとんどいないことはわかっています。たいていの人は、「なるほど、子供たちが遊ぶにはいいですね。かわいいですね」と言うだけだろうと思っていますが、それでも、子供たちは小さな人形が伝える愛を感じるはずだと竹内さんは信じています。

紙人形作りのこの計画には、竹内さんの想いに賛同して多くのボランティアが参加したので、一人ではありませんでした。この紙人形には、ひな祭りのセットにある、お内裏《だいり》さまとお雛さまのような宮廷の装束を着せてあります。男性と女性の一対の紙人形がビニールで丁寧に包まれ、竹内さんたちの計画について説明するため、つぎのような文章が添えられています。

「だれもが愛のある心の持ち主なのです。世界のどこにも人形のない国はありません。このことは、多くの人たちが愛のある心を持っている証拠です。子供たちは人形が大好きですが、人形を愛する心のなかには自分への欲望はありません。人形を愛する子供たちの心は、人間を愛する心へと成長することでしょう。人間を愛する心は、真の平和を求める心なのです。春になって一斉に蕾がひらくように、このような心から平和のすばらしい花が咲くことでしょう。

この人形は、愛を込めた想いだけで折られています。この人形が、わたしたちの使節となって、わたしたちの想いをできるだけ多くの外国の人たちに伝えることができるなら、これ以上のよろこびはありません。さらに、この人形によって世界じゅうに友だちができるなら、世界の平和は、ただの夢ではなくなることでしょう。

紙人形を折りましょう。
そして、愛のある心を育てましょう。
わたしたちの愛のある心を伝えるため、
わたしたちの心に平和の夢を持ちつづけましょう。
紙人形を折りましょう。
そして、紙人形を送りましょう。

平和を願う友の会」

人形の一体ずつに日本語と英語で、このメッセージが個人からのものであることを明らかにするために住所を記した個人名がサインしてあります。これが竹内さんの「語り部」なのです。

わたしがアメリカに帰国するとき、竹内さんがくれた紙人形のたくさん入った包みを持ち帰り、友だちの子供や平和活動に関心を持っている人たちに配りました。その後、竹内さんは亡くなりましたが、穏やか姿のなかにも意志の強かった竹内さんのことを今でも思い出します。

紙人形を折っても、世の中を変えるには単純すぎるのではないかと思われるかもしれません。でも、平和を願うこのメッセージが子供たちの心に届けられないとしたら、ほかのだれが耳を傾けるというのでしょうか？

25 千羽鶴

一九八七年、広島

夕方になってからＷＦＣのほかの人たちと一緒に平和公園へ行って、「原爆の子の像」の近くに集まりました。この像は、二歳のときに被爆した佐々木禎子《さだこ》という少女の物語からはじまります。禎子さんは十二歳になったときに白血病を発症し、もう一度元気になって生きたいと懸命に思いました。言い伝えによると、折り紙の鶴を千羽折ると死なずにすむと言われ、鶴は長寿と希望の象徴で、千羽折った報いとして神さまから願いを叶えてもらえると信じられていて、禎子さんは病気と勇敢に闘いながら鶴を数百羽まで折ったのですが、悲しいことに、千羽を折りあげる前に亡くなったのです。友だちは禎子さんの願いを叶えようと鶴を千羽折り、お葬式のときに禎子さんの体は千羽の折り鶴に包まれました。なお、ほかの人の話によると、禎子さんは鶴を千羽折ったけれど、それから亡くなるまで希望を捨てずに、ほかの人たちを救おうと願いながらさらに折りつづけたということです。広島にかんする原爆の多くの物語と同じように、禎子さんの物語もいくつかの異説がありますが、いずれにしても悲しい結末です。

禎子さんの死をきっかけに、原爆で亡くなった多くの子供たちの霊を弔うため、日本じゅうの子供たちが「原爆の子の像」を建てるため寄付を募りました。この慰霊碑は、細長くそびえ立つ山を表現していて、側面は空洞になったロケットのような形です。慰霊碑の先端には、一人の少女が立ったまま両腕を広げて輪郭だけの一羽の大きな鶴を捧げ持ち、側面には空に飛翔しようとする格好をした二体の彫像が取りつけられ、慰霊碑の内部には禎子さんの彫像が置かれています。

その日は、内部にある禎子さんの彫像は目にできませんでした。以前に見たことのある写真から、その場所にあることはわかっているのですが、慰霊碑の内部と底面には何百という折り鶴の束が山のように置かれて完全に埋まっていたのです。それに、慰霊碑のまわりにも平たいタイルに折り鶴をモザイク状に色とりどりに描いた絵が積み重ねてあって、その上に光沢のある銀紙で作った大きな折り鶴まで置かれていて、その様子は、火山の噴火口から噴き出した色とりどりの万華鏡のようです（数年後に、このあふれかえった展示物の折り鶴は、プラスチック製のケースのなかに糸で吊されて整理されて慰霊碑のまわりは片づいていました。これは、折り鶴が傷まないように一ヶ所に集めて悪天候からも保護するためですが、わたしは初めて見たときのように慰霊碑のところに雑然と置かれて自然に盛り上がった様子の方が好きでした）。

図33　折り鶴の束が下がった「原爆の子の像」のまわりに集まる生徒たち。生徒たちのあいだから積み重ねた折り鶴が見えます。（著者が撮影。1980年代か1990年代）

「原爆の子の像」のところでＷＦＣの一行が平和の歌を歌ってから、観光客たちの横で輪になって祈りを捧げたあと、木の枠とその周囲に貼るための色のついたパラフィン紙を使って、みんなで灯籠を作りました。日本では夏の「お盆」の時期が八月にあたるので、原爆で亡くなった多くの霊魂が遺族のもとに帰ってきたり、なつかしい広島の街をさまようと信じられています。日本の各地でも、お盆が終わるときには昔からの習わしとして灯籠を川に流し、霊魂がそれに乗って彼岸にもどるようにする風習がありますが、広島では八月六日の夜になると、原爆で亡くなった人たちの霊魂が安らかであるようにと平和公園に面した川に灯籠を流します。灯籠流しに参加する人たちは、原爆で亡くなった家族の名前や、被爆体験で聞いた人の名前や、自分自身の祈りや、平和への願いを灯籠に書くのです。

わたしは灯籠の片面に、娘のケンドラが二歳のときに亡くなった父の愛称だった「ペンパ」という名前を書き、別の面には、「あの日、ここで水を求めていた人たちのように、みんなが平和を求めますように」と書きました。あたりが暗くなってくると、灯籠のなかにロウソクを灯し、川面に浮かべて、流れに任すのです。順番がきたので、わたしたちのグループも川土手の水に濡れた石段をおそるおそる水辺まで降りて行き、川面に灯籠を浮かべて流しました。この日の光景は、現代の慌ただしい都会の真ん中にしては、なんだか不釣り合いな、魔法をかけられたずっと昔の出来事のような気がしました。

当時の父は、広島の原爆によって一瞬にして跡形もなく蒸発した人の影像が道路に残っていた跡を目にしましたが、その道路がとおる橋の下では、ロウソクの灯でチラチラかがやくたくさんの灯籠が死者たちの霊魂を慰めるため暗い川面を流れて行き、広島の恐ろしい出来事が二度とくり返されないことを願っているのです。

わたしは、父の霊魂も、たくさんの灯籠に乗っている霊魂と一緒に安らぐよう願いました。

26　遊び場をエサにする

一九八七年、広島

晩年の父の心をあれほど強く捉えた場所を訪れることが父に対する務めだと考えて、わたしはケンドラと一緒に日本へ行きました。そして、広島の記念式典はわたしを感動させました。ただ、これで父の想いを成し遂げたのだろうかと考えてみました。このまま帰国するべきなのか？　もっと見てまわるべきなのか？　あるいは、もっと学ぶことがあって、必要なことを忠実に実行することがもっとあるのではないか？　ただ、いずれにしても、広島に滞在していると奇妙なことに、自分の家にいるような、くつろいだ気分になれるのです。地理的にも、ひとつの島のように周辺から隔たった地形、商店のにぎわい、気候、人々の様子などが日本のほかの地域よりも身ぢかに感じられ、自分の住んでいるニューヨークの雰囲気を呼びさましてくれるのです。そんな広島の印象は、原爆が投下されてまもなく広島を訪れた父が目にしたときも同じだったはずです。そう考えると、あの記念式典に参加したこと以外に何かほかのことを求めて、もう少し日本にいる必要があるような気がしました。それと同時に、自分のなかでうごめいている込み入った感情からしばらく逃れたかったし、自分にとってはまだ異質なこの国のことを、どうしたらもっと理解できるだろうかと考える時間も持ちたかったのです。それで、日本の国内をもう少し旅行してみることにしました。

京都では、美しい寺社を訪れるために果てしないほどの長い石段を登ったり、舞子さんたちのショーを見学しましたが、なかでも竜安寺の石庭を鑑賞するのを楽しみにしていました。庭の砂利を熊手で掃きならして海を表現したなかに岩を配したその石庭の写真は何度も見ていたので、その静謐《せいひつ》な情景を思い浮かべていました。ところが、ようやく竜安寺を訪れてみると、石庭は思っていたよりずっと小さくて、観光客とメガホンを持ったガイドさんが通路を押し合うようにしてとおり、お寺の低い壁の向こうからは表通りの騒音が聞こえてきます。石庭の静謐な感じは思っていたとおりでしたが、その雰囲気を味わおうとすれば、視線を下げて石庭に集中しなければなりません。わたしは、自分が求めようとしている日本を見つけ出すにはもっと深く掘り下げなければならないことに気がつきました。なぜかというと、日本という国を表面的にしか見なかったら、何か大切なものを見逃すかもしれないからで、広島にもう一度帰って、もっと深く掘り下げてみようと思いました。

ある夜、夢を見ました。耳につけていた耳栓をはずすと、耳栓が血まみれになっていて両方の耳から血がどくどくと流れ出てくるので、怖くてぞっとし、看護婦さんに調べてもらったら、つい最近ランニングをして高熱が出たための自然現象だと看護婦さんは言い、わたしは、自分は病気だとは気がつかなかったと言っている夢でした。この奇妙な夢を考えてみて、はっと思い当たりました。わたしの耳は、本当に血と死と悲しみに充ちていたのです。長崎では原爆がもたらした恐ろしい破壊の跡によって目と心をひらかされ、広島では平和が訪れるまでは原爆の被害者たちをずっと苦しめつづける苦痛と悲しみによって耳と心をひらかされたのです。原爆の悲惨な状況を知れば、だれもがそう感じるはずで、その辛い気持ちをどんなに押しのけて否定しようともがいても、わたしの心は焼けただれていたのです。自分の耳と心をひらいて、広島が語ろうとしている物語に耳を澄ます必要があったのです。

日本を訪れる前、ロニー・アレクサンダーというアメリカ人の女性と手紙を交わしました。ロニーは、一九八三年に父が訪日するとき岩倉さんと一緒に旅行の計画を立て通訳をしてくれた人です。ロニーは手紙のなかで、日本人のような控えめな表現で、日本で生活するには「たくさんの問題」があるとわたしに伝えました。日本でお金を使うときはドルより円の方が便利だということ、生活費は、とくに西洋風の暮らしをしようとすると、とても高くつくこと、観光ビザ以外はどんなビザも取りにくいことなどを教えてくれました。そして、「わたしは十年ほど日本で暮らして、とても快適にすごしましたが、日本人でない多くの人たちは、とても暮らしにくいと感じています。どんな場合にも、あなたのお父さんがかつて体験したときとは全然ちがう日本だと考えて心構えをする必要があります」と話を結んでいます。その内容は、がっかりするようなものばかりでしたが、まさにそのとおりでした。それでも、わたしはやってみようと心に決めました。

平和記念式典のため広島を初めて訪れていたときに、田城（現在は、来山《きたやま》）美智子という人と友だちになりました。田城さんの娘の美怜ちゃんは、ケンドラより少し年長です。一家は、現在はアメリカに住んでいて、流ちょうな英語を話します。ご主人は田城明という人で、そのころは広島の地元で代表的な新聞社の中國新聞社で記者をしていて、この人たちとの会話をとおして、自分が日本で何をするよう運命づけられているのかが、ぼんやりとわかってきました。わたしは美智子に、広島に長く滞在できる場所を探してほしいと頼みました。外国人にとって、暮らす部屋を借りたりアパートを探することは頭の痛い問題だったからです。日本で暮らすことの大変さについて教えてくれたロニーの助言も、書店にあふれている、日本で暮らす欧米人のための「必携書」（わたしも買いましたが、ジャパンタイムズが発行しているジャネット・アシュビー『日本で暮らすための実用書《Practical Help for Everyday Life in Japan》』や、ジーン・ピアス『日本で上手にやって行くには《How to Get Things Done in Japan》』のようなガイジン向けのガイドブック）の内容を補ってくれるだけでした。わたしは運よく日本人の友だちを見つけたのです。

美智子は、日本でできた何人かの親しい女性のなかで初めての人でした。何年も日本に滞在している外国人でも、日本人は親切だが引っ込み思案だし、日本人の友だちが示す態度の心の底を見抜くことがとてもむずかしいと不満をもらすのです。日本人の友だちは、観光名所を案内してくれたり、いろいろな行事に誘ってくれたり、レストランで一緒に食事をしたりしてくれますが、外国人からすると、この人たちの心のなかがよくわからないと感じるのです。十年ほど日本で暮らしているのに日本の家庭のなかを一度も見たことがないというアメリカ人に何人も会いました。このような現象は、文化的（人口の多い島国なので、集団のなかでは自分だけの世界に閉じこもる生き方が発達してきた）なことから、実際的（外国に比べると日本の家屋はたいてい造りがひどく狭いので、家に招くと外国人は居心地が悪いのではないかと考えたり、一家の主人も外国人が家に来ることをいやがる）ことまで、多くの説明ができます。わたしは、この問題については三つの段階によって解決できることにふと気づいたのです。小さな子供のいるお母さんたちの自宅に行く場合です。

第一段階…シングルマザーに徹すること。
　そして、その家のご主人（仕事のことが話題にされる）のことは話題にしない。
第二段階…その家の子供を遊びに連れ出す。
第三段階…そのあと一時間前後ほど待ってみる。

その家の子供たちは、例外なくわたしの娘に関心を示し、娘と一緒に砂遊びをしたりボール投げをしたがります。子供というのは、ケンドラもそうですが、五分か十分ごとに母親のことが気になって定期的にお母さんのところにもどって行くので、そうこうしているうちに、お母さんのなかでも大胆だったり少し英語が話せそうな人が、わたしのところにやって来ます。そうなると、お母さんとわたしは、子供たちが目の前で遊びまわるのを眺めながら、ごちゃ混ぜの単語や身ぶり手ぶりを交えた会話を笑い合いながらつづけるというわけです。子供をエサにした釣り堀みたいなものです。こんな具合にして、どんな街にいるときも、その土地のお母さんの家で、子供たちが絵本や漫画を見たりお菓子を食べているあいだに、わたしはコーヒーを飲ませてもらうことができました。こうして何人かの大胆で心の温かい女性たちは、わたしが日本にいるあいだの生活を可能にし、実り多いものにしてくれて、そのうちの何人かは、子供たちがびっくりするくらい成長したあとまで長い交友関係がつづいています。相手のご主人にも会って泊らせてもらったり、その人たちがアメリカに来たときは自宅へ泊めてあげました。でも、お互いを結びつけてくれたのは子供でした。日本を第二のふるさとにしてくれたこの女性や家族たちに、わたしは借りがあると思っています。

美智子は、わたしが広島で暮らす場所を見つける手伝いをしてくれましたが、それでもやっぱり骨が折れました。部屋の広さは、約九十×百八十センチメートルの「タタミ」（畳）を何枚敷く（実際に畳を敷くかどうかは別にしても）ことができるかによって決められています。四畳半の広さというと、わたしにはちょうどよい広さの部屋です。収入がなく父の生命保険とワシントンの自宅を貸している家賃を受け取ってどうにかやっていたので、小型のキッチンとバストイレ（バスとトイレは別々）が付属した四畳半の部屋は、懐具合からいっても最適です。ただし、部屋の設備には含まれない冷蔵庫、ガスコンロ、湯沸かし器は買わなければなりませんし、賃貸業者からは、二年契約で六ヶ月分の前金に保証金はもちろんのこと、「敷金」とか「礼金」などという名目の支払いまで求められ、さらに外国人ということで、もしも面倒なことが起きたときのため日本人の保証人が必要でした。また、電話を設置するには数百ドルもする「保証金」を払う必要がありました。美智子は、このような事前の出費を減らそうと考えて、帰国予定の欧米人や、今住んでいる賃貸物件を移ろうと考えている留学生の公告のなかから物件を探すのを手伝ってくれました。

ある日、美智子がわたしと会うためバスを待っているとき、今枝良子《よしこ》さんという近所の知り合いとたまたま出会って、わたしのことを話したそうです。クエーカーの「道はひらかれる」の教えのとおり、わたしは幸運に恵まれていました。

わたしの祈りが今枝さんにつうじたのです。今枝さんは広島市郊外の美智子の自宅近くに住んでいましたが、舟入町《ふないりちょう》という旧市内に一軒のアパートを所有していて、そのアパートを利用して、以前に住んでいた近所の子供たちを相手に放課後に勉強などを教えるための「ジュク」（塾）を経営していたのです。そのアパートは、アメリカの基準に照らしても相当な広さで、教室として使う大部屋が二つに、食堂、備品が全部そろったキッチン、居間、トイレ、和風の浴室が備わっていました。今枝さんは、塾をやっている数時間のあいだだけ布団を片づけて部屋を空けてくれたら、あとは好きなだけ暮らしてもらっていいと言ってくれたのです。

今枝さんと娘のケンドラはすぐに仲よしになり、それ以来、ケンドラの「日本のママ」になってくれました。こうしてアパートに移ったわたしたちは、「塾」のあるあいだは外出をやめて、わたしは子供たちに英語を教え、ケンドラは年少の生徒たちと一緒に遊んだりしたのです。

27　ピカドンがなかったら

一九八七年、広島

今枝さんは、わたしが当時の父の体験と、父が写真に撮った被爆者たちの体験をまとめようとしていることにも快く親切な援助をしてくれましたが、それはまったく個人的な気持ちからのものでした。今枝さんは生後十ヶ月のときにお母さんが被爆して亡くなったそうです。今枝さんのアパートで暮らしているあいだに、今枝さんは、自分のお母さんに起きたことを少し物語風にして文章を作り、それにイラストを入れた子供向けの本に作って、英語に翻訳してくれました。「ピカドンがなかったら」と題する物語です。

「ピカドンがなかったら」

チズコは広島赤十字びょういんで生まれました。生まれてまもなく、チズコの家族は、おじいちゃんとおばあちゃんのくらす、いなかへひなんすることになりました。たくさんの人たちが、もっと安全なところをさがして、いなかにいるしんせきのところに逃げたのです。そのころ、戦争がひどくなっていました。

チズコのおとうさんは、おまわりさんで、おかあさんは高等女学校の先生をしています。ふたりとも汽車にのって広島にかよっています。おとうさんは、ピンとのばしたひげをはやしていて、こわそうな顔をしていましたが、とてもゆかいな人です。おかあさんは、やさしくて、とてもきれいな人です。チズコには、おにいさんと、おねえさんがいます。家族はみんなで、しあわせにくらしていました。チズコたちの家は、大きな門がある白いかべにかこまれていました。

朝になると、おかあさんはチズコにお乳をいっぱいのませてから学校へむかい、おとうさんはけいさつ署へ出かけてゆきます。二人は、おなじ汽車に乗ってゆきます。

おかあさんは、「おじいちゃん、おばあちゃん、チーちゃんのことをおねがいします」といって、家を出てゆきます。おかあさんの乗った汽車がチズコの家の門のむこうをとおるときには、きてきが鳴って、それはまるで、さようならと手をふっているようです。毎日のように、汽車は、たくさんの人たちをのせて広島にむかい、夕方になるとまた、みんなをつれてかえってきます。しずかな山あいの町で、チズコたちは、しあわせなくらしをしていましたが、それもつづかなくなりました。

一九四五年八月六日の朝、くうしゅうけいほうが広島になりひびきました。広島の川は、あさひを浴びて、かがやいています。とつぜん、広島の空いっぱいにまぶしい光がかがやきました。「ピカ!」と光って、「ドン!」という音がして、世界がばくはつしたような大きな音がひびきました。たてものがぜんぶ、あっというまに、こわれました。あちらこちらで火事がおきて、広島の町はほのおにつつまれ、なくなってしまいました。

かぞえきれない人たちの命をうばい、広島の町をはかいしたのは、世界ではじめて使われたゲンバクでした。みんなは、あのとき広島の空でばくはつして光かがやいたゲンバクのことを「ピカドン」とよぶようになりました。

広島から二十キロメートルはなれたチズコの村からも、山のむこうにある広島の空に、きみのわるいキノコ雲がわきあがって大きくなってゆくのが見えました。あのとき、チズコのおかあさんは、鶴見橋のちかくで、たてものをこわすため女学校の生徒さんたちといっしょに、はたらいていました。おとうさんは、宇品にいて、二人ともピカドンにあいました。

ながいながい夏の一日でした。山のなかにある村にとどいた悲しく、おそろしい知らせで、みんなは不安につつまれました。夕方になってやっと動きはじめた汽車が、ひどいヤケドやケガをした人たちをのせて村にとうちゃくしました。その人たちのなかに、チズコのおかあさんもいました。

この知らせをきいて、おじいちゃんは手おし車をひいて駅まで走ってゆきました。「ああ、なんということじゃ。ひどいことになったもんじゃ！」チズコのおじいちゃんはそうさけんで、おかあさんをだきしめながら、ショックと悲しみで気がくるうばかりでした。おかあさんは体じゅうをヤケドしていたので、おかあさんを手おし車にのせるのに、ほかの人に手伝ってもらわなければなりませんでした。おかあさんが肩にかけていたカバンをとると、ヒモがかかっていた体のところだけ白くのこっていました。体のひふはむけてしまって、血がにじんでいました。チズコのおかあさんは、今にも死にそうになっていましたが、それでも、やっと口をひらいて、ことばを出しました。「わたしは…、お乳をあげなければ…、だから…、かえってきたんよ…、チズコのために…」

さいわい、チズコのおとうさんは、しばらくして、ひどいヤケドもせずに、ぶじにかえってきました。おかあさんは、「わたしは…、赤ちゃんに…、お乳をあげなければ…」というのですが、チズコは二度と、おかあさんのお乳をのむことはありませんでした。おかあさんは、もう生きることができなかったのです。おじいちゃんとおばあちゃんは、チズコのおかあさんの血やウミをふきとって、せわをしながら、「なんとひどいことじゃ！　なんとひどいことじゃ！　わしがかわってやればよかった！」と泣きさけびます。

チズコは、おかあさんのお乳が出なかったので、日に日にやせてゆきます。白いかべにかこまれた、しあわせだった家は、消えいりそうなふたつの命をまもりながら、暗くしずんでゆきました。やがて、悲しそうな、なげき声が聞こえてきました。「どっちが先に死ぬんじゃろうか？」家族は、そういって、ためいきをつきました。その年の十月二十五日、チズコのおかあさんは、さいごのことばをのこしました。「こどもたちは、なかよくするんよ…」そういって亡くなりました。

みんながなげき悲しむなかで、チズコは何もわかりません。すわったまま、ゆびをすっています。「ピカドンがなかったら…」という、はげしいいかりと、せつない悲しみの声をそばで聞きながら、チズコは、ほそくなったゆびを無心にすっています。

ピカドンがなかったら！

この物語は、今枝さんの許可を得て載せています。最後のことばが耳に残ります。「ピカドン」がなかったら、どうなっていただろうかという問いかけは、すべての被爆者にとって苦痛をともなうことばなのです。

沼田さんが、わたしの父を「被爆者」だと言い、わたしを「被爆二世」だと言ったことばが正しかったとわかりはじめたひとつに、もしピカドンがなかったら、父はどんな人間になっていただろうかと思いはじめたことがあります。

28　冷蔵庫とチューインガム

一九四六年、別府

一行の列車が長崎をあとにしたとき、ハーブはひどく暗い気持ちになっていた。車窓の風景を眺めながら、長崎の灰色に充ちた廃墟の光景を忘れて、もう一度、緑の木々を見たいと思い、列車が小さな町を通過しているあいだに自分の暗い気持ちを忘れようとして、外の風景に目を凝らしていた。しばらくすると、海岸線に沿って港のある村落が見えてきて、港に停泊している一隻の船から降ろされる冷蔵庫が目にとまった。

その港町には、イギリス連邦占領軍（ＢＣＯＦ）の司令部が置かれていて、町の通りには、大英帝国の各地から召集されたシーク教徒、グルカ人、スコットランド高地人、オーストラリア人などからなる将兵たちであふれていた。

一行の列車に接続している冷蔵車は冷却効果が落ちていて、生鮮食料品だけでなくフィルムを保存するにも管理がむずかしくなっていた。そのため、冷蔵庫は一行がちょうどほしかったもので、船から降ろされた冷蔵庫を手に入れたいと思ったハーブは列車を停車させて飛び降りると、港の方へ歩いて行き、そこで冷蔵庫の用途を訊いてみたら、ＢＣＯＦの司令官が使うことになっていると言われた。ハーブは、そのあと自分が取った驚くような言動をつぎのように記している。

「そこでわたしは、イギリスは軍隊が非常に厳格だがアメリカ人は非常にざっくばらんなところがあることを示そうと考えて、イギリス軍の司令官のところに出頭して、自分たちの任務について説明した。わたしは命令書をちらつかせながら、『我々はフィルムを保存するため、あの冷蔵庫を必要としています』と伝えた。『今なんと言った？』司令官が戸惑った様子で言ったので、あの冷蔵庫をいただきたいと要求すると、みごとな格子縞のキルトを身につけてそばに立っていたスコットランド人の副官が呆れ顔をした。冷蔵庫は、司令官が至急使いたいということで地球の裏側からちょうど今届いたばかりだったのだ。しかしわたしは、『我々はフィルムを冷蔵保存するのに冷蔵庫が必要なのです。我々の命令は、何事に対しても、だれに対しても優先されるものなのです。ですから、あの冷蔵庫は我々が接収することになります』と重ねて言った。司令官はすぐさま東京のマッカーサー司令部に電話をかけて、『わたしはこの一行の命令にしたがう必要があるのですか？』と、くり返し尋ねている。しかし司令官は、電話の向こうから何度も同じ回答を聞くだけだった。わたしたちは、その冷蔵庫を列車に積み込んで旅行をつづけた」

ハーブたちの列車は、つぎに九州の東海岸にある別府という保養地に停車した。山手にある泉源から硫黄を含んだ熱い湯が湧き出ている有名な温泉地で、ここを訪れる人たちは、浜辺で硫黄の混じった砂を体じゅうにかけたり、熱い湯に浸かったりする。町には派手な店や多くの温泉旅館が建ち並び、ハーブは、別府の町はコニー・アイランドと四十二番街を一緒にしたところのようだと思った。ゴミの落ちていない清潔な通りと、整然として傷んでいない家並みは、長崎を見たあとでの安らぎになり、秩序が元どおりになったという感じがハーブの心を慰めてくれた。

長崎に原爆が投下されてまもなくすると、別府の町は長崎から避難してきた人たちでごった返した。多くの被爆者たちが、温泉で健康が取りもどせると信じてこの町に逃れてきたのだが、別府にしてもほかの地域にしても、長崎での奇妙な病気を治す効果は少しもなかった。

ハーブが町の通りをぶらぶら歩いていると、手書きの英語で「アメリカ兵のみなさん！　使用済みのチューインガムを下さい！」と貼り出してある一軒の家の前に来た。貼り紙の意味がわからないままとおりすぎることができなかったので、格子戸をノックすると、日本人の男性と英語が少し話せる男性の妻の二人から招き入れられた。

「二人は、わたしが訪ねて来たことを大変よろこんで、『あの貼り紙がどういう意味なのかわからないのですが、使用済みのチューインガムというのは、あなたたちが書いたのですか？』と訊くと、二人はうなずいた。

男性が、『ええ、書いてあるとおりなんですよ』と言う。『一体どういう意味なのですか？』と訊くと、その男性は、『原爆が投下されたあと、長崎から、すべてを失った人たちが大勢こちらにやって来たんです。長崎からここまで歩いて来たんです。わたしたちは、その人たちに自分たちができるかぎりのことをしてあげようと思ったのですが、できることは何もありませんでした。多くの人たちが死んで行きました。それからまもなくして、アメリカ人がやって来ました。わたしが家の窓からアメリカ軍の兵士たちが歩いて行くのを眺めていると、みんなとても健康で元気そうに見えました』と言ったあと、打ち明け話をするような口調になって、『それに、兵士たちのほとんどはチューインガムを噛んでいたんです。わたしの考えでは、健康と元気の源は兵士たちが投げ捨てている、あのチューインガムのおかげだと思うんです』と言った。

『ですから、ガムをできるだけ集めて、原爆の犠牲者に役立てようと思っているんです』と自信たっぷりに語ったのだ」

この男性の話に、いったいどう答えればいいのだろうか？「うまく行くといいですね」ハーブはそう言って別れを告げた。急いで列車にもどりながら、ハーブの心はまた暗くなっていた。

29　立ち直る力

一九四六年、広島

一行の列車は、三月になって本州にある広島に到着した。長崎が周囲を小高い山に囲まれた、お椀のような地形だったのとはちがって、広島は平地がひろがり何本かの川と入り江で分かたれていて、長崎よりは広々とした街だった。そのような地形だったので、原爆が炸裂したときに周辺に遮蔽されるものが何もなく、爆発の威力は同心円状に大きくひろがった。広島を目にしたハーブがすぐに気づいたのは、原爆が破壊した跡を一望できることだった。

図34　1946年当時の広島。*Japan in Defeat*から引用（アメリカ陸軍から提供）

図35　1946年当時の広島。*Japan in Defeat*から引用（アメリカ陸軍から提供）

広島に着いてハーブが初めて出会った人は、またしても駅長だった。顔立ちのよい中年の男性で、毎朝、点検のためプラットホームに駅員たちを整列させた。長崎駅と同じように、駅員たちは、主席助役、副助役、乗務員、ポーター、

図36　1946年当時の広島。*Japan in Defeat*から引用
（アメリカ陸軍から提供）

図37　1946年当時の広島。*Japan in Defeat*から引用
（アメリカ陸軍から提供）

図38　1946年当時の広島。*Japan in Defeat*から引用
（アメリカ陸軍から提供）

トイレの清掃係というように、重要な役職から順番に整列することになっていた。ハーブは日本人のこのような組織化と序列に感心した。

（この手記を読んで、父が序列と階級制にひどく感心していたことを知り、わたしとは考え方がちがうと思いました。このような規律やランクづけは人間を過小評価するとわたしは思いますし、こんなランクは打ち破って自分自身を主張すべきだと考えています。とはいえ、父が亡くなってからは、それまでの家族のあいだの混沌とした関係が父にとっては非常にうろたえる事態だったのだろうと思い返しています。テレビ業界で華やかだった父のかつての経歴も一九六〇年代には落ちめになり、母はアルコールに溺れて、うつ病をくり返し、弟は反抗ばかりして何度も家出をし、もちろん、わたしも父の生き方や思春期の自分自身の価値を認めず、資本主義や反戦思想について片意地な発言をくり返し、十六歳になったのをよいことに家を出たのです。社会的にも混乱し、世代間の断絶があった時代でした。国内では長年つづいた国家の不正が議論になり、硬直化した制度が改められようとするのを目にしましたが、一方では権威と社会構造を安定化させようとする儒教的な考えの人たちにとっては好ましくない時代でもあったのです。父は、このような社会のありさまを見て、どんなにか苦悩したことでしょう。父は、家庭のなかではふさわしい尊敬と評価を受けながら家族に助言をしたり、話し合いが必要なときには自分を情け深い主人と見なそうとしていたのだと、わたしは想像しています。でも弟とわたしは、そんな父のことを道化師のような圧制者だと考えていました。父はわたしたちの期待に応えてくれなかったし、わたしたちも父の期待に応えませんでした。自分が大人の立場になって（そのとき父はもう他界していましたが）、本書に記した父の物語を知るまでは、わたしが父に失望していたのではなく、父の方がわたしに失望していたなどと考えることは一度もなかったのです）

ハーブは駅長とすぐに親しくなった。駅長の下には助手を務める若い女性がいて、二人はある不思議な関係だということを知った。原爆が投下された日、その女性は自分の住んでいる田舎に向かうため駅で列車を待っていた。閃光の瞬間、駅長は女性の上におおいかぶさって床に倒して机の下に押し込んだ。そのおかげで女性は身を守ることができて助かったのだ。

このことがあって、女性は残りの人生を自分の命の恩人として駅長に尽す決心をしたそうだ。今では、こんな生き方は風変わりに思われるけれど、日本の文化の今ひとつの側面だと思った。この女性が駅長のために尽していたという事実のほかに、今ひとつ風変わりなこととして、日本式の風呂の入り方があった。ある日、駅長が公衆浴場に誘ってくれた。浴場は今にも倒れそうな掘っ立て小屋で、造りは悪かったが面白そうだったし、なかなか実用的だった。建物には木造の広い浴槽と水を温めるための湯沸かし装置があった。この浴場でハーブは、廃墟になった広島でひと晩、日本の昔からある風習を楽しんだ。

広島の駅長は、長崎の駅長より有利な立場にあった。広島には駅舎が残っていたからだ。広島の街もすさまじい破壊を受けていたが、ハーブは活気のある街のように感じた。撮影チームが広島に来るまでには街のなかの片づけはかなり進んでいて、広島の街はふたたび目ざめはじめていて、失われたものにこだわるより再建しようとする日本人の逞しいエネルギーを見る想いがした。ハーブは、日本人のあらゆるものに見られる勤勉さと集中力に感心した。

ある日、広島駅の真向かいを眺めていると、そのあたりに最近建てられたらしい大きな木造の建物の外に人々が一列になって辛抱づよく並んでいるのが見えた。何を待ち望んでいるのか興味があったので、駅前の通りを渡って見に行った。その建物は映画館で、人々は映画を観ようと列を作って並んでいたのだ。おまけに上映される映画は、なんとアメリカで制作された西部劇だったのだ！　ハーブは驚いた。ついこのあいだ原爆の犠牲になった人たちがこんな映画を観るということがあるのだろうか？「広島で起きたようなことがアメリカで起きたら、原爆を投下した相手に対する憎しみと怒りが何十年もつづくだろうといつも感じていた」とハーブは記した。天皇がいったん降伏に同意すると、手のひらを返したように国民がアメリカの文化の典型的な娯楽を楽しむようになることが信じられなかった。

（当時の日本人がアメリカの映画を選んだのは、娯楽のためなら手当たり次第に見つけ出そうとして選んだというよりも、進駐軍によって統制を受けていたからだと思いますが、映画を観ようと列を作って並ぶ人たちについてわたしが驚いたのは、人間とは大きな不幸のなかでも熱心に娯楽を求めるものだということです。このことは、かつてマニラから硫黄島に至るまで、父が企画したショーのような出し物を軍隊が必要としていた理由を説明できます。楽しいときには下らないと思われるものが、苦しいときには体に栄養をあたえるのと同じように、心に栄養をあたえるのです。ですから、今にも倒れそうなあの映画館は、日本人が癒やしと立ち直る力と人間らしさを育む場所だったのだと思います）

ハーブにとって広島は、これまでとは何かがちがっていた。ぼんやりとはしているが、何か得体の知れないもので、それは恐怖のようなものだったけれど、長崎のときには経験したことのなかった感情がハーブの心を捉えていた。広島の何かが自分のふるさとのことを告げていた。長崎に比べると広島はずっと大きな街で、多くの商業ビルやコンクリートの建物が残っていて、木材と障子と瓦を使った伝統的な様式で建てられた家屋にしても、長崎の小さな家屋に比べると広島の方が大きかったし、数も多かった。通りを歩いてみると、焼けただれて骨組みだけになった七階建てや八階建てのビルが目に入り、その光景は奇妙なほどマンハッタンのことを思い出させた。たぶん周囲を水に囲まれた街だということもあったのだろうし、三月から四月に移り変わるときの肌寒いなかにも春の訪れを感じさせるような気候も、マンハッタンにそっくりだった。

廃墟のなかを歩きまわりながら、「こんなことがニューヨークでも起きるかもしれない」という想いがハーブの頭のなかでずっと渦巻いたままになった。とある銀行の石段に、小柄な人間が燃え尽きたあとの影像が残っているのを見たハーブは、ニューヨークの家々の玄関口に腰を降ろして休んでいる人たちが、そのコンクリートの石段に同じような影像として永遠に焼き付けられる光景を想像した。

30 謝罪

一九四六年、広島

ハーブとハリー・三村は、撮影するときの採光に都合がよいように考えて、広島逓信病院の屋上にカメラをセットした。屋上に被爆者が一人ずつ連れて来られた。被爆者たちの歩んで来る様子は、「傷痕を残している人や、まだ傷が癒えていない人や、やけどの人や、手足を失った人たち」の苦痛に充ちた姿だった。ハーブは、この人たちを撮影するときは無我夢中だった。撮影をする相手に話しかけたり、その人たちの被爆前と現在の人生とを想像しようとしてみた。どれもうまく行かなかったが、ハーブがそうしようとしたことは当然のことだった。

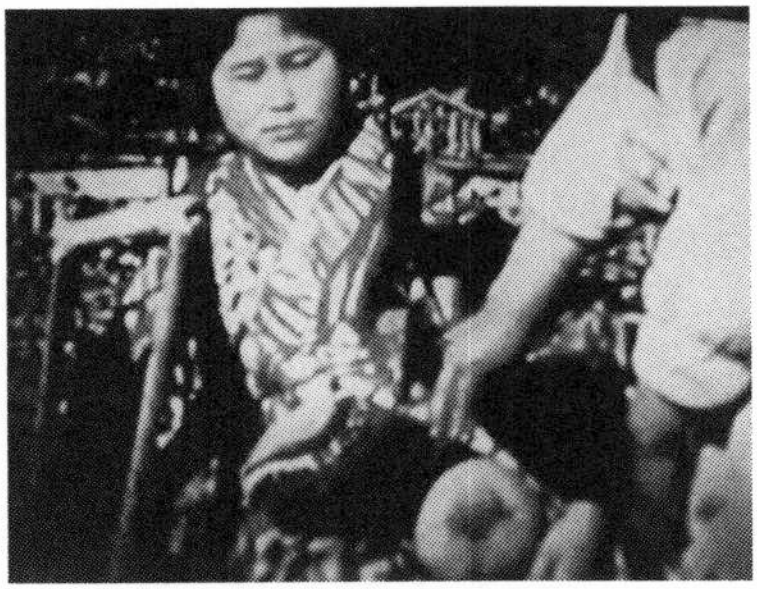

図39 1946年当時の沼田さん。撮影チームのフィルムから。（アメリカ陸軍から提供）

ある晴れた春の朝、小柄な少女が松葉杖を使って、足をひきずりながら屋上に歩いて来るのを病院の看護婦たちが手伝っている。かわいいこの少女は上半身は無傷だった。屋上の片隅に座ったときに着物の裾が割れた。片脚がなかった。看護婦たちが切断された部分の包帯を取りのぞくと、醜く膨らんだソーセージのような脚の断端部があらわれた。きゃしゃな顔との対照が強烈だったので、ハーブは口ごもりながら少女に謝りはじめた。この少女が沼田鈴子だった。二人は、この日のことも、互いのことも忘れなかった。

(沼田さんは、前にも述べたように、わたしが初めて話を聞いた語り部で、原爆のおよぼした影響を映像に残そうとした父の体験をわたしの祖母に説明してくれたのが沼田さんでした。沼田さんは、わたしと娘のケンドラに自分の心境を打ち明けてくれました。四世代と何十年という年月を越えて、あの病院の屋上から生まれた苦痛と同情の絆がわたしたちを結びつけたのです)

＊＊＊

ハーブは、「日本の民主主義のはじまり」と自分で呼んだものを広島で映像に記録しようと考えた。

「わたしたちは、以前は日本の軍部によって統制されていた新聞報道の変わりようを取材した。店頭に並ぶ書籍や配達される新聞には新しい時代の流れを見て取ることができて、もう日本政府の統制下にはなかった。

広島のある新聞社に英語が話せる編集者がいて、その人と懇意になった。戦争中は仕事をすることがずっと許されなかったそうで、自分が撮ったという驚くような写真を見せてくれた。その人は原爆が炸裂したときは山の向こうにいたそうだ。

その珍しい写真は、今ではよく目にする写真だが、原爆が投下されて三十分経ったときの広島の光景だった。その人は街の外にいたが、自転車を持っていたので、原爆が投下されてからすぐに自転車に乗って、爆発があった地域にできるだけ近づこうとした。この写真に写っている被爆者の多くは、油のようなものを体に塗りつけられていたが、のちになって原爆がもとでみんな亡くなったと説明してくれた」

（当時の父は知らなかったことですが、このように自由に会話ができることも束の間に終わったのです。当時のGHQは、ほかの統制と同じようにきびしいプレスコードを実施していて、一九四五年の秋から一九五二年に占領が終了するまでのあいだ、日本国内で原爆のことを取り上げた発行物はすべて出版を禁止されたのです。原爆のことについて書かれた詩までが、原爆をテーマにしているとして禁止の対象になりました。

アメリカ政府は、戦略爆撃調査団の撮影チームが撮影をはじめた時期よりもずっと前に日本人のカメラマンが撮影していた白黒映像のフィルムも没収したり廃棄させ、日本人が撮影して没収されたフィルムも戦略爆撃調査団のカラーフィルムと一緒に長いあいだマクガバンの監督下に置かれたのです。

ことばと映像は、どちらも強烈なメッセージを伝えるとして許されなかったのです）

31　戦争は浪費

一九四六年、広島

ハーブは、広島の新聞社の編集者と話ができたおかげで、被爆者個人から得た記録のほかに、広島の惨状を日本人が撮った印象深い写真のことも知ることができた。さらにその編集者は、原爆が投下されてから数週間後には広島市役所が犠牲者全員の消息をくわしく調べようとしていたと語った。広島市の担当者は、市内に取り残されている犠牲者の痕跡を求めて、焼けただれて倒壊した廃墟をくまなく調べてまわり、見つけ出した遺品はどんなものでも小さな木箱に納め、それが見つかった正確な場所を記載した。それから、探し当てた遺品を遺族のもとに届けて、おごそかな葬儀が執りおこなわれたのだった。

「爆心地の近くでは、ほとんどの犠牲者は跡形もなく蒸発していたので、市の担当者が遺品をどうやって見つけるのか、わたしには見当がつかなかったけれど、この人たちは犠牲者の遺品はどこかにあるはずだと考えていた。遺品が見つかると、その場所を特定して遺族に知らせ、遺族たちは遺品が見つかった場所を訪れて、その場所で葬儀を執りおこなってから立ち去った。

わたしたちは、このおごそかな儀式を再現してもらって記録に残すことを許可してもらった。そして、またしても日本人の価値観にはひどく驚かされることになった。遺族たちは、遺品の入った木箱を市役所へもどすよう求められると、自分の知るかぎりでは、なんのためらいもなく、だれもが例外なくそれにしたがっていた。ハリー・三村とわたしは、葬儀のおこなわれる場所でロウソクと線香と読経の様子を撮影した。

あの木箱のことは決して忘れることができない。わずか十四〜十五センチメートル四方の大きさだったが、あの小さな木箱のなかには、一人の人間がこの世に残したすべてが納められているのだ。防空壕に避難していた人たちが残した遺品もあった。この木箱を撮影することは、亡くなった人の記憶をだれかに伝えるという意味からも大切だと思った。映像にして永久に残す以外に方法はないからだ」

長崎の聖堂でミサを再現してもらったときと同じように、その場面が再現されたからといって、この葬儀の印象が弱まるとは思えなかった。ハーブは、長崎で取り組んだ以上に広島でも原爆が人間におよぼした影響を知ろうとして、被爆者の個人生活に立ち入ってみようと考えた。そして、もしもアメリカで原爆によって破壊されるような出来事が起きたらどうなるのだろうかという想いが、長崎にいたときよりもいっそう強まっていた。

＊＊＊

広島に滞在していたハーブに東京のダン・マクガバンから連絡があり、交通手段を都合して東京にもどってアメリカから来日した人物と会うようにとのことだった。東京にもどったハーブは、特派員クラブでマクガバンから、来日したその人物は「広島で何か重要なことをしたいと考えているニューヨーク出身の作家」だと紹介された。三人で昼食を摂りながら、ハーブはジョン・ハーシーというその人物にこれまでの自分の体験を語り、広島で自分が接触した人たちの名前を伝えた（父はハーシーの有名な著作 *Hiroshima*（邦訳『ヒロシマ』）に登場する日本人たちの多くと面識がありました）。

＊＊＊

東京からふたたび広島にもどったある夜、ハーブは気持ちが落ちつかなくて眠れず、外に出てパイプをふかしていた。ふと気がつくと、コックのアンドウさんが、自分で掘った大きな穴のそばに立って地面に置いてある大量の食料のなかからステーキ用の肉の包みを穴に投げ込もうとしているところだった。そのとき初めて、列車に残った余分の食料をアンドウさんが処分しようとしているのだと知って、ハーブはびっくりした。

「わたしたちは、列車のなかにいつも入れちがいで十〜十二人が残っていたが、自分たちの食料はアメリカ軍の兵站《へいたん》部から特別あつかいで定期的に調達することができた。なかでも記憶しているのは、兵站部には最上級のステーキ用の肉があって、冷凍された四十キロの肉の包みを受け取れることだった。鶏肉は五十〜七十五羽分の包みを受け取ることになっていたが、これだけの食材を長期間保存できる冷蔵設備はなかったから、仮に夕食で、ひと晩に合わせて四・五〜五キロあまりのステーキを食べたとしても、三十キロ以上の肉が余ることになる。そのためアンドウさんが深夜になると外に出て残りを埋めていたのだ。

わたしはアンドウさんの手をつかんで、この食料はどこかに配るべきだと言った。広島の人たちは食べるものがなくて、ほとんどの人は、米を手に入れることはできても、ご飯とわずかばかりの副菜だけで暮らしている。痛ましいことだった。日本じゅうの人たちが、なかでも、わたしたちが滞在している街でそんなきびしい状況を目にすることは本当に痛ましいことだった。おまけに、日本人のアンドウさんに食料を埋めさせることは、さらに痛ましいことだった。

しかしアンドウさんは首をふって、つぎのように説明した。残ったこの食材を日本人たちに配ったとしても、自分たちが広島にいる何千人もの飢えた人たちを救う余裕などないし、アメリカ人だけが特別な食事をしていることが知れたら、それによって暴動でも起きたら取り締まることなどできないというのだ。残った食材は、だまって埋める方が賢明だったのだ。

アンドウさんの言うことが正しかったのだ」

それでもハーブは、人々が食糧不足で自暴自棄になっている様子を目にしているのに、自分たちの食料がふんだんにあって無駄に捨てられていることを知って、胸が痛んだ。

（父は、だれもいない部屋の照明が点いたままになっていたり、お皿に食べ残しがあったりするようなもったいない行為には我慢できない人でした。当時の父が学んだように、戦争は浪費の最たるもので、しかも大規模な浪費なのです。父が原爆の惨状から受けた反応の背景には、こんな想いもあったのだと思います。原爆のように街全体を一瞬にして崖に叩きつけるように破壊し、すべての資源と人間たちを無駄に失わせ、毒をまき散らしたままにしておくことは、父にとっては想像するだけでも二度と起きてもらいたくないほど無駄なことに思われたのです。わたしも、こんな浪費には耐えられそうにありません）

32　父の物語をひろめる

一九八七年、広島

一九八七年九月二日も、広島は晴れわたった日でした。この日は父の三回忌です。自分の遺骨を広島の爆心地に散骨してほしいという父の遺志については、わたしも弟と同じ気持ちだったのですが、結局、遺骨は広島に持参しませんでした。それでも、爆心地の近くにある身元不明の原爆死没者の遺骨を納めた塚（原爆供養塔）の前で、父を弔うために数人の人たちが集まってくれました。この塚は、なだらかな盛り土の形に造られて芝におおわれ、その前に花とロウソクがお供えできるようになっていて、塚の内部には原爆で犠牲になった身元不明の遺骨が安置されているのです。父の遺骨を持参して散骨することが日本の法律によって無理だったにしても、父の遺志を叶えるなんらかの方法を見つける必要がありました。WFCの館長をはじめ、広島の新しい友だちの田城美智子さんと娘の美怜ちゃん、今枝良子さんたちが、父の三回忌を執りおこなうときに集まってくれました。

図40　「原爆供養塔」の前で。身元不明の原爆死没者の遺骨を納めるため1955年に造られた塚。（向かって左から右へ）田城美智子さん、ケンドラ、ビル&ジーン・チャッペル、レスリー・スサン（著者）、今枝良子さん。（著者の写真から）

集まってくれた人たちに向けて、わたしは父の遺志を伝えました。広島の爆心地に自分の遺骨を散骨することによって、父は象徴的な意味で広島の一市民となり、平和を願う人たちの一人となって、自分の体験の総決算をしようとしていたのだとわたしは信じていましたから、どうしたら父の願いを叶えることができるかについて自分なりの新たな考えをみんなに伝えたのです。その考えとは、わたしが広島に来たのは父の物語をひろめるためなのだと決心したことで、父の物語を語ることによって、父の生涯と父の死に意味をあたえて完結させ、父のフィルムが長いあいだ公開されるのを禁止されていたことに対してなんらかの埋め合わせをしたいと考えたのです。

のちに本書をまとめるときの資料の一部にもなりましたが、わたしは、父がタイプライターで打った手記の抜粋をみんなの前で声を出して読みあげました。そのあと、子供のとき「エシカル・カルチャー」のサマーキャンプに参加して以来わたしが好きだった歌をみんなで歌いました。『きのう見た夢《Last night I had the strangest dream》』というタイトルのこの歌は、すべての人たちが通りでダンスを踊りながら、すべての銃と弾倉と軍服が地面に投げ捨てられる世界をイメージしたものです。

わたしは原民喜《たみき》の詩も朗読しました。この詩人はみずからも被爆者で、朝鮮戦争のときアメリカが原爆の使用を検討していることを知って、自殺をしています。

遠き日の石に刻み
砂に影おち

崩れ墜つ 天地のまなか
一輪の花の幻

まさに広島と長崎の記憶は、長いあいだ父の心に刻み込まれていたのです。そして、長崎の老人が廃墟のなかの畑に丁寧に水やりをしていた光景は、このような破壊行為をだれも二度と考えなくてすむようにと世界に知らせる光景になったのです。軍拡競争によって踏み荒らされ、国家によって隠蔽され、そして時間の砂に埋もれた光景。父は何があろうとも最後まで、人類が自滅するような結果を招かないよう自分が撮影したフィルムを使ってドキュメンタリー映画を制作しようと考えていたのです。父が思い描いていたその丈夫な種子が、困難な状況のなかでも、なおじっと花を咲かせ実をつけるのはどんな光景だろうかと、わたしは想像してみました。

ケンドラは、このとき四歳になっていて、自分の詩を朗読しました。

ふうせんは、にんげんみたい
どうしてなのか、わかる?
ふうせんはポンとはじけて、にんげんは、しぬからなの

ケンドラは何週間ものあいだ、わたしの父の話、かつて「ペンパ」が写真に撮ってそのフィルムが隠さ

My GranFather Kendra
My GranFather went to Japan
to Film what had happend when the
bombing had hit. And the
radiation were still around.
And a couple of years went by
and My granfather got sick
and died.
Granfather going to Japan
Granfather Filming
My Granfather died.

図41　幼稚園のときにケンドラが書いた絵入りの作文。自分がなぜ日本にいるのかを説明したもので、「わたしのおじいちゃんは、ばくだんがおちたときに、なにがおきたのかをしゃしんにとるためニッポンにきました。ばくだんがおちたときは、まだほうしゃのうがいっぱいあって、なんねんものこっていたので、わたしのおじいちゃんは、びょうきになって、しにました」と書いています。（著者が撮影）

れていた話、原爆とピカドンの意味、原爆のためにやけどを負って死んでいった人たちの話などをわたしから聞かされてきました。わたしは、どんな種子を蒔いて、水をやってきたのでしょう？

わたしは、平和公園の近くで拾って白い色を塗った小石をお供えして、儀式を終えました。この小石に、父の名前と生年月日を記して小さな花を描き、広島の川岸で拾った貝殻の上に小さな折り鶴を置いて、わたしたち一同は、クエーカーの作法にしたがって、沈黙したまま儀式を終えました。

そしていよいよ、わたしの仕事のはじまりです。

33　写真の被爆者を探す

一九八七年、広島

わたしの正面にスーツ姿の年配の男性が座っています。威厳があって思慮深そうで、部屋じゅうに熱気が充ちていますが、優しそうな目をしていて穏やかな笑顔の人です。この部屋は、わたしが本書をまとめるための資料を手はじめに収集する場所としてみんなも賛成してくれた、広島ＹＭＣＡの建物のなかにある小さなオフィスです。わたしの前に座っている国際平和研究所の永井博士が、なぜ広島で特別な責任を負って真剣に取り組んでいるかがよくわかりました。

永井博士が、当時の病院に写っていた被爆者の顔の写真から、その人がだれかを特定するため何ヶ月も取り組んでいると説明してくれるまで、当時の古いフィルムに写っている痛ましい写真から個人を特定することがいかに大変かということをわたしは少しも考えていませんでした。永井博士は、広島市から提供された三十枚ほどの写真の見出しに個人名が記されているのを知ったのですが、その表記はどれも英語で書かれていたのです。英語による表記だと、アメリカ人の耳には音声上は正しく聴きとることができても、日本語ではさまざまな漢字をあてはめることができるため、まったくちがう氏名になる可能性があるのです。英語による表記と同じ人が見つかったとしても、その人が被爆者の「モリ」さんや「ツカモト」さんでないことがよくあったのです。それに広島で被爆したからといって、その人が何十年もずっと広島で暮らしているとはかぎりません。

おまけに、当時は女性にかぎった問題もありました。男性の場合だと日本では電話帳にあたれば探し出すことが可能ですが、女性の名前が電話帳に載せられることはめったにないからです。永井博士は、ため息交じりにそう語ります。しかも、女性は結婚すると改姓するのです。

永井博士はできるかぎり時間をさいて、週末になると広島の被爆者たちを探しまわっていましたが、そのころ岩倉さんも長崎で同じ活動をしていました。

その写真のなかで、すぐに判明したのが吉川《きっかわ》さんご夫妻でした。夫の清さんは、被爆後から数ヶ月のあいだに「原爆一号」として有名になった人ですが、周囲からはかならずしも同情をもって受けとめられたわけではありませんでした。吉川さんは、被爆前は広島県の物産を展示していて現在は原爆ドームとして知られている建物の近くに戦後まもなくして土産物店を開き、ほかの土産物と一緒に、焼け跡に残っていた家屋の破片などを並べて売っていました。この商売については、原爆という災難を売り物にしていると考える人もいましたが、一家を支えて治療費をかせぐためにはお金が必要だったのです。二人は何年ものあいだ原爆ドームの隅に建てた掘っ立て小屋で暮らしていました。

わたしが広島に来たときには、清さんはもう亡くなっていましたが、奥さんの生美《いきみ》さんに会うことができて、わたしが訪ねたときは、まだ歩きまわることができるほどしっかりしていました。ただ、後日に訪ねたときは、被爆者のための特別養護老人ホームに入所していました。生美さんは黒い雨のことをよく覚えていて、自分を撮影したカメラマンたちのことも記憶していました。わたしの父についての記憶は、白い肌をしたハンサムな人で、「わたしを怖がらせんようにしてくれました」と語りました。そして、当時は写真に撮られることは、「ええ感じはせんかったけど、今では大事なことじゃった」と話してくれました。たぶん生美さんも、その写真が平和のために役立つことを願い、あの写真を撮られることがなかったら被爆者たちが年老いて亡くなったあとに大切な記録が残らなくなると考えたのです。

生美さんは、夫の清さんは、広島赤十字病院の重藤文夫博士が吉川さんを含む患者たちに撮影に応じるよう説得していたと語り、最初は、「こんなことをした国の相手に、なんで自分の背中を見せにゃあならんのじゃ？　もう十分、苦しんどるんじゃ」と話していたそうですが、あとになると、背中のケロイドの写真をほかの人たちが見たら広島で実際に何があったのかを知って、こんなことがふたたび起きてはいけないという警鐘を鳴らすことになると考えるようになったのです。一九八三年に父が広島を訪れたとき、清さんは病気にかかっていて、父と会って話をする機会がないことを残念がり、生美さんも、「主人が元気じゃったら、二人が議論をし合ったり平和について語り合ったことじゃろうにね」と語ってくれました。

生美さんと清さんは、ほかの被爆者たちに先だって自分たちの傷痕を人前で見せたので、「原爆の傷痕や日本の国を売り物にしている」と二人を非難する人たちもいました。生美さんは、「わたしらは誤解されとって、本当はいつも平和のために訴えとったんですよ」と言いました。清さんは、被爆者には二つのタイプがあって、声を大にして訴える人と、貝のように口を閉ざしている人がいると語っていたそうです。二人は原爆が投下される一年前に知り合って、生美さんの方が清さんの「広い心」と書物を愛するところが好きになったのだそうです。生美さんは「田舎っぺ」だったので、清さんは、生美さんがだれとでも話ができるようにと、いろいろなことを教えてくれて、亡くなる前にも清さんは、自分が死

図42　摂氏三千度にも達する原爆の熱線によって表面が泡立ったようになった屋根瓦。（J.C.Penney Portrait Studioによる写真。2020年3月）

図43　吉川さんが著者にくれた屋根瓦の裏面。（J.C.Penney Portrait Studioによる写真。2020年3月）

んだあとも読書をつづけるようにと生美さんに伝えたのです。

吉川さんご夫妻は、どちらも被爆者だったため被爆者として差別されることは苦にしていませんでしたから、自分たちの生き方を貫いたのです。生美さんは、自分たち二人は暗闇のなかに一点の光を灯そうとしているのだと思ったそうです。のちになって吉川さんたちの生き方が理解されるようになって、ほかの被爆者たちも自分たちの被爆体験を語りはじめるようになり、わたしが出会うことにもなった語り部の存在につながったのです。

生美さんは、原爆の焼け跡から見つけた一枚の屋根瓦をわたしに下さって、その裏側に墨で文字を書いてくれました。日本の屋根瓦は約三十センチ四方の大きさで、粘土で作られているので重くて、わん曲しています。瓦は表面を焼き固めてありますが、生美さんがくれた瓦は、ほかの瓦と重なっていなかったため爆心地の近くの想像を絶する高熱により表面が泡立っています。この瓦を手にしてみると、何か新たな別の方法をとおしてピカドンの現実をわたしに示してくれる気がします。

永井博士は調査のあいだに蜂谷《はちや》道彦博士の未亡人とも連絡を取り合っていました。蜂谷博士は、戦争中は広島逓信病院（沼田さんが治療を受けていた病院）に勤務していて、被爆者たちの救護活動に尽力した人でした。日本の法律では病院のカルテは五年間は保存する義務がありますが、蜂谷博士とご夫人は、戦後になって病院の職員のカルテの断片を見つけ出し、蜂谷夫人はこれらのカルテをもとに、そのころ病院の職員だった何人かの人を探し出して、その人たちの記憶から患者の名前や糸口をたどり、この方法は上首尾にいって、写真に写っていた三人から四人の患者が特定できたのです。

さらに永井博士は、日本人のカメラマンたちが撮影した白黒映像のフィルムを点検してみました。このフィルムは占領中にアメリカ軍に没収されて何十年も閲覧できなかったのですが、戦略爆撃調査団が撮影したカラーフィルムよりは早い時期に公開され、そのなかの何枚かはスチール写真になって、早くも一九七〇年には日本の出版物で見ることができるようになりました。永井博士は、白黒映像に写っている被爆者とアメリカのカラーフィルムの映像に写っている被爆者たちとを見比べた結果、両方の映像に写っている人のなかで日本側の記録をもとにして正しい氏名を特定できたのです。

つぎに、永井博士は報道関係者を頼ることにしました。新聞やテレビをつうじて自分の取り組みを訴えたのです。ところがまもなくして、調査対象が被爆者というデリケートな問題のため、被爆者たちは報道関係者には話をしたがらないというので、調査に同意してくれた被爆者のところには永井博士一人で行かなければならなくなったのです。被爆者たちは、自分のことが被爆者として公にされるという恥ずかしさや、そのために差別を受けたり、きらわれたりするのではないかという恐怖心などのため、怖じ気づいていたのです。ナチスによるホロコーストを生き残った人たちと同じように、被爆者のなかにも過去の語りたくない部分を話すことに耐えられない人がいたのです。

一九八一年五月、被爆当時の医療現場を撮影した写真が広島平和記念資料館の記念館で初めて公開されることになり、一九八一年七月には、広島赤十字病院で年配の医師や看護婦それに被爆者とその親族たちを対象に別の写真展が催されたのです。

ただ、このような関係者の尽力にもかかわらず、本人が特定できたのは二十人ほどだったと永井博士は話しています。おまけに、特定できた被爆者のうちの半数以上は、広島市・長崎市原爆災害誌編集委員会が10フィート運動によって入手したフィルムを使って制作される映像のなかに自分の姿が映し出されることを拒んだのです。そのため、『にんげんをかえせ』（一九八二年一月制作）と『予言』（同年五月制作）の二つのドキュメンタリー映画が完成しましたが、委員会では人権とプライバシーに配慮して、この二本の映画に登場する被爆者たちの同意を得ることに留意しています（プライバシーの問題については、本書でも、登場する被爆者たちが自分の体験を語ることに同意し、本人の顔写真が掲載されることに同意した人たちだけにかぎっています）。

『にんげんをかえせ』と『予言』のなかでは、映像のナレーションとともに、インタビューを受けた被爆者たちが当時の記憶や被爆したあとに撮影された自分たちの映像を目にしたときの印象について語る場面が挿入されています。10フィート運動と、日本で制作されたこのドキュメンタリー映画は、被爆者の声と顔を沈黙と暗闇のなかから取りあげることになったのだと永井博士は語っています。

永井博士は、原爆によって被爆者たちの人生は、その前と後の二つに引き裂かれたと語ります。「ピカドン」のその日を境にして被爆者たちは変わったというのです。体に傷痕を残しただけでなく、心にも傷痕を残したのです。ある被爆女性の息子は、母親が亡くなったあとフィルムの使用を認めたのですが、生前の母は息子の自分にも被爆体験を語ることを拒んでいたと永井博士に言ってから、あの映像を観たあと、やけどでつぶれた「目をひらかれたようでした」と話しています。

とはいえ永井博士の調査によると、被爆者のなかで、こうした新たな人生を踏み出した人はわずか0.1％ほどだそうです。この少数の人たちは、思い切って自分の被爆体験を語り、若い人たちに語り伝えるため世界各地を巡りながら真実を伝え、証言し、語り部となることによって、自分自身の心を癒やす方法を見出したのだと永井博士は思っていて、そのなかで沼田さんは、被爆者のなかの数少ない勇気ある活動家として先頭に立った一人だったのです。

永井博士の話によると、一九五六年ころから被爆者たちはいくつかの団体を結成するようになり、自分たちに必要な保護だけでなく核兵器をなくすことを求める運動をはじめました。永井博士も、一九六九年には日本全国の生徒たちを「平和旅行」として広島に招くことを目的とした広島平和研究所の設立に協力し、それ以来、全国の生徒たちを乗せたバスが広島にやって来るようになり、鳩の群れのようにざわめき合いながら平和公園を訪れるようになりました。この生徒たちは、小学校、中学校、高等学校というように、学校が変わるたびに何度も訪れることも少なくありません。このように永井博士は、被爆者たちが国連や核兵器を配備したり開発しているアメリカをはじめとする各国に自分たちのメッセージを伝えることができるように、さまざまな活動にも取り組んでいるのです。

生き残っている被爆者のほんのわずかな人たちしか自分の被爆体験を語っていないといって、その現実に失望している永井博士に、わたしはひどく心を打たれました。永井博士は、被爆者の「ほんの1%」の人だけでも被爆体験の意味について語ってくれたら、日本の政治情勢も、おそらく世界の政治情勢も変わるはずなのにと語っていました。

多くの被爆者たちが自分たちの身に起きたことに怒りの声をあげないのが、わたしには不思議でなりません。それならば、被爆者以外のわたしたちの1%が声をあげ、訴え、祈り、平和活動に取り組めば、世界はどんなに変わるだろうかと考えるようになり、なぜそれをしないのだろうかと思ったのです。なんといっても、わたしたちは健康で、若く、活動的で、わずかでも被爆者たちの役に立つことができるはずです。

わたしが広島を訪れた理由のひとつには、たぶん、こんなわたしの「声」を見つけることもあったのです。

34　被爆者たちの毒入りのユーモアなのか?

一九八七年、広島

永井博士が、わたしのために、父が撮影した被爆者たちのグループと一緒の夕食会の席をもうけてくれました。場所は、伝統的な日本料理のお店で、低いテーブルに座布団の敷かれた畳敷きの個室に一行は集まりました。わたし以外のほかの招待客は、みんな六十歳以上の人たちばかりでしたが、自分たちの席に静かに正座をして座っています。わたしは肥っていて体が硬いので、お尻の下にコーナークッションを敷き、両脚をぎこちなく曲げた格好でなんとか座りました。両脚を投げ出して座るのは無作法だということを知っていたので、ぶざまな格好はしないようにと思って、足がしびれてくると組み直しました。

それにしても、席に座ったみなさんが会話をするのに、当時の悲惨な内容を語るときにも笑い声をあげているのには驚きました。この人たちは、自分たちの最悪の人生のときに敵の兵士たちから写真に撮られるという体験をしたという以外にはなんの関係もない間柄なのに、お互いが仲のよい友だち同士のようなのです。

小皿に盛られた料理がつぎからつぎへと運ばれてきます。汁物、寿司、刺身、揚げ物、焼き物。どれも魚介類を材料にしたおいしい料理です。わたしはみなさんに向けて、生前の父が何を願っていたかについて語り、自分が広島でやろうとしていることは父の残したフィルムの物語を理解してもらってひろめたいことだと説明しましたが、みなさんは、わたしの考えを、もうよくご存じでした。

わたしのことはテレビで放送されていたのです。わたしが広島を訪れたことは、父が訪日したときと同じように報道関係者から関心を向けられて、わたしとケンドラはテレビカメラの前に立たされたり、マイクを持った記者たちに会うことになったりして、まさか広島で自分がアンディ・ウォーホールのいう「十五分間《fifteen minutes》だけの名声《of fame》」みたいに注目を集めるなどとは思いもしませんでした。10フィート運動によって父の物語が広島で有名になっていたことをちっとも知らなかったのです。語り部の沼田さんの話を平和公園で初めて聞いたときも、NHKの女性記者とカメラマンがわたしに同行していて、カメラマンは、わたしと娘が平和公園に入って行くシーンを撮影しようとして、わたしが歩いているうしろをあちらこちらと動きまわりますが、ただ歩いているだけのシーンを撮影されるのは妙な感じです。カメラがなぜわたしに向けられているのかを視聴者に伝えようとするのなら、せっかくだからカメラに向かってジグを踊って飛び跳ねたり、スピーチをしたり、何か面白そうなことをした方がいいんじゃないかしらという気がしました。

ところで、あの夕食の席で被爆者たちと一緒にどんな料理をいただいたのか、あれから数週間あとまで知りませんでした。じつは、あのときのメニューは一種類の魚だけを使った料理だったのです。その魚料理はフグを使ったもので、フグは内臓に無味の毒がある日本の高級料理なのですが、料理に出されたフグの身に毒が残っているかどうかは、ずっとあとになるまでわかりません。正しく調理しないとフグの毒は死に至ることがあるので、フグの調理師は特別な訓練を受けた免許が必要なのです。

わたしは、あの日の夕食会に出席した被爆者たちは、自分たちは原爆で生きのびたのだからフグの毒なんか少しも怖くないつもりだったのか、それとも、あの店を選んだのは被爆者たちが密かに取り決めたジョークだったのだろうかと思いました。とにかく、とてもおいしい料理でした。

35　広島で母親を演じる

一九八七年、広島

秋になったことで、ちょっと驚きました。広島に夏以外の季節があることに気づいたからです。夏の明るい日射しの夜明けばかりでないことを忘れていました。広島での暮らしは、平凡な日と神聖な日とが奇妙なバランスを取っています。食料品店で日本流のやり方で買い物をすることにも慣れてきましたし、路面電車に乗ったり日用品を見つける方法もわかってきました。

それでも、毎日のように市内にある橋やビルのあたりに行って、被爆当時のその場所の光景を写した写真がブロンズにしてはめ込まれているのを目にしたり、川のそばをぶらぶら歩いていると、被爆の遺跡や折り鶴の束がかけられた小さな社が茂みのあいだにひっそりと建っているのに出くわしたりします。広島の街は、活気、商店街、飲食店、仕事、笑い声などに充ちあふれていますが、被爆直後の街の影は今も焼き付いていて、原爆は過去の出来事なのだと思いながらも、決して忘れ去られてはいないのです。

ケンドラは、住まいの近くにある日本キリスト教団が運営する「みくに園」という「ヨウチエン」（幼稚園）に入園しました。園長の宗藤《むねとう》尚三牧師は、今まで外国人の子供を入園させたことがなかったので、初めは戸惑ったようです。そのおもな理由は、子供ではなく母親の方でした。母親は幼稚園にたくさんの責任を負うことがあって、外国人の母親にはそんな責任のことをこまかく理解できるとは思われなかったからです。広島には外国人を対象にした教育施設がいくつかありましたが、少なくともわたしのように決まった収入のない保護者には学費がとても高かったし、日本で暮らしているのに英語だけで会話をする環境に娘を閉じ込めるという考えが好きになれませんでした。

今枝さんの親戚に森川恵美子さんという人が「みくに園」の近くに住んでいて、わたしと仲よしになりました。森川さんには三人の子供がいて、英彦くんという男の子と、文恵ちゃんと彩乃ちゃんという二人の女の子がいて、彩乃ちゃんはケンドラと歳が近くて遊び友だちになりました。幼稚園とわたしの問題について今枝さんと森川さんを交えて話し合った結果、森川さんが取り計らって、わたしが入園の手続きをうまくできることを園長に約束してくれたのです。

それで第一段階は、ケンドラが入園する前の準備です。明るいブルーの上着と暗い青色のスカートの制服が二着に、夏用の麦わらと冬用のフェルトの帽子が二つ必要で、それぞれに名前を縫い付けます。名前はカタカナで「ケ・ン・ド・ラ」と書き入れました。つぎに上履きとして、底がズックの特製の靴が必要で、それにも名前を縫い付けなければなりません。ちがうサイズのカバンも四つ必要で、そのなかに大きなスケッチブック、靴、ノートと教科書、弁当を入れるのです。もちろん、そのどれにも名前を書いておく必要があり、カバンの二つは最初から指定されたものを使わなければなりません。これらすべてを森川さんが用意してくれました。

これだけの準備をしたうえで、さらにプラスチック製の弁当箱を用意しなければなりません。この弁当箱には、ご飯とおかずを入れる仕切りがついていて、箱の大きさに合う小型の箸がついています。入園して初めのころは、小さく三角形にしたサンドイッチを仕切りに詰めましたが、ケンドラはすぐに、ほかの女の子のように「ふつうの」弁当にしてほしいと言うのです。そのため、近所の店で、海苔で包んだご飯を意味する「オ・ニギリ」（おにぎり）を買って来ることにしました。わたしは不器用で、簡単な弁当の料理も作れなかったのです。

これらの面倒な準備も初めのうちだけでしたが、園児のお母さんたちは幼稚園の運営に積極的に参加することを求められていて、お母さんたちは週一回ほど園に行って、園児たちが教室を清掃するのを手伝うのです。園児たちは毎日掃除をしますが、重たいものはお母さんたちが受け持つのです。わたしは、この手伝いではどうしたらいいかわからず、へまばかりやっていましたが、ほかのお母さんたちがやっているのを見ながらコツをつかむようになりました。

図44　幼稚園の制服を着たケンドラ（向かって右）と友だち。（著者が撮影）

園児たちが掃除を義務づけられていることで、三十四歳のわたしより四歳のケンドラの方が日本語を学ぶのにずっと多くの機会があることに気づきました。ある日、今枝さんの塾がはじまる時間の前に、いつものように部屋のなかの所持品を片づけていると、ケンドラが、わたしが片づけている様子を見ながら、「オ・カタヅケ・ヲ・シマショウ！」と大きな声で歌うので、その意味がわからないわたしは戸惑って、「オ・カタヅケ」の意味をケンドラに尋ねたのです。「シマショウ」が「さあやろう」という意味だということは知っていましたが、何をやろうというのでしょうか？　ケンドラも、わたしを見ながら困った様子で、「オ・カタヅケ」の意味は英語じゃわからないと言うので、「それじゃあ、だれがそう言って、何のためにそうしましょうと言うのかしら？」という訊き方をすると、その訊き方に納得したケンドラは、時間が来たら先生が部屋の片づけをしましょうと言うのだと説明してくれました。二人のやりとりで、はっきりしたことがあります。わたしなら、英語で考えたことをどんな日本語を使って伝えようかと思うのですが、ケンドラは、英語に対応した日本語の単語を頭のなかで組み立ててしゃべっているわけではなかったのです。それでもケンドラは、上手に言えるよう音声に気をつけながら、何度も「オ・カタヅケ・ヲ・シマショウ！」をくり返していました。

わたしは、幼い子供をベビーカーに乗せた多くのお母さんたちと一緒に、毎日のように幼稚園の重たい鉄製の門の前でケンドラの帰りを待ちました。森川さんが慌ただしくわたしの埋め合わせをしてくれていても、わたしは母親としての義務を最後まで十分に果たしていないことがわかっていましたが、ほかのお母さんたちはケンドラやわたしのような外国人に気を遣ってくれて、わたしのせいで余分な仕事をしなければならないことに腹を立てたりする様子は少しもありませんでした。

外国人が日本語で楽々と会話することを期待するなど無理な注文で、ましてや日本語の読み書きを期待するのは、もっとむずかしい話です。そんなかすかな期待に応えられる人というのは、よほどの変わり者と天才とのあいだに位置するような人です。一方で、日本人が英語で楽々と会話することはさらに期待できない相談で、日本人の場合は、極端な恥ずかしがり屋のうえに、自分たちが学校で長いあいだ勉強してきて完璧な文法をマスターしたはずの英語がアメリカ人が実際に話している英語とは似ても似つかないことを知って愕然とするという、二つの要素が混じり合った特徴をなしているのです。そのため、両者のコミュニケーションは困難なことが多いのですが、滑稽なことも少なくありません。

英語のことばは、看板、Tシャツ、コマーシャルなど至るところにあふれていますが、その多くは、わたしが「ジャングリッシュ《Janglish》」と名づけるような代物です。ジャングリッシュは一見すると英語のように思われるし、個々の英単語の意味はわかるのですが、いったい何を意味しているのかわからないので、英語を話すネイティブとしては、ジャングリッシュのそれらしい意味が本当はどんな意味なのか理解しようと余計な神経を使うので、イライラします。たとえば、デパートの「レディース・キャラクターズ」というコーナーは、デザイナーが手がけた流行のものを売るところだと納得しましたが、スウェットシャツが、「気持ちいい考え《Good feeling thought》」とか、「わたしのすてきな歩調のために《For beautiful my pace》」ということばで自慢そうに売り出されていたり、「カルピス《Calpis》」（ネイティブには、「牛のおシッコ《cow-piss》」と聞こえます）とか、「ポカリ・スウェット」（英語だと、「ポカリの汗」）などという、びっくりするような飲料水もあります。こんな現象を短いあいだにいやというほど目にしてきたので、同じように漢字を適当にあしらったアメリカの衣服は、漢字はわかるけれど何を意味しているのか理解できないと思う人たちを腹立たしくさせているのではないかと考えるようになりました。

朝の登園のときは、園児のお母さんたちは幼稚園の門の前まで集まって来ません。そのかわりケンドラは、わたしたちのアパートの真向かいにある遊び場で幼稚園の友だちと待ち合わせて、大人の監視がないまま二人で手をつないで五ブロック先の幼稚園まで歩いて行きます。脇道は車の通行はほとんどありませんが、歩道もありません。初めのころは四歳から五歳の子供を自分たちだけで歩いて行かせるのは心配でしたが、ケンドラは、お母さんたちが子供たちを幼稚園まで一緒に歩いて連れて行くことには断固として反対しました。それでも初めの数日のあいだは、子供たちが真剣な顔つきで小さな列を作って歩いて行くあとを、わたしはビルの陰からこっそり監視したものです。奇妙なことですが、子供たちは一団になると、一人でいるときよりはずっと大人びていて、責任のある態度を取っているように見えました。それでわたしも安心して、ケンドラにも友だちと同じように自由にさせることにしたのです。そういえばわたしも、自分が小学校にあがる前からニューヨークの街で一人で通りを渡って歩いたり、遊び場に駆けて行ったり、ニューススタンドでキャンディーやピクルスを買っていたのでした。

36　おこり地蔵

一九八七年、広島

ある日、ケンドラを広島市こども図書館に連れて行きました。そこで楽しい時間をすごしてから、まぶしい夏の日射しが照りそそぐ外に出たとき、左手の方から抑揚のある大きな声が聞こえてきます。見ると、子供たちの一団が自転車の横に立っている一人のやせた男の人のまわりを取り囲んでいて、自転車には大きな箱がくくりつけてあります。男の人は髭を生やしたみすぼらしい身なりで、どこか中世の手品師のようです。男の人は箱をひらくと、なかから小さな人形をいくつか子供たちの前に取り出して、クッキーを耳にして顔をチョコレートシロップで塗ったウサギみたいなお菓子を子供たちのために作っています。

男の人は、あちらこちらを渡り歩く紙芝居の語り手で、現代の日本で起きた珍しい出来事を色彩豊かな絵を見せながら芝居がかったジェスチャーで物語をするのです。もちろん、わたしとケンドラも急いで子供たちのところへ行って、どんな物語がはじまるのか見てみようと思いました。わたしは日本の伝統的なおとぎ話を聴けるものと思いました。

ところが、物語は、怒っている地蔵を意味する「オコリ・ジゾウ」（おこり地蔵）という、広島の原爆を題材にしたものだったのです。「ジゾウ」（地蔵）は見たことがあります。寺院や道のほとりに置かれた、高さが約三十センチメートルの大きさの丸い形をした格好の彫像です。彫像の首のところに赤い「スカーフ」（前掛け）のような布が巻かれていたり、彫像の前にご飯や子供の人形をお供えしていることもあります。どの地蔵も、かわいらしい顔をして微笑んでいますが、亡くなったり中絶した子供の霊を弔うために置かれているのだと聞かされました。わたしとケンドラの日本語は乏しい知識しかありませんが、男の人の表情や印象的な絵を見ていると、物語の意味がわかってきました。

おこり地蔵

一人のかわいい女の子が、首に赤い前掛けをつけた小さなお地蔵さんを、いつも大切にしていました。お地蔵さんは、いつも女の子にやさしく微笑みかけているようでした。女の子も、お地蔵さんに微笑みかけます。

けれども、そのとき原爆がお地蔵さんを地面に叩きつけたのです。お地蔵さんは、自分のまわりで街が死んでゆく叫び声を聞きました。

お地蔵さんの足元に、いつもの女の子がいました。ひどいやけどをしていて、「水、水！」と水をほしがって、泣き叫んでいます。そのとき、石でできたお地蔵さんの心が、怒りと悲しみで砕けてしまいました。お地蔵さんの涙が、女の子の口元に流れ落ちました。

女の子は、その水を懸命に飲んで……、そして死んだのです。

広島で暮らしていると、自分が今暮らしている広島の街がいつの時代の広島なのかわからなくなることがあります。

37　広島の地域の一員になる

一九八七年、広島

舟入町の町内会に初めての外国人として加入し、町内会の活動に参加しようと考えました。町内会の会合がいつあるのかは、議題の内容はわからなくてもポスターを見て日時を知ることができましたが、町内会がはじまる前になると、近所のある人が決まってわたしのところにやって来て一緒に会場まで連れて行ってくれて、片言の英語と日本語の幼児語を取り混ぜながら会議で決まった内容を逐一説明してくれます。町内会のおもな活動、あるいは少なくともわたしが理解できる内容は、伝統的につづいている季節ごとの文化行事を計画すること、自宅周辺の清掃活動をすること、家を新築をするために土地を整地したとき安全祈願のため執りおこなう「神道の儀式」（地鎮祭）を準備することなどでした。わたしにとって最高の気晴らしは、どこの町内にもよくあるような世間話でしたが、その話題の中心が滑稽で不可解なわたしの言動だったことはまちがいありません。それでも町内にお祭りがあると、アメリカの休日のことを思い出しました。

ハロウィンは、ときに日本でも報道されることがあって、わたしが日本にいたころにはデパートの飾り付けでやっと目にするようになりましたが、大々的な行事になることはありませんでした。十月三十一日が近づいてきたので、今枝さんの塾の生徒たちにアメリカではハロウィンがどんな行事なのかを話しました。ハロウィン《trick or treating》というのは、子供たちが近所の一軒ごとに「お菓子をくれないとイタズラするよ」と言いながら、お菓子をねだりに行ったり、怖い格好やふざけた格好の仮装をしたり、パーティー会場でリンゴ食い競争などをするのだと説明しました。わたしとケンドラは、自分たちを町内会へ迎え入れてくれたささやかな感謝のしるしとして、町内のみなさんをハロウィン・パーティーに招待することにしました。

わたしは、今枝さん、森川さん、そのほか近所の友だちと一緒にハロウィン・パーティーの計画に取りかかりました。紙のランチバッグ、画用紙、糊を買って、それを使って悪霊、天使などの奇抜なデザインのほかに、ライオン、猫、犬、パンダなどの動物のマスクを作り、ある店でやっとのことで、わたしが身につける青いカツラとピエロの鼻を見つけました。町内の公園でみんなで準備をして、今枝さんは、子供たちも参加できるリレー競争のようなゲームの準備を手伝ってくれ、リンゴ食い競争には水をはったプラスチックの大きな盥《たらい》を用意して、景品に配るキャンディーもたくさん買ってそろえました。いよいよパーティーがはじまると、あたりいっぱいに楽しそうな叫び声と笑い声が聞こえてきました。みんなの興奮がアメリカの文化をどれだけ理解してくれているのかはわかりませんが、今では大きくなったあのころの子供たちが、少なくとも町内の思い出として、「ハ・ロ・エ・エン」でたくさんの楽しみと笑いがあったことを覚えていることだろうと思います。

その年の冬も終わるころ、何人かの友だちが、「ペィアセィ・ラゥベィ」というフェスティバルがまもなくはじまるからと熱心に教えてくれます。わたしがその意味を尋ねるたびに、みんな怪訝そうな顔をして、「だって、これって英語でしょう!」と言うのです。わたしがその会場に行って門の入口にかけられた「Peace-Love Festival《ピース・ラブ・フェスティバル》」と書かれた大きな横断幕を見るまでは、その意味がわかりませんでした。

「ペイアセイ《ピース》・ラウベイ《ラブ》」と聞こえる日本語の発音からでは、「ピース」と「ラブ」の英語が思い浮かばなかったのです。

このフェスティバルは広島にとっては風変わりな行事で、ライブ音楽が呼び物でした。「クレメンタイン」という店のなかでたくさんのバンドが演奏をしていて、のぞいてみると、テキサスとメキシコに似せたテキサス風の食事ができる店で、フェスティバルの名前にはまったく不釣り合いなカントリーウェスタンのバーです。演奏される音楽も「ピース」とはほど遠いもので、結局、この行事が意図しているのは、アメリカのヒッピーたちが集会をする「サマー・オブ・ラブ」を真似たようなものでした。会場の屋台では、小さな茹で蛸や、竹串に刺した照り焼きチキンのような手軽な食べものを売っていますが、日本では歩きながら食べるといやな顔をされるので、多くの人たちは周囲にしゃがんで食べています。

会場の一角で若い女性が茶道のお手前を指導しているのをケンドラが見つけました。小さな野外授業を受け持つその先生は、熱心そうな四歳のケンドラに手ほどきをしてくれます。ケンドラは、作法のひとつずつを注意深く真似て、教えられるとおりに「ナプキン」（帛紗）をたたみ、「竹の匙」（茶杓）の上に乗せた緑色の「マッチャ」（抹茶）の粉をこぼさないように気をつけながら茶碗に入れ、柄杓を使ってゆっくりと、しとやかな動作でお湯を茶碗のなかに注いだあと、せわしくかき混ぜます。そして、かき混ぜたお茶を静かに飲む前に茶碗を少しずつ三回まわしたあと、茶碗を先生にもどす前には小さな指先で飲んだ縁のところをぬぐうのです。ケンドラが茶道のお手前を終えるまでには周囲に人だかりができて、混血のアメリカ人の幼稚園児がひどく熱心な様子で茶道のまねごとをしている変てこな光景を、ぽかんとした顔をして眺めていました。

ある日、住まいの表の通りを熱狂する行進に出くわしたことがあります。以前、細かな細工をほどこした「ミコシ」（神輿）という運搬用の神社を見たことがあって、それは長崎の歴史文化博物館に展示してあった山車《だし》と呼ばれる舟を思い出させました。長崎のお祭りは、表面を色づけして彫刻をほどこした山車の舟を空中に高く持ち上げる行事で、博物館では山車の舟が実際に使われている様子を伝えていませんでしたが、このたびの「神輿」は、特別な日に姿をあらわした神々が、ふんどしを締めた数十人の男たちに曳かれて太鼓の音に合わせて群衆のあいだを練り歩いているのです。群衆の興奮が高まってくると、神輿を担いでいる男たちは神輿をぐるぐる回転させたり、地面の方に下げたと思うと、今度は重たい神輿を空中へ放り上げて、見物客のあいだには歓喜と怖さの入り交じった素朴な興奮が充ちあふれ、こんな荒々しい光景と、日本でいつも目にする几帳面で礼儀正しい人々の姿が共存していることが、わたしにはひどく不思議に思われました。

外国人だけが特定の地区にまとまって暮らすよりも、こうして地域のなかで日本人たちと暮らす方が、文化がちがっていても人々がつながり合う機会になることがより深く理解できるようになりました。

とにかく、広島の地域の一員になって暮らしていると、わたしと娘の暮らす家庭がいつも広島なのだということを思い出させてくれます。平和活動は、連帯という蜘蛛の巣のように強くつながっています。被爆前の広島と復興後の広島とが共存していて、人々の楽しい集まりと、いかめしい抗議活動とが交互にあらわれるのです。

38　側面を見る

一九八七年、広島

広島市の中心部にある「縮景園」という、時代を超越したような庭園を訪れてみました。園内の真ん中に広い池があり、池の周囲には茶室が何棟かひっそりと建てられていて、茶室を避けてとおるように曲がりくねった小道が造られています。この庭園は一六〇〇年代に築造されたもので、広島城の近くにあります。原爆によって魚の泳いでいた池は干上がり、園内の植物はすべて焼きつくされ、樹木はなぎ倒されましたが、それでも庭園の以前の構造は残り、生命がふたたび成長をはじめたのです。

この庭園の構図は巧妙に造られていて、正しい方角から眺めると、縮小されたひとつの風景があらわれてきます。小さな盛り土が山を巧みに表現し、小さな川の流れが荒々しい大河を表現し、池の周囲に小石を置いて作られた曲線が海岸の砂浜を表現しています。視線をあげずに、このように配置された構図をひとつの風景として思い描くことが肝心で、そうしないと、この風景は見えてきません。その美しさは、それほど繊細なのです。

＊＊＊

ことばで伝えられないものを伝え、見えないものを示すには、どうすればいいのでしょうか？

以前、このことを巧みに表現した何枚かの写真を見たことがあります。その写真、というよりネガフィルムみたいなのですが、それには何も写っていないわけではありません。何かしらの形と構造と存在らしいものが写っていて、そこに何かが見えるのですが、それが何かよくわかりません。この写真を制作したのはアリス・ミセリという芸術家で、チェルノブィリ周辺の放射能で汚染された地域でフィルムを放射能で感光させて制作したもので、生きものが生存できない空間を充たしている目に見えない放射能を見える形に表現したのだと説明しています（*Projeto*《プロジェト》 *Chernobyl*《チェルノービリ》 というこの写真は https://www.as-coa.org/alice-miceli-projeto-chernobyl で一部を見ることができます）。

父がアリスのような技法を使って写真を撮ったとしたら、その写真は父の生涯を貫いていた広島のどんなありさまを表現したでしょうか？　父の体を蝕んだ放射能を表現しようとしたでしょうか？　それとも、原爆の惨状を身ぢかに感じた記憶を表現したでしょうか？　あるいは、ひょっとしたら、実際の放射能が父を無理やり黙らせ、自分の撮影したフィルムを父の生涯から切りはなし、フィルムによって伝えようとしていた父の夢を握りつぶしたでしょうか？

広島がわたしを引きつける目に見えない引力を表現した写真がもしあったとして、わたしがその写真を見たとしたら、自分はどうするでしょうか？　その写真を見まいとするでしょうか？　その写真の前から急いで立ち去るでしょうか？　とにかく、父とわたしは二人とも広島のことで頭がいっぱいになっていたのです。広島によって二人とも変わりました。でもそれが何なのか、わたしはまだ語ることができないでいます。

＊＊＊

以前、アメリカ陸軍の大尉だった友だちと、よくハイキングに行きました。その友だちが暗闇のなかを懐中電灯なしで歩く方法を教えてくれました。そのコツは、真っ暗な道の前方を見ないようにして月明かりを利用するのだそうです。薄明かりのなかでは周辺視野の方がよく見えるので、暗闇のなかでは側面を見た方がいいのです。

自分の心のなかに染みこんでくる広島を、この目で見て、示し、語ることができればと思っていますが、今のところは側面でしか見ることができないままです。

39　語り部

一九八七年、広島

広島という街が、父の生涯とわたしにおよぼす影響力を理解しようと思って、広島とわたしの、この奇妙な結びつきのことを沼田さんに話してみました。すると沼田さんは、語り部の活動を手伝ってくれている江口保という人を紹介してくれました。

江口さんは、小柄で頭のてっぺんが禿げていて目をかがやかせる人なので、こちらも自然に笑顔になれます。朗らかな感じのする人で、まわりに子供たちを集めて自分の話を聞かせているときの様子を見ても、子供が好きなんだというのがよくわかります。とてもやさしい語り口で、話の内容が悲しいことだということを忘れさせるほどです。お気に入りの場所は川のほとりで、話をしているあいだ川の流れが聞こえるのが好きなのです。川の水は安らぎなのです。

一九四五年の七月下旬から八月上旬にかけてアメリカ軍は沖縄まで進攻していて、つぎは九州に上陸すると日本人はだれもが思っていました。当時の江口さんたちは、木材で実物大の戦車を造って、アメリカ軍の戦車が進んで来たら、爆弾をかかえた人間でどうやったら防ぐことができるかを訓練していました。ある日、木材で作った偽の戦車に爆弾が投下されたので、アメリカ軍はその戦車を本物だと勘ちがいしたのだとみんなは思いました。学生たちは木で作った小銃と銃剣で訓練をし、江口さんも学生の一人として、自分は国家の教えるとおりの「熱狂的な信奉者として、なんの疑いもなくすべてが真実だと思っていました」と話してくれました。

当時、江口さんは長崎にいて、原爆が投下されたときは爆心地から八百メートルのところにあった木造建ての瓊浦《けいほ》中学校の校庭で被爆し、瓦礫の下敷きになって意識を失いました。助け出してくれる人はだれもいなかったので自力で這い出しましたが、その前後の記憶はありません。驚いたことに、周囲が炎に包まれたのに焼け死ななかったのです。それでも、上腕にやけどを負い、倒壊した瓦礫で怪我をしました。

学校にいた八十〜九十パーセントの生徒たちは亡くなったそうで、そのとき校庭には七、八人の生徒と一緒に二人の友だちがいました。一人は岡田ショウイチくんで無傷でしたが、もう一人の山本カズキくんは岡田くんと一緒でしたが、梁に体を挟まれて助けを求めて叫んでいたので、岡田くんが山本くんの上にあった重たい木材をのけて助け出しました。

江口くんと山本くんは一緒になって学校の校門の近くにあった倒壊した家屋の上をよじ登り、足を滑らせながら伝って行き、井戸を見つけて二人は水を少し飲みました。多くの人たちが血まみれになって茫然として歩いて行くのが見えます。江口くんは顔と体に切り傷を負っていて、左目にはガラス片が刺さり、髪の毛もすっかりなくなって、鼻のある部分が大きな空洞になっていたので（鼻筋のところは、のちに臀部の骨を移植して再建しました）、子供たちがお化けだと叫びました。

江口くんの自宅と家族のいるところは学校から三キロメートルのところにあったので、さいわいにも、ほかの家族は無事でした。自宅に帰り着いて三日後、一家は佐賀県の親戚のところに移り、江口くんもそこで元気を回復しました。その後、学校の先生になって、一九五一年に東京で結婚しています。

被爆して六ヶ月が経ったころ、傷が癒えたので長崎にもどり、級友だった岡田くんを探し出そうとしましたが、岡田くんは原爆が投下された日には無傷だったのに一九四五年九月二日に亡くなったことを知りました。岡田くんのお母さんは、息子が亡くなる前に、江口くんはひどい怪我をしていたから生きていないのではないかと心配していたと話したそうです。

江口さんは、長いあいだそんな自分の被爆体験を語ることについて考えあぐねていましたが、まもなくして、兵士を訓練することができるのなら平和を訴える人を育てることもできるのではないかと考えたのです。大切なことは、子供たちに対して他人の痛みを感じ他人の気持ちを思いやることを教えることだと考え、それを達成するためには、子供たちが広島に来て被爆者たちのことばに耳を傾ければ他人が受けている苦痛を感じることになるだろうと考えたのです。

江口さんは何年もゆっくりと時間をかけて考えた末、自分の苦難を語る義務を感じるようになったのです。江口さんの場合、原爆の生き残りとして自分が被爆者だと自覚することになったきっかけは、一九六〇年にもらった被爆者手帳でした。それからは、自分が勤めている学校で新年度がはじまるときには生徒たちに自己紹介をして、新入生に長崎での被爆体験を語るようになったのです。また、数学の授業をするかわりに、ときには戦争について生徒たちと話し合ったりすることもありました。

一九七六年には永井博士と協力して広島と長崎への修学旅行を計画するようになりました。初めは、修学旅行先で生徒たちに原爆でわが子を亡くした母親たちの話を聞いてもらう計画を立てたのですが、当時は周囲の人たちが賛成しないのを押してまで生徒たちに被爆体験を語ろうとする被爆者を見つけ出すのは困難でしたし、原爆から長い年月がすぎていて、第一世代の被爆者の多くは亡くなったり寝たきりになっていましたから、病床の被爆者を訪問したり被爆者の墓に詣でることをつづけましたが、その人たちが生徒たちに語ることは、もちろんありませんでした。

それから数年後に退職して、一九八二年のある日、広島の平和公園にいたとき、美浜町（原子力発電所のある町だということを江口さんは知っていました）から訪れていた修学旅行の高校生たちと出会ったのです。その生徒たちが近くの川辺で屋根瓦の破片を探していたので、江口さんが声をかけると、生徒たちは被爆者たちの証言を聞く機会がないからこうしているのだと言ったのです。それで、江口さんは語り部をしている沼田さんの話を聞かせようとしましたが、そのことがあってからも修学旅行生たちに話をしてくれる語り部の人数が少ないため、自分も語り部をしなければならないことに気づきました。それからは毎年のように、広島に修学旅行生が訪れる時期になると、東京で暮らす妻、子供、孫たちを残して広島の被爆者たちと一緒になって自分も被爆体験を話すようになったのです。

図45　江口さん。1987年。（著者が撮影）

江口さんは、修学旅行シーズンが終わって東京の自宅に帰るとき、わたしとケンドラに東京の自宅に来ないかと誘ってくれて、東京の江口さん一家のアパートで昼食をごちそうになりました。そのときの江口さんの顔はとても表情に富んでいて、遠くを見るような悲しそうな表情をすることもありましたが、お孫さんやケンドラが江口さんの気を引こうとしていると、急に顔を輝かせて、やさしそうな表情になりました。

わたしとケンドラが東京にいるあいだ、「第五福竜丸」というマグロ漁船を保存している展示館に連れて行ってもらいました。展示館の外観は、その漁船の周囲を囲うように優美な帆を表現した大胆な傾斜をつけて建てられています（この珍しい展示館と内部の船は http://d5f.org/ で見ることができます。このマグロ漁船は、当時のアメリカとソ連とのあいだで緊張が高まって冷戦の一部となっていた一九五〇年代の核開発競争の早い時期の犠牲になったのです。スターリンが原爆の実験を実施したことを知ったアメリカは、さらに強力で「もっとすぐれた」兵器を開発する極秘計画のため巨額の予算を投入しました。そして、「マイク実験」と名づけられた初めての水爆実験が成功し、このときの水爆は十メガトンの威力を示し、ナショナル・パブリック・ラジオの『核開発競争《The Race for the Superbomb》』に引用された資料によると、広島に投下された原爆の八百倍の威力がありました。そののちも、太平洋での核実験はつづき、一九五四年三月一日にはビキニ環礁で「ブラボー実験」が実施されたのです。

第五福竜丸の二十三人の乗組員たちは、不幸にも、この「ブラボー実験」によって発生した閃光とキノコ雲が見えるほどの距離にいたのです。乗組員の一人だった見崎《みさき》吉男さんはＣＮＮのインタビューに応えて、そのとき目撃した様子を、「西の空が突然輝いて、海面がいつもより明るくなりました。わたしらは不安を感じながら、眩しいほどの光を眺めました。七、八分ほどして雪崩のような大音響がしたあと、水平線上に色とりどりの火の玉が見えました」と語っています。

ブラボー実験から百三十キロメートル東にいたこの船に放射能の灰が降りそそいで、乗組員全員が急性放射線障害による症状を起こし、久保山愛吉という乗組員は七ヶ月後に放射線障害のため亡くなり、ほかの乗組員たちの多くも、死因が特定できないまま若いうちに亡くなったということです。なお、見崎さんは二〇一六年に九十歳で亡くなっています。

アメリカ政府は当初、第五福竜丸に対する補償を拒んでいましたが、最終的には第五福竜丸と乗組員が受けた損害に対して二百万ドルの補償金を払いました。この補償金はアメリカがソ連よりも優位な立場に立つための代償として支払われたのですが、ブラボー実験からわずか一年半後にはソ連も水爆実験を実施し、こうして核開発競争の果てしない悪循環による核兵器の拡大と拡散がつづくことになったのです。

アメリカの核兵器による今ひとつの犠牲者が日本の漁船の乗組員だっということを、わたしは皮肉な巡り合わせと思わずにはいられません。多くの歴史家は、広島と長崎に使用された原爆は第二次世界大戦を終わらせるための止《とど》めの一発だったというより戦後にはじまる冷戦の先制攻撃の一発だったと考えられると述べていますが、どんな戦争でも、止めの一発はつぎの最初の一発になるという気がします。

第五福竜丸の事件は、日本の一般国民と同じく多くの被爆者たちに対しても、核開発競争をつづけることは超大国にとってだけでなく日本や世界中の国にとっても脅威となるというメッセージを伝えることになりました。核兵器を実験したり使用する恐れがあるということは、戦争になれば戦いとは無縁な民間人にまで病気を引き起こしたり死に至らせることになるのです。そして、この事件をきっかけに、翌年に広島で第一回原水爆禁止世界大会が開催されたのです。

わたしは第二次世界大戦について研究している学者ではありません。よく耳にする議論として、「真珠湾攻撃についてはどう思うのか」とか、「戦死した人の数は、とくにアメリカ人は何人だったのか」とか、「どのみち日本は降伏したのではないか」というテーマがあります。このようなテーマについて書かれた本はだれでも入手することができますが、いずれにしても、起きた出来事を変えることはできないのです。

本書のなかに登場する人たちは、全員が起きた出来事の一部なのです。今のわたしに言えることはそれだけです。この人たちの物語からどんなメッセージを汲み取るかは、読者が自分で決めなければなりません。たとえ過去の過ちを書きあらためることができなくても、相手に思いやりを持って耳を傾けることで、過去から得られる教訓に心をひらくことはできるのです。

40　ぽつんと建つ記念碑

一九八七年、広島

四歳になるわたしの娘と十歳くらいの子供たちが輪になって、歌に合わせて一生懸命に左足を出したり入れたりしながら飛び跳ねたので、教室の木の床が大きな音を立て、机と椅子ががたがたと振動します。歌が終わるころには、子供たちは息を切らせて椅子にもたれかかり、はげしい運動のあとの元気を取りもどそうとしています。その日の英語のレッスンは、これで終了です。

広島キリスト教社会館のボランティアで英語のレッスンをするときに使っている絵本とノートを片づけて、ケンドラにコートを着せ、川向こうまで歩いて二十分かかる住まいのアパートへ帰る仕度をしていると、ずんぐりした体つきの若い女性が近寄ってきました。幅の広い平べったい顔立ちをしていて、髪の毛は黒いけれど、日本人のような直毛ではありません。その女性は、あまり上手でない英語で話しかけてきました。

「すみませんが、わたし、質問したいです。アメリカでは、どうなのですか？　アフリカ人たちのこと」

わたしはケンドラの方を見ました。「多くのアフリカ系アメリカ人にとって、わたしが子供のころよりは暮らしぶりは良くなっていますが、それでも多くの点では、まだ白人と平等というわけではありません」

「わたし、アメリカ、行きたいです。アメリカにいるアフリカ人、知りたいです」

「アメリカにですか？　どうしてそう思うんですか？」

多くの日本人は、ケンドラの三つ編みをちらりと見て、わたしとケンドラとを見比べながら、赤みがかったブロンドのわたしの長い髪とちがうのに明らかに戸惑った様子を見せますが、人種の問題を公然と口にする人は一人もいません。

「日本で暮らす朝鮮人、アメリカで暮らすアフリカ人、同じです。わたし、そう思います」

ある点では同じですが、もちろん、まったくちがうとも言えます。この問題について、わたしの拙い日本語と相手の拙い英語とで説明し合うことは不可能です。わたしは微笑みながら、「いつかアメリカにいらっしゃって、ご自分の目で確かめてみてください」と言うと、女性も笑顔を見せました。

今日は、いつものようにまっすぐ帰宅しないで、平和公園の方へ歩いて行くことにしました。この方角に歩いて行くと自宅から遠ざかって行くので、平和公園までは行かずに平和公園に渡る橋の手前で立ち止まりました。その場所には、平和公園から橋を隔てて追放されたような記念碑がひとつ建っています。

広島の原爆で亡くなった人たちの一割以上は朝鮮人で、その多くは日本が朝鮮を植民地化していたときに強制的に日本へ連れて来られた人たちでした。この記念碑は、石で造られた亀の上に多くの文字が刻まれた石塔で、朝鮮人の犠牲者を弔う慰霊碑なのです。その碑文には、「死者の霊が亀の背に乗って天国に昇る」と記されているそうです。

江口さんは、以前にこの慰霊碑に案内してくれていて、平和公園のなかに朝鮮人の犠牲者を追悼する慰霊碑を建てることには強い反対があったと説明してくれました。結局、妥協案としてこの場所が選ばれたのですが、わたしは人種差別がこんなことにまで影響をおよぼしていることを知ってショックでした。

それまでにも日本国内の差別の歴史については少しばかり知っていました。日本で暮らす朝鮮人とそのほかのアジア人は、ときには何世代にもわたって日本人と同化することがなく、長いあいだ劣等な人種とみなされ、北日本の先住民族だったアイヌや、歴史的に日本の社会からのけ者にされた「ブラクミン」(部落民)も同じように蔑視されてきました。この話は、広島キリスト教社会館を運営している宗像《むなかた》基牧師から教えてもらったもので、宗像さんは多くの朝鮮人や同和地区の人たちに奉仕していて、わたしをボランティアとして採用してくれた人です。ある日、宗像さんは戦争中にクリスチャンが差別を受けていたご自身の記憶について語ってくれました。

宗像さんは、一九二四年に台湾で暮らす両親のもとで生まれ、一九三〇年代に一家は日本へ帰国しました。両親ともクリスチャンで、子供の宗像さんも台北のキリスト教会にかよっていましたが、日本とアメリカとのあいだで戦争の可能性が高まってくると、日本人のクリスチャンたちは国の監視下に置かれ、西洋の宗教に関係しているという理由で、一般の国民から敵意の目を向けられるようになったのです。宗像さんはそんな嫌疑を晴らそうとして神社に参拝したり、中学校を卒業して軍人になる道を選びました。

子供たちは、天皇のためには命をかけて奉公しなければならず、天皇の名のもとに実行されることはどんな行為も正当化されると教えられました。クリスチャンたちは、イエス・キリストと天皇のどちらが偉大かという質問に答えることを強要され、キリストの方が偉大だと答えたら罰せられ、反対に、天皇の方が偉大だと答えたら、死んでしまって偉大でもないキリストを信仰する理由を説明しなければなりませんでした。唯一可能な答えは、両者を比較することは不可能だということしかありません。当時のクリスチャンが万一、天皇を非難しようものならひどい罰を受けましたから、ほとんどのクリスチャンは政府の方針にしたがい、したがわなかった人は社会から隔離されたのです。

朝鮮を領有した日本は、朝鮮国内に神社を建てはじめ、日本政府は国内で指導的立場にあったクリスチャンたちを朝鮮へ送り込んで、宗像さんによると、そのクリスチャンたちの使命というのは、神社は「宗教的な」建造物ではないので、信仰している宗教に関係なくだれもが神社に参拝しなければならないということを朝鮮の国民に教え込むことだったのです。

中学校を卒業した宗像さんは広島に近い海軍兵学校に入学し、海軍の軍人になるための教育を受けたあと、戦争が終わるまで特殊潜航艇の艇長として任務に就いていました。そして、祖国のため懸命に軍務をまっとうし、自分自身が求めることには目をつぶって国が求めていることにだけ尽そうと何度も自分に言い聞かせました。一九四五年八月六日、広島から約百九十キロメートルのところで任務に就いていたとき、閃光を感じたので驚くと、そのあと広島の上空に立ちのぼるキノコ雲が見えたのです。

戦争が終わって一年ほど経ってから東京の神学校に入学し、牧師になりました。そして、クリスチャンを差別していた人たちに対しては同情を感じましたが、戦争中の帝国主義的な弾圧に対しては嫌悪するようになりました。神学校を卒業後、伝道師として広島にもどり、広島牛田教会の牧師を務めながら、平和活動の理念と、二度と日本に戦争を起こさせないという信念を貫いたのです。

戦争がはじまる前の子供たちは、日本の身分制度の最下層として暮らしていた同和地区の人たちを蔑視するよう教育されていました。同和地区の人たちは民族学上は同じ日本人ですが、インドの「ダリット」（不可触民）によく似た身分を世襲していました。ダリットは、ガンジーが擁護しましたが、同和地区の人たちと同じように排泄物を処分したり皮革を処理するような「穢れた」仕事をする身分の人たちとみなされたのです。さらに子供たちは、朝鮮人と中国人に対しても自分たちの「弟分」として蔑視するよう教育されました。ほかのアジア人に対する蔑視政策は明治時代以降（一九一二年後）になって出現していますが、日本の多くの重要な文化的要素は中国と朝鮮から流入してきたもので、そのなかには漢字や仏教が含まれています。宗像さんは、日本は周辺の国に比べると小さな島国なので、そのことに脅威を感じて領土を拡張する必要があったのだと考えています。周辺の国に対するこのような傲慢な思想は、これらの国の人間に自立する権利をあたえないで自分たちの行為を正当化することになりましたが、宗像さんはこの点について、西欧諸国がアジアの国を植民地化したのと同じ行動を日本も取ることになったのだと結論づけています。日本の国民は、欧米人が比較的高度（軍事力について言えばそうですが）な文明を持っているのと同じように日本人も文明の頂点に立っていることを自認し、ほかのアジア人は低級なのだと教えられたので、戦前の日本の社会は「差別という文化的な環境のなかをさまよっていた」と宗像さんは語っています。

宗像さんは、戦後の日本が天皇制に復帰することに対しては、二つの理由をあげて反対しています。

その一つは、天皇の名のもとに国民に対して戦争を強要することは決してあってはならないからで、もう一つは、日本はアジア諸国の人たちや同和地区の人たちに対する社会面、文化面での差別をふたたび強めてはならないからだというのです。戦争中の日本人の子供たちは、アメリカ人は獣みたいな人間で残酷なことをすると教えられていましたが、アメリカ人に対するこのような教育はその時代の一時的なものであって、アジア人と同和地区の人たちに対する差別的な背景のような長い歴史ではなかったと宗像さんは考えています。軍備を増強する前の日本の国民は、ヨーロッパとアメリカは自分たちより高度に発達した文化を持っていると思っていたので、日本の政府はこのような国民の劣等意識を改めさせようと懸命な努力をしなければならなかったのです。そのような背景があったからこそ、日本人のアメリカに対する態度が戦後になると、手のひらを返したように好意的になったのだと宗像さんは考えていますが、同和地区の人たちとアジア諸国の人たちを蔑視する風潮は根が深く、戦後になってもすぐに改まることはありませんでした。

広島の街を流れる二つの川に囲まれたある地区は、歴史的に同和地区として知られていました。この地区は広島のなかでもっとも洪水の被害に見舞われやすいところで、この地区があるおかげで広島のほかの地域は洪水から守られて、洪水になっても同和地区が被害に遭うだけで、広島の街は洪水の脅威にさらされることはなかったのです。また、そのあたりは湿地帯だったので、住民たちの多くがさまざまな病気にかかりやすい環境でした（戦争が終わって一九五〇年代初頭に二つの川筋を変えて埋め立てる計画が実施されたので、工事のあいだに、この地区の住民たちはほかの地域に分散しました）。ただ、原爆が投下された直後には被爆者たちが同和地区にも避難してきて、大惨事による混乱状態によって人々が束の間だけ平等な立場になったのです。陸軍船舶司令部は、そのとき宇品港に駐屯していて戦争中は軍事物資などの輸送を担う重要な任務に就いていましたが、原爆が投下された直後、船舶司令部は「暁部隊」と呼ばれた部隊を同和地区に派遣しました。この派遣については、同和地区の人のあいだで意見が分かれ、この派遣は自分たちを救助するために軍隊が来るのだと信じる意見と、自分たちを保安上管理するためだと主張する意見があったのですが、いずれにせよ、被爆者たちの医療処置がはじまっても、同和地区の人たちと朝鮮人は後まわしにされたのです。

一九五七年、宗像さんは伝道師としてブラジルに渡りました。そのあいだの一九六三年に、政府が制定した差別禁止法が適用されるようになり、宗像さんが帰国したときには、それまでの差別の様子はあらたまっていましたが、あいまいな部分もまだ残っていたので、長いあいだ差別に苦しんできた人たちを支援するためのセンターを設立することにしたのです。広島キリスト教社会館にやって来た子供たちのなかには、障害のある子供たちのほかに同和地区の人たちや南北朝鮮の子供たちも混じっていて、ふつうの子供たちと一緒になって活動に参加しています。宗像さんは、子供たちに戦前の日本がどんなだったかについて話をし、朝鮮人の子供たちには自分の氏名を日本名ではなく母国の名前で名のるよう教えました。朝鮮人たちは、日本による占領時代に名前を日本名に変えるよう強要されたため、子供たちの親は学校で大っぴらに朝鮮名を使わせることを怖れていたのです。

宗像さんによると、戦争が終わると、被爆者たちも差別を受けたそうです。当時は原爆症のことが十分に理解されていなかったので、被爆者に接触すると病気がうつったり、ひろがるかもしれないと周囲の人たちは怖れ、被爆者は子供が産めないとか死産したり奇形児が生まれると思っている人もいましたが、被爆したことが平均余命にどれほど影響するのかは、だれにもわかりませんでした。そのころの日本では、会社の事業主や結婚の仲人が当事者の生い立ちを調査して、外国人や同和問題に関係する人を除外することが一般的でしたし、戦後になってからは、被爆者という経歴もこのような調査の対象となったと考えられます。被爆者を援護する法案が可決したあと、被爆者だけを優遇することに憤慨する人もいましたが、宗像さんによると、アメリカ政府の占領政策によって原爆が人体におよぼす実際の影響にかんする科学的な情報を隠蔽してきたことが被爆者に対する差別を生む大きな要因になったとのことです。何もわからないことから人々のあいだに恐怖心が生まれたのです。

宗像さんは、広島で平和活動をする人たちのあいだでは、かならずしも広く支持されてはいません。それというのも、昭和天皇が崩御される直前に多くの国民が天皇の安否について声をひそめて話し合っているときに、宗像さんは、これで天皇制が終わると大っぴらに言ったり、「ゼロ・デイ《Zero Day》」だというような暗号名で呼んだり、さらには、戦争中のように「日の丸」を掲揚したり「君が代」を賞賛したりする右翼の活動に反対していたからです。また宗像さんは、世論が日本の再軍備に傾くことを怖れていて、「ノーモア・ヒロシマ」というスローガンには二つの意味があると主張しています。「一つは、原爆は二度と起こしてはならないという意味で、今一つは、戦争を起こすような侵略を二度とおこなってはならないという意味だ」というのです。

これと同じ理由から、平和公園は日本の侵略行為のことも伝えなければならないと宗像さんは主張しています。広島平和記念資料館には広島になぜ原爆が投下されたのかという歴史的な背景について説明がないというのです。戦争中の広島には数々の軍事施設があり、十二万トンもの弾薬を貯蔵する施設があったそうです。このような歴史の側面を語る宗像さんの主張に対して、平和公園は被爆者の苦痛だけを伝えるべきだと考えている人たちからは多くの反対意見が寄せられているのです。

宗像さんの主張は、わたしたちはあらゆる角度から自分たちのおこないを悔い改める必要があるということを心から呼びかけていて、その主張は、わたしには深く伝わってきました。わたしが理解したかったことは、だれが犠牲者か、だれが悪党かを探し求めるのではなく、わたしたちが、いかにお互い同士を深く傷つけ合っていることか、人種差別や戦争や暴力が、いかに多くの世代にわたってくり返されていることか、ということなのです。

41　心が安らぐ別天地

一九四六年、日光

一台の軍用救急車が山に向かう狭くて岩だらけの道路を登って行きながら、ヘアピンカーブをまたひとつ猛スピードで曲がったので、ハーブはドアをしっかりとつかんだ。対向車が来ないことを祈りながら、肘で窓の水滴を拭った。車の外は、風で揺れる松の木々と岩の割れ目から蒸気が噴き出す切り立った断崖の荒涼とした景色で、山全体から蒸気が立ちのぼる寒々とした光景だった。車にはヒーターがあったが、ハーブは身ぶるいをした。

軍用救急車は、山のふもと近くに進駐軍が休憩所として接収したリゾートホテルの建ち並んだあたりを走りすぎたが、今まで長いあいだ舗装のされていないこの道路を走りながら、ハーブはこの世を過ぎ去って別の世界へ連れて行かれるような気がした。そして、自分が存在しているのかどうかもわからなくなっていた。

ハーブたち撮影チームの一行が東京をあとにして日本の各地を六ヶ月ほど視察し、一行の列車が横浜駅の構内へ帰り着いて数週間がすぎたころ、それまでのあいだに占領政策は新たな様相を帯びていて、ハーブたちの乗っていた列車は進駐軍の権限に移されることになり、一行が東京をあとにしたという記録はだれ一人として知ることがなくなったので、ハーブたちの活動そのものの存在も知られなくなった。そのため、ハーブたちが東京へもどってきたことを正式に承認する責任者は一人もいなかったので、ハーブたちは結局、横浜駅の構内に長くとどまることになった専用列車から降りて、立ち去ることになった。一行は解散し、ハーブはコダクロームの十六ミリ百フィートのカラーフィルムを大きなトランクにいくつも詰め込み、ジープに積んで明治生命ビルにあるオフィスに持って帰った。

オフィスにもどってみると、机の上には片づけなければならない書類が山のようにあった。そのため、来る日も来る日も、旅行のあいだにつけていた日誌を引っ張り出しては、視察旅行のあいだに訪れた日本国内の一連の都市にかんする記述の補足をしようとしたけれど、記憶はもう曖昧になっていた。瓦礫の光景や、やけどや怪我をした人たちの様子や、倒壊したビルや、悲嘆に暮れる人たちの光景や、ゆっくりとながらも復興しているありさまなどが、もっと思い出せるはずなのに、タイプライターの前に座ってもキーを打つことができなかった。

そこで、視察旅行のあいだの楽しかった場面を思い出すことにしてみた。たとえば、ある街では思いがけずキリンビールの会社が事業を再開するところに行きあたり、水差し、洗面器、ポット、そのほか探し出せるだけの容器にビールを充たして、そのあとの旅行は旨いビールですごしたことを思い出し、ハーブはちょっと微笑んだ。

小倉という街があった。上空を雲におおわれていたおかげで、原爆の投下を免れた街だ。その二年前から、アメリカ軍は小倉にある製鋼所の心臓部ともいえるコークス炉に対して精密爆撃をおこなっていたので、コークス炉が破壊されて日本は鉄鋼産業をつづけることができなくなり、完全に復旧させるのに二年かかった。ハーブたちが製鋼所を訪れたときは、いくつかの溶鉱炉がふたたび稼働していたが、戦争中には日本軍のために銃や兵器に造られていた金属が、そのときは調理器具に造り替えられていることを思い出して、ハーブはまた少し微笑んだ。

製鋼所の所長にも面会し、その人はアメリカで見かけるようなタイプの人物ではなかったけれど、戦争がなかったらアメリカの億万長者になれただろうと想像した。所長は、自分の幼い孫娘のためにハーブがコンデンスミルクを一箱提供してくれたことに何度もお礼を言ったものだ。

それから京都という街があった。日本でもっとも美しい街とされる京都は、さいわいにも戦争では無傷だった。もし京都に原爆を投下していたら、日本で貴重な文化遺産の多くが失われたはずだ。

ここまで思い出したハーブは、火の点いていない葉巻を噛みながら窓の外を眺めた。ことばは、まだ出てこないが、頭のなかでは、ことばがぐるぐると動きまわっている。これまで自分なりに仕事をやり遂げてきたはずだ。被爆地でフィルムにおさめる対象を探しまわり、さまざまな人にも会い、いろいろな計画を立ててきた。ところが今、これから片づけようとする仕事は楽だろうと思っていたのに、それが突然できなくなってしまった。

何もする気がしなくなり、眠ることもできなくなった。座っていることさえ辛かったが、計画を進めなければならないという気持ちは自分のなかに脈打っていた。あのフィルムは公にしなければならない。それも、ただちにだ。アメリカの国民は何も知らないのだ。これから何ヶ月経とうが、原爆がいかに人間に恐るべきことをしたか、目には見えないが原爆がいかに有害な病気を引き起こすかは、だれも知らないのだ。ハーブたちが撮影したフィルムの映像を人々に見せるために自分がやるべきことは、世界中の人たちにとってもっとも重要なことなのだ。しかし、急がなければと思いながらも体じゅうが麻痺したようになっていた。

やっとのことで医師の診察を受けた。

「わたしは医師に打ち明けた。『先生、わたしは長崎と広島で体験した恐怖を自分の心から消し去ることができないんです。あのときの光景がつぎからつぎへと浮かんできて、なかでも、熱線で溶けて不気味な形相になった被爆者の顔が、わたしにつきまとうんです。夜、眠ろうとしても、目を閉じると、その人たちの顔が目の前に見えてくるんです』

こんな話を軍医にしても仕方のないことだったが、さいわいにも診察してくれたボウマンという医師は非常に親切だった。ボウマン医師は、『君を治すために処方できる薬はないが、来週の休暇中に、わたしと一緒に山の中にある人里はなれた場所へ行ってみよう』と言ってくれた。ボウマン医師は、そこは『別天地だ』と言った。

わたしは、この別天地でまもなく十分に英気を養うことができて感謝した」

軍用救急車を運転するボウマン医師が最後の危なっかしいカーブを曲がったので、体を懸命に支え、そのあと車は、やっと広いところへ停まった。ハーブは胸をなでおろした。車から降りて、あたりを見まわすと、そこは広い草原で、周囲には山頂が樹氷におおわれた山々がそびえ、目の前には松林に囲まれた小さな湖があった。鏡のような湖面に絵のような小さな宿が映っていて、百年以上もその場所にあるかのようだった。そして実際にそんな宿だった。

ハーブは美しい風景に息を呑んで、心をうばわれた。静寂と平穏とで心が洗われるようだった。永遠にこの場所にいてもいいと思った。ここならきっと自然の美しさと硫黄泉のおかげで、半年前に東京をはなれた快活で自信にあふれた若者の心を取りもどせそうな気がした。宿の主人と娘が、ハーブたちが持参したスキヤキ用のアメリカ産牛肉、新鮮な野菜、アメリカ産コーヒーなどの食材で夕食を用意してくれた。

夕食のあと、宿の外を散策しながら大きく息を吸い込んだ。酒で体が温まっていて、楓と松林に囲まれた、だれもいない清らかな小道をあてどなく歩いた。宿には、ほかに宿泊客がいないこともうれしかった。ここはハーブにとって人目につかない癒やしの場所になった。戦争からやっと解放された気分だった。ホロコーストに対する罪の意識を感じることはやめようと自分に言いきかせた。原爆は自分がやったことではないのだ。そして、心の安定を取りもどすには天に近いこんな場所で独りですごす時間が必要なのだと感じた。

42　ワシントンからの命令

一九四六年、日光

翌朝は、木々の枝をとおして朝日が輝いていた。空気は希薄で、さわやかだ。松葉と温泉の硫黄の匂いが漂っている。昼ころになって、舗装のしていない道路をエンジンをふかしながら登ってくる車の音が聞こえてきた。突然、クラクションが鳴りひびいたので、何事かと思って外に出てみると、ジープからMPの軍曹が降りてきて、ハーブの前に来て文書を差し出した。

可能なかぎり速い輸送手段を使って至急ワシントンにもどるようにという命令だった。ハーブは、座り心地の悪い軍用輸送機のバケットシートに果てしないほど長時間座っていることがどんなものかをよく知っていた。こんなに急がせるとはどういうわけなんだ？　戦争はもう何ヶ月も前に終わっているし、フィルムは東京のトランクのなかにちゃんと納めてある。「急いで片づけて、待機せよ」という陸軍の格言の意味だろうとハーブは思った。

ハーブがためらっていると、軍曹が、「よろしいですか、少尉。本官はこんなことはしたくありませんが、すぐに自分と同行していただかなければ、逮捕して拘束する命令を下すことになります」と言った。軍曹がハーブをジープに乗せて山を下りながら、そこから百二十キロメートル南の東京をめざして急いでいるとき、いったい何が起きているのか頭を巡らしてみた。軍曹は具体的なことは何も話さない。東京にもどったハーブは急いで明治生命ビルに行き、ダニエル・マクガバンを探し出して説明してもらおうと思った。しかし、オフィスのドアをノックしても返事がない。オフィスの二つの部屋は何もなくなっていて、部屋の真ん中にトランクが二つ残されているだけだ。

トランクの一つにマクガバンからのメモが付けられていて、それには、命令で自分もワシントンに帰ることになったことと、ハーブには、保管しているフィルムを持参してアンダーソン少将のところへ出頭するようにということが手短に書かれていた。ハーブはトランクのなかを点検して、自分と三村が撮影した数千フィート分のカラーフィルムが無事なことをたしかめた。ダン・ダイアが撮影したフィルムが入っていたはずのロッカーのなかは空だ。ハーブの日誌もなくなっている。日誌がなくなったことにハーブは困惑した。

「あちこち探しまわったが、どこにも見つからなかった。日誌には、撮影チームが訪れた場所や目にした光景について自分が感じた印象を書き記していて、その内容は軍隊特有の見方とは異なっていることがはっきりしている。もし軍の関係者が読んだら、わたし自身も日誌の内容も不評を買うことになりそうだった」

ハーブはカラーフィルムを納めたトランクを持って、乗り心地の悪いＤＣ３に搭乗して帰国の途についた。帰国するまでの六十時間のあいだ、機体の壁に取りつけられたバケットシートに大柄な体を窮屈そうにおさめて、機体の真ん中の広い空間をじっと見つめていた。燃料を補給するため途中で着陸したところは、グアム島、ジョンストン島、ハワイのヒッカム飛行場だった。ヒッカム飛行場では、機外に出てアメリカのなつかしいミルクセーキを飲みたいと頼んだが、飛行機から降りることは許可されなかった。カリフォルニア州サンフランシスコに着くと、二つのトランクを持ったまま別の飛行機に乗り換え、カンザス州ウィチタにいったん着陸したあと、ワシントン郊外のグレーブリー・ポイントにある、最近できた国際空港にようやく到着した。

トランクと所持品を持って飛行機から降り、周囲を見わたしてみると、飛行場の軍用地区の広場には自分だけだった。まもなくすると、二人のMPが乗ったジープが近づいてきたので、ボタンが留められないほどきつくなったしわくちゃの軍服を着て、衣類のいっぱい詰まったバッグと、土産物として手に入れた二振りの日本刀を持っている自分の格好が急に気になり出した。

MPは、どこへ行くつもりかと尋ねた。「それがよくわからないんだ。たぶん陸軍省へ出頭することになりそうだが」と返事をした。MPが電話ボックスのところへハーブを連れて行ってくれたので、陸軍省のアンダーソン少将を呼び出すと、交換手は今日はだれもいないと伝えた。アメリカでも戦争は終わっていて、もう陸軍省も土曜日には職員が出勤していないのだ。

ハーブはフィルムが詰まっているトランクのことをMPに説明したが、MPたちは何も知らなかった。トランクをどこかのロッカーに預けて週末をニューヨークまで行って母親に会えないかとMPに言うと、空港近くのグレブリー・ポイントに陸軍航空隊が仮の司令部として使用していて今では使われていないビルまで連れて行ってくれた。ビルの広いホールのところで管理人がモップを使って清掃をしている。

「この荷物を預けておく場所はないかな?」管理人に尋ねた。

「箒を納める物置でしたら、鍵がかかりますが」

ハーブは鍵を借りて、物置のなかにトランクを入れた。ハワイではミルクセーキを飲むことさえ許されなかったことが滑稽に思われたが、アメリカに帰ってみると、急ぐということは戦争と一緒に終わっているような気がした。

MPたちはハーブをニューヨーク行きの軍用機に乗せるため空港へ連れて帰った。三年のあいだ母親とは会っていない。マンハッタンの自宅に帰り着くまでには親戚一同がハーブの帰りを待って集まっていたが、ハーブはひどく疲れていて、これまでの話をみんなに聞かせる気にならず、月曜日まで二日間、ほとんど眠りつづけた。

そのあとワシントンへ行って、命令どおり陸軍省へ出頭した。

43　機密あつかい

一九四六年、ワシントンDC

オービル・アンダーソン少将が軍司令官を務める戦略爆撃調査団では、報告書はすでに出来上がっていて、自分たちの仕事も終わりに近づこうとしていた。ハーブは、グレブリー・ポイントからアンダーソン少将に電話をかけて帰国したことを報告したが、相手からの返事は、「フィルムはどこだ？」ということばだけだった。

「じつを申しますと、グレブリー・ポイントの箒を納める物置に鍵をかけて入れてあります」

「そこをはなれるんじゃないぞ！　絶対にだ！」アンダーソン少将が叫んだ。

物置のところで待っていると、三十分足らずで二台のジープと一台の小型トラックがサイレンを鳴らしながらハーブの前に急停止した。MPの隊長が三人の軍曹をしたがえて車から飛び出してくると、フィルムをこちらへ渡すよう言った。ハーブはMPたちの様子を見まわしながら、この大騒ぎに戸惑った。

「いったい、なんの騒ぎなんだ？」

「あのフィルムは『機密あつかい』になっています。アンダーソン少将の許可なくしては、だれも中身を見ることはできません。我々は、このフィルムを陸軍省まで運ぶことになっており、まちがいなく届けられたことを確認することになっています」

「このなかに入っているよ」ＭＰたちはフィルムの入ったトランクを持ち去った。

「こうして、世界中の人たちと政府の核兵器に対する姿勢をあらためさせようと考えていたフィルムは、グレブリー・ポイントの箒を納めた物置から陸軍省の極秘情報を納めた金庫に持ち去られてしまった。まだ現像もされていないフィルムが大慌てで機密あつかいにされ、わたしのつけていた日誌が忽然となくなったことから、得体の知れない強力な力が働いて、原爆の真実を一般の人たちの目から隠そうとしているのではないかと疑いはじめた。このときの出来事は、フィルムが三十年間も隠蔽されてきた理由をわたしが確信した初めてのことだった。

わたしの撮影したフィルムが機密あつかいになったことについては、その後いろいろ議論をしている人もいるけれど、当時のアメリカの国民にはフィルムが機密あつかいになったことは何も知らされていなかった。わたしは、フィルムが機密あつかいになったことを国民や世界に知らせるべきだと思っていたし、政府の関係者には、自分たちが何をしようとしているのか気づいてもらいたかった。

このフィルムを使って自分がやりたいと思っていることと軍の当局が望んでいることとは相反することだと気づいたが、それに気づいたのがいつごろだったかという正確な時期は覚えていない。ただ印象としては、軍の当局が真っ先に考えていたことは、つぎの原爆をできるだけ早く製造して、ソ連に投下して叩きのめそうとしていることだと思った。

広島と長崎で起きたことがあまりにも凄惨で、フィルムの映像を見たとしても本当のことはだれにもわからないのではないかという意見もあった。しかし、あの映像を目にしなかったら、世界中の人が原爆について思い描くのは巨大なキノコ雲のことしかないのだ。あのフィルムが公にされれば本当のことがわかるはずだし、だれが見てもわかることなのだ。

巨大なキノコ雲の写真を見ただけでは、実際の原爆について、感じ、理解し、判断し、印象を持つことは不可能だし、発生する熱の温度や、そのほか原爆がどんな意味をもたらすのかを知ることも不可能なことだ。人類が原爆の本当の意味を理解するには、人間の立場に立って理解しなければならないのに、人類のために必要なそのフィルムは一フィートだって公にされないのだ。軍事教練用として制作されただけで、あとは機密あつかいとして保管されたままなのだ」

ハーブはMPが持ち去ったフィルムのあとから陸軍省へ向かった。陸軍省ではアンダーソン少将のオフィスの場所を示す建物内部の小さな地図を渡された。少将のオフィスでは、ハーブが「これまでの三年間で最高の美人だった」と表現した陸軍婦人部隊の少佐から挨拶された（この少佐は、入隊する前は「ヴォーグ」という婦人雑誌の編集者だったことをあとで知った）。少佐は、陸軍省で仕事をすることになるハーブの秘書役を務めてくれることになった。

まもなくすると、アンダーソン少将が自分のデスクのところに忙しそうにやって来て、ハーブと握手をした。ハーブは少将の勲章を見て目が眩むようだった。軍服の右胸には二十五年間の軍務を勤めた士官としてこれ以上ないくらいの勲章が飾られていて、しかも航空部隊の最高位だったし、左胸には大統領表彰の五つ星の勲章が飾られている。少将は、あのカラーフィルムは写真加工をするためカリフォルニアにあるコダック社の研究所に送られることになると述べ、その加工のために必要な「数週間は、とくに機密あつかいにされている」とハーブに伝えた。一方で、何千枚という白黒写真は陸軍省の施設でプリントされることになった。

少将は、必要とされる期間は陸軍省で任務に就くことと記された文書にサインするようハーブに求めた。書面には、「とくに広島と長崎については、大統領に完璧な報告書を書くこと」と記されている。ハーブがサインをためらっていると、「辞めたいときは、いつでも手続きをとるぞ」と少将が言った。少将のなかでも長い経歴と恐れ多いほどの勲章を授与されているこの人物と若い少尉が議論し合うことは無理だった。

ハーブは心のなかで議論をした。自分は五年以上も軍務に就いてきた。そして自分はフィルムがとても重要なものだと確信している。それから目の前の人物を見て、この人たちの目的が少しも自分の考えと同じでないことがわかった。

少将が慌ただしく部屋を出たあと、ハーブは秘書役のミッチェル少佐に、「あれは本当なんですか？ぼくが辞めたいときには、いつでも辞めさせてやるって少将が言ったのは？」と訊いた。「あんなこと信じちゃいけないわ」と少佐が言った。ハーブは文書にサインしないことにした。

とはいえ少尉の立場としては、とりあえず命令にしたがわなければならないので、報告書をまとめることになって陸軍省の地下二階を割り当てられ、夜明け前に来て暗くなってから帰るので、八週間のあいだ太陽の光を見ることがなかった。余計なことばは要らなかったので、映像フィルムから加工した白黒写真や、同じときに撮ったスチール写真をプリントして注釈を加え、三巻の写真集に仕上げた。写真集のタイトルは『敗戦後の日本《Japan in Defeat》』だった。そして、この写真集は空軍のトップであるアンダーソン少将とトルーマン大統領にだけ届けられることになると伝えられた（*Japan in Defeat* は三巻からなっていて、二十三×三十センチの大きさで、各巻に「空襲《Air Attack》」「原子爆弾《The Atomic Bomb》」「日本の国民《The People》」の表題がつけられています。父は著者として一部を保存することができたのです）。

ハーブは、フィルムを使って軍事教練用の映画を制作する手伝いをするよう求められたが、断った。そのため、別の担当者によって原爆の軍事上の使用と医学的影響をテーマにした四本の映画が制作されたが、すべて機密あつかいにされた。あのフィルムが一般の人には生々しすぎるという理由で映像として公開できない（ハーブにはそう言われた）のであれば、一般の人たちにとって原爆は、ただ巨大なキノコ雲のイメージとして想像するしかなくなる。人間の立場から原爆のことを伝えたかった願いは、こうして握りつぶされてしまった。ハーブは除隊することに決めた。

ハーブはアメリカ人の一人として、今のアメリカなら、もっと大きく、もっと強力な核兵器を製造するだろうと思った。これまで自分が目にしてきたものは「科学者たちが調合して造った一番ちっぽけな核兵器が、どんな具合に作用するかを試した些細な一例なのだ」ということがわかった。自分が目にしたものよりもっと大きく、もっと威力のある核兵器が人類にどんな意味をもたらすのかという具体的なイメージを想い浮かべてみようとしたが、今のところ答えはノーだったし、それからもノーのままだった。

現像されて機密あつかいになったカラーフィルムは、その一部さえ見ることが許されなかった。機密あつかいだったし、今後も機密あつかいのままにされるはずで、もう自分にはどうすることもできないと思った。

そんな気持ちを抱きながら除隊したハーブは、ニューヨークへ帰り、市民生活にもどった。

44 ダルマ

一九八七年、広島

自宅のリビングにある書棚の特別にあつらえた棚に、赤く塗られた丸々とした大きな陶器の人形が置いてあります。丸い目玉の白いところが瞳のように黒く塗られていて、わが家に来た人を無感動な表情でじっと睨んでいます。少しも休まず、イライラもせず、自分のどんな秘密も明かそうとしないかのような顔付きをしています。

広島の原爆によって倒壊や火災から免れた地域のひとつに、比治山《ひじやま》の東側のわずかな地区があります。その地区も、爆風で家屋の屋根が吹き飛ばされたり建物が東側に傾きましたが、多くの建物は人が住めるほどに残ったのです。わたしが初めて広島を訪れたときも、その地区は、原爆が投下される前の広島の街がどんな様子だったのかを伝えていて、戦後になって、そこの住民たちがどのようにして建て替えて今のようにしたのかが保存されているのです。そのため、狭くて入り組んだ通りに木造の建物がひしめき合っていて、「ノレン」（暖簾）と呼ばれる色とりどりのカーテンを入口に下げた小さないくつもの店が、古めかしい住宅街のあいだに詰め込まれたように建ち並んでいます。

ある日、わたしとケンドラが通訳と一緒にその地区を訪れたときは、少しばかり緊張していました。それというのも、目当てのお宅を探すのに長々と説明されたメモを手にしていたことと、娘の手を放さないように気を配らなければならなかったからです。突然、ケンドラがわたしの手を引き留めて、興奮したような叫び声をあげました。小さな店の軒先に並んだ人形を見つけたのです。その人形は、絹の衣装を身につけた女性たちと「黒くて尖った帽子」（烏帽子）をつけた男性たちの並んだ「ひな人形」のセットでした。ケンドラがわたしの手を引いて店のなかに入ると、店内の足元には、ワラ草履、竹製の茶道具、数えきれないほどの盃などがガラクタや骨董品と一緒に置かれていて、珍しい品物がところ狭しと並んでいます。

以前からわたしは、日本の文化は伝統を重んじているように見えながら、品物の年代だけに価値をおいているわけではないことに驚いていました。たとえば、蚤の市で古い婚礼衣装を五十ドル

図46　ひな人形のセット。（Gorosan/shutterstock.comからの写真）

足らずで買ったことがあります。友だちの説明では、お古の婚礼衣装を着たい人なんてだれもいないから、そんな衣装はほとんど価値がないのだそうです。それと似たような考えは「ひな人形」にもあてはまり、人形たちは、何か悲しい事情で持ち主から手放されたのです。店のご主人は、ケンドラがガラスケースのなかに目をつけたひな人形と付属品を丁寧に包んでくれたあと、わたしたちが目当てにしている西久保健次郎さんのお宅を教えてくれて、そこにお邪魔するまで、ケンドラはその包みをうれしそうに抱えていました。

背中が曲がって、皺のある顔に鋭い目をした西久保さんは、わたしたちを温かく迎えてくれました。

娘さん（かなり年配です）は、わたしたちにお茶を出してくれたあと、西久保さんをいたわるように付き添っています。お二人は、「最高齢の被爆者がすべてを語る」というタイトルにでもなりそうな貴重な話を聞かせてくれました。

西久保さんは一八八四年に生まれ、のちに渡米してロサンゼルスで農場を経営しながら二十年間（一九〇二〜一九二二年）アメリカで暮らしました。一九一二年に結婚するため、いったん広島にもどったあと、妻と一緒にふたたびアメリカに渡りました。四人の兄弟と一人の妹は広島にとどまっていました。西久保さんには子供が七人生まれましたが、年長の三人は、わたしたちが訪問する前に亡くなっていて、今の西久保さんを世話をしている娘さんと、息子さんが広島に一人と名古屋にもう一人、それに、あと一人の息子さんはロサンゼルスで暮らしているそうです。

図47　西久保さんと娘さん。1987年。（著者が撮影）

ふたたびアメリカに渡って六十二歳だった一九四五年までには農場の仕事を辞めて広島にもどり、現在の自宅に近いところに住み（その場所は、今は電化製品の販売店になっているそうです）、現在住んでいる家は、戦争中は、ほかの家族に貸し出していました。戦争のあいだ、息子の一人はアメリカの強制収容所に入れられ、もう一人は連合軍の兵士として従軍しました。西久保さんは戦争のあいだずっと、日本がアメリカと戦争をすることはまちがっていると言っていました。何年もアメリカで暮らして、「日本よりなんでも大きかった」アメリカのことをよく知っていたので、今度の戦争では日本は負けるといつも思っていて、家族にもそう話していましたが、日本では憲兵が怖かったので、大っぴらにそんなことは口にできませんでした。

八月六日、爆心地から一・五キロメートルの比治山の西側にあった「比治山前」という路面電車の電停に立っていたとき、目の眩むような閃光がして数秒後に雷鳴のような「ドン」という音がし、右耳が聞こえなくなり、周囲が真っ暗闇になって、いろいろなものが周囲に落下してきたので、防空頭巾を手探りで探しました。左手を切って指の三本がきかなくなり、右腕と手首も怪我をしました。衣類は剥ぎ取られてズボンだけになり、胸のあたりにはたくさんのガラス片が突き刺さって、ひどいやけどを負って顔は膨れあがり、両腕の皮膚は剥けて、ぼろ切れのように垂れ下がりました。比治山前の電停にいた人の多くは即死しましたが、生き残った人たちは一緒になって比治山の避難場所へ逃れて行ったのです。

娘の奥田富恵さんは、そのとき十九歳で、母親と一緒に自宅にいましたが、原爆が炸裂したときに衝撃で体が宙に舞い上がったあと叩きつけられ、地震のように地面が揺れました。目を見ひらいても暗闇で何も見えません。母親は廊下に立っていたおかげで爆風から身を守ることができたので怪我もせず、それからあとの戦後になって配られた小冊子に警告してあった原爆による症状もしばらくは起きませんでした。奥田さんは出血がひどくて包帯や消毒が必要でしたが、手元に医薬品はないし、近所の病院はすべて倒壊していました。

奥田さんの弟は十七歳で、建物疎開のため学徒動員に出ていました（戦争末期には、多くの学生たちが焼夷弾による火災を防ぐ防火帯を作るため、建物を取り壊す作業に駆り出されていました。高齢の男女も、その手伝いをするよう命じられることもよくありました）。西久保さんは顔にひどいやけどを負いながら、頭に裂傷を負った友だちに付き添われて自宅に帰って来ました。

そのあと、奥田さんと弟は父親の西久保さんと一緒に父方の祖父母が住んでいる郊外の府中町へ避難し、母親だけは自宅にとどまりました。まもなく、おびただしい人たちが街の中心部から道をとおって逃れて来て、だれもが素足で着ているものはなく、怪我とやけどを負っていて、みんな水をほしがっていました。奥田さんの母親は、あたりが暗くなるまでその人たちに靴をあげたり水を飲ませたりしてから自分も府中町へ避難したのです。のちに母親は、あの人たちに水を飲ませると亡くなるのだと聞かされて、自分のしたことを後悔していると奥田さんに語りました。

原爆から数ヶ月経ったころから、家族のだれもが体のだるさを感じ、毛髪が抜け、下痢や食欲不振に苦しみ、母親は無傷だったのに同じ症状を起こしました。西久保さんのやけどは治りましたが、娘の奥田さんの怪我は治らないまま、一年ものあいだ傷から膿が出たりしました。一家が元気を取りもどすまでは郊外の府中町で暮らしましたが、一家の男たちは、ときどき広島の自宅にもどって建物の修理をし、それから三ヶ月ほどして、一家はやっと比治山の自宅に帰ったのです。家族みんなが、細菌や感染症に打ち勝つため漢方薬を煎じたものを飲みましたが、その漢方薬は今でも飲んでいるそうで、当時は、油や膏薬がないときにはキュウリをすりつぶして傷口に塗ったりしたということです。

西久保さんは自分なりの養生法を工夫していて、総じて驚くほどの長寿を保っています。たとえば、酒と煙草はたしなまず、ミカンやスモモの果実酒を飲んで、ショウガとニンニクを加えた野菜と味噌をたくさん食べるようにしています。西久保さんによると、このような食生活をつづけたおかげで、高血圧のほかは病気から抜け出すことができたそうです。

広島には七十年間は草木も育たないという記事を読み、一家は怖くなって、みんな死んでしまうのだろうと思いました。被爆者のだれにも、戦後の広島に暮らしている人たちと未来の子供たちにまで起きそうな運命についての噂とか不確実な話がつきまとっていて、奥田さんが語ったように、多くの被爆者たちは、自分だけでなく自分の子供や孫たちまでが苦しむかもしれないと怖れていたのです。当時は、原爆の悪影響が血によって伝わると信じられていて、奥田さんの娘さんは、ある一般の男性と結婚したかったのですが、男性の両親は「オ・ミアイ」（お見合い）といって、若い二人の関係を検討して認め合うために、家族同士が儀礼上の会合をする席に出ることを拒んだので、結局、娘さんはそんな偏見にこだわらない広島のほかの男性と結婚しました。

西久保さんは、自分はアメリカが「悪かった」とは決して思っていないが、原爆は恐るべきもので、すさまじい威力を持ったものだと感じたそうです。そして、多くのアメリカ人が今でも真珠湾攻撃のことを恨んでいるのに、なぜ被爆者は相手を許すことができるのだろうかと自問し、日本人は心の底から相手を憎みつづけることができないため簡単に許してしまうのだろうと考えたのです。西久保さんは、人類がより広い世界に向かうことができるようにと、つぎのような願いを語ってくれました。

「核戦争は地球を破壊し、人類を滅亡させるものです。核戦争は二度としてはなりませんし、人間を殺傷するあのような核兵器を二度と造ってはなりません。広島に投下された原爆はとても小型のものでしたが、恐るべき威力によって、一瞬にして多くの人が亡くなりました。

ですから、みなさんには広島と長崎のことを忘れないようにしてもらいたいのです。もし人々があのときの死の恐怖を忘れたなら、被爆者の霊は天に昇らず地獄をさまようことでしょう。わたしは、もうだれも核戦争で苦しむことがないことを祈るばかりです」

わたしたちが話を聞き終えると、西久保さんは娘さんに合図をして、何か持って来るよう伝えています。娘さんが、陶器でできた高さが六十センチメートルほどの、底が平らで全体が丸みを帯びた人形を持って来て、ダルマの伝説について説明をしてくれました（ダルマとは「ダーマ《Dharma》」というインドの宗教上の概念を日本語名にしたものです）。

達磨《ダルマ》という僧侶が悟りをひらこうとして何年も苦行をつづけ、ついには座ったまま瞑想に耽って悟りをひらくまで立ち上がるまいと誓ったのですが、あまりに長いあいだ座りつづけたので、腕と脚が取れてなくなり、それでも決意を貫いて最後には悟りをひらくことができたのです。そのため、人形のダルマはどれも手脚がなくて、まん丸い形をしているのです。底の部分が重たいので、押し倒しても元にもどります。日本ではダルマは「七転び八起き」と言われて、粘り強さと忍耐のシンボルとされています。この人形は、どれも目の部分が白いままで色が塗られていません。日本の風習によると、願い事をしたり誓いを立てたりするときに白い目の片方だけ中心を黒く塗り、願いが叶ったら、もう片方の目も黒く塗るのだそうです。

両目を黒く塗ったダルマは、ふつうはあとで燃やされるのです。十一月になって、町内の公園で催された「アキ・マツリ」（秋祭り）に行ったことがあります。夜の闇のなかに、たくさんの木を積み上げて篝火が焚かれています。近所の人たちが、自分たちの願いが叶ったダルマを集めて火をつけて燃やし、火が燃えつきて燻ってくると、ホイールに包んだサツマイモを火の中に埋めて焼くのです。サツマイモはみんな大好きで、ケンドラの幼稚園の先生はサツマイモを掘るため園児たちを畑まで遠足に連れて行ってくれました。公園の片隅にある神社には白い祭壇がもうけられて、きれいに洗った野菜や、ご飯をついて器用に丸めて作った「モチ」（餅）や、小さめのミカンなどをきれいに飾ってお供えがしてあります。夜も更けて、「白い衣装」（狩衣）と「黒く塗って尖った帽子」（烏帽子）をつけた神主がやって来ると、人々がそのまわりに集まって子供たちを人の輪の真ん中に連れて来て、神主が子供たちの頭の上で「木の枝」（御幣）を左右に振って祝福します。こうしてダルマは、秋の収穫と実りの多かったことを祝う行事の一部になっているのです。

見せてもらったダルマの目は両方とも黒く塗られていましたが、燃やされてはいませんでした。西久保さんは、このダルマには百歳まで生きられますようにと願いをかけていたのだと説明し、目標が達成できたので両目も黒く塗ったとのことです。わたしがお会いしたときは百四歳でした。西久保さんは、このダルマをアメリカに持ち帰るようにとケンドラに下さいました。そして、このダルマを見て被爆者のことを忘れないよう、核兵器をなくすために粘り強く忍耐をもって活動をつづけてほしいと言ってくれました。

図48　西久保さんがケンドラにくれたダルマ。（J.C. Penney Portrait Studioによる写真。2020年3月）

このダルマを置いている棚は、わたしにとって神社のような場所です。ダルマは、広島で父を供養したときの小石と、吉川さんがくれた泡立った屋根瓦と、沼田さんの写真と一緒に、長いあいだ、この場所に鎮座しています。ダルマは、被爆者の勇気と立ち直る力と被爆者の苦痛が新たな核戦争を防ぐために課した義務について語りかけていて、これらの記念品は、どれもがわたしに核兵器の問題を誠実に伝えて行くことを思い出させてくれます。

あのころは、西久保さんのこの物語を本書で語るのに何十年もかけて苦労することになろうとは思いもしませんでした。ダルマが、のろまなわたしを許してくれ、わたしの忍耐づよさを認めてくれることを願っています。

45　ネヴァー・アゲイン

一九八七年、広島

広島で出会った平和活動家のなかで忘れることのできない人として、北浦葉子という二十代の女性がいます。大阪を拠点に被爆者からのメッセージを伝え、日本のさまざまな文化をとおしてアメリカ人たちと絆を深めることを目的にアメリカを巡るボランティアグループを組織しています。組織の「ネヴァー・アゲイン・キャンペーン《the Never-Again Campaign》」という名称はユダヤ人のホロコーストの生存者たちの誓いとも響き合って、わたしをぞくぞくさせました。

＊＊＊

わたしがまだ少女だったころ、祖母のナニーがロンドンに住んでいた若い夫婦の話をしてくれたことがあります。夫婦は、わたしの祖父の親戚にあたる人で、戦後の暮らしがきびしい時期にナニーはその若夫婦に靴下を送ってやったのですが、その靴下は自分たちの男の赤ちゃんに卵を食べさせるため売ってしまったのです。戦争中に愛し合っていた二人はポーランドを脱出する計画を立てていましたが、その手段を見つける前に妻の方が家族と一緒に捕らえられて強制収容所に送られたのです。夫はレジスタンスに加わり、ついに妻を救い出すことができましたが、妻の母親と妹は救出される前に殺されてしまいました。そのあと、二人はなんとかイギリスまで脱出し、まもなく二人のあいだに生まれた男の子が、じつは一九六九年にわたしのプロム・デート（卒業記念パーティーのパートナー）になった人でした。

十二歳のとき、わたしは自分がユダヤ人でないことにショックを受けました。自分が、祖母や父のようにイディッシュ語を自由にあやつったりホロコーストの話を聞いたりするユダヤ人ではないことを知ったのです。当時、わたしの一家はロサンゼルスのウィルシェア・ブールバードにあった高層ビルに住んでいて、通りの向こうにはユダヤ教のシナイ寺院がありました。

そのころ、父はスクリーン・ジェムズ社のテレビプロデューサーの職を失っていて、家のなかの空気は張りつめていました。ドアの外まで聞こえてくるようなはげしく言い争う声や、昼間から甲高い泣き声が聞こえ、ドアがはげしく閉められ、両親は互いに相手を非難し合っていました。母はカリフォルニアをきらい、父はハリウッドの妻として務めを果していないと言って母を責め立てました。母はアルコールに溺れるようになり、父はますます家を長く空けるようになりました。わたしは学校が終わってもまっすぐ家には帰らず、シナイ寺院に避難場所を見つけて、信者席の棚にあったモーセ五書を読みはじめました。しばらくすると管理人と顔見知りになり、夕方になって寺院に鍵をかけるまで、そこに居させてもらい、そのあと自宅にもどったのです。

シナイ寺院で読んだモーセ五書はわたしの心を癒やしてくれて、生きるためのお守りになってくれました。

「よいか、余は本日、命とさいわい、それから、死と災いを汝の前に置く。そして本日、余は汝につぎのことを命じる。すなわち、汝の神を愛し、神の道を歩み、神の命じることと神の地位と神の定めることを守ることを。そうすれば、汝は生きて、子孫を増やすであろう。（中略）余は汝の証人として天と地を呼び出し、余は汝の前に、生と死、祝福と呪いとを置くことにする。それゆえ、汝は生を選ぶのだ。そうすれば、汝と汝の子孫は生きながらえるであろう。汝の神である主を愛し、その声に耳を澄まし、主にしたがうことだ。そうすれば、汝は生き、命を長らえるであろう（後略）。

申命記 三十章の15〜20」

わたしが読んだモーセ五書の版には、内容を精査して一語ごとにくわしい注釈が付けられていました。ここに引用した一節の注釈には、神学者のマイモニデスによる「自由意志はすべての人に認められている。もしも、よい道に向かって正しくありたいなら、そうする力があるのだ」ということばが注釈として書かれています。わたしはこの注釈の意味を、だらしない両親の生き方は理解できるにしても、わたしはわたしの生き方をして何か善いことをする自由があるはずだと解釈しました。ただ、その善いことが何かという手がかりはありませんでした。それでも、わたしのめざす目標は、何事においても「生きることを選ぶ」ということでした。

わたしは、ユダヤ人の女の子が十二歳になると授戒されるユダヤ教の「バット・ミツバー」をシナゴーグで受けたかったのですが、ラビは、「あなたはユダヤ人ではない」と言うのです。たとえ、わたしの祖父母がロシア皇帝によるユダヤ人の徴兵と弾圧にさらされてロシアから逃げ出したという事実があったとしても、わたしの親族がスターリンとヒットラーの二人によって強制収容所で亡くなったとしても、父が一度だけ子供のわたしを叩いたとき「ひどいこと、しないで《Oy gevalt》」とイディッシュ語でわたしが叫んだとき「卑しい無知なユダヤ人のようだ」と父が言ったとしても、わたしの知っている親族がみんな事実上のユダヤ人だったとしても、わたしはユダヤ人とは認められないのです。ユダヤの法律では、ユダヤ人の母親から生まれた子供だけがユダヤ人なのであり、わたしの母はユダヤ人でなかったからです。両親は二人とも、わたしのために費用のかかる改宗の手続きを考えようともしてくれませんでしたし、父は「ばかげた迷信」のようなことにお金を費やすような考えを下らないと考えていました。神は本当に山の上に舞い降りてモーセに律法を授けたのか、わたしには不思議でなりませんでした。

わたしには神と山々を信仰の対象にするという考えはありませんでしたが、ヒットラーにとっては親のどちらがユダヤ人かなんて、どうでもよかったはずですから、当時だったら、わたしもほかのユダヤ人と同じように殺されていたはずです。ヒットラーならわたしのことをユダヤ人として認めるのに、ラビがわたしをユダヤ人として認めてくれないことが理解できませんでした。ただ、そのころのわたしは、父が十三歳で男の子に授戒される「バル・ミツバー」を受けた直後にわたしの祖父が亡くなった事実を知りませんでしたし、アメリカに渡ったユダヤ人の移民の息子として父がホロコーストからどんな教訓を学んでいたのかを当時のわたしは考えたりすることもなかったのです。父の手記には、自分が広島と長崎で感じたことを記述するときに「ホロコースト」ということばがくり返し使われています。そのとき初めてわたしは、「ネヴァー・アゲイン」ということばが父の心に共鳴を呼び起こす何か重要なものだったことに気づいたのです。でも、それが何かを父に尋ねることは、もうできなくなりました。

＊＊＊

平和公園の慰霊碑の前で仏教の僧侶たちが太鼓を叩いています。その音は、とてもゆっくりした感じに聞こえます。わたしは、グレーのウールのコートを着て肌寒い風のなかを地面に胡座をかいて座り、目を閉じて心を鎮め、ゆっくりとした呼吸をしています。線香の立ちのぼる煙が心地よく香ってきます。世界中のどこで核実験がいつ実施されても、僧侶たちの小さなグループがここに来て瞑想をするのです。夜を徹するこの勤行のことを知って、わたしはすぐにこのグループに加わりました。瞑想は上手にできませんし、辛抱づよくもないので、みんながわたしを引っ張ってくれるようにと願いながら、みんなで静かに座りつづけ、平和への願いを祈りました。「ネヴァー・アゲイン」は、わたしたちの多くの祈りにもかかわらず、ひろがりを見せているとはいえないようです。同じ過ちは何度でもくり返されているのです。

図49　1988年の核実験に抗議するグループに加わった著者（向かって左から二人目）。その年にはアメリカとソ連だけでも合わせて十数回の核実験が実施された。（中國新聞社から許可を得て掲載）

46　平和を選ぶ

一九八七年、広島

「弟子に備えができたとき、師があらわれる」ということばがあります。広島では、わたしの師が四方八方からあらわれました。わたしが日本への旅を思い立ったのは、いくらか腹立たしい気持ちを心に抱きながら、父からどんな恩をこうむってきたのか、子供としての義務は何かを考えてみようという気持ちがあったからです。でも日本へ来てからは、わたしは娘からどんな恩をこうむるのだろうか、親としての義務とは何か、つぎの世代に歴史の教訓をどのように伝えるべきかという考えに少しずつ移って行きました。宗像さんは、新しい教育のあり方が重要だと言っていました。子供たちが戦争と力を賛美することを組織的に教わるのと同じように、戦争による犠牲と平和の大切さを教わることになれば平和は根づくのかもしれません。

教育のあり方の重要性を理解しようと思って、戦争中も軍国主義に抵抗しようとしたある学校を訪れました。昼すぎの日射しのなかに、鉄製の校門の外からコンクリートの建物が見えます。建物の入口の横には、原爆が投下された直後のこの場所を撮った銅製の写真をはめた記念碑があり、その前をとおる人に、過去を写した今ひとつの情景を見せてくれます。

「広島女学院」はミッションスクールで、戦前に帝国主義の風潮が高まっていた時期でもカリキュラムに平和学習を取り入れていました。そのため、この学校は一九三七年から戦争が終わるまでのあいだ、権力を強めてきた軍部から嫌疑の的になり、学校の外国人教師はいつも憲兵から監視され、学校の管理者たちは天皇の御真影を不適切なところに安置して軽視しているとかスパイを養成する学校だとみなされ、軍の当局から、これらについて答弁するようくり返し求められました。さらには、賛美歌を歌ったり祈りを捧げたりすることは愛国的でないとされ、学校に残っていた若いアメリカ人の伝道師たちは、一九三九年までには不本意に感じながらも本国へ送還され、まもなく生徒たちは軍需工場での作業や建物疎開のため動員されたのです。

エノラ・ゲイが広島に原爆を投下して、この学校では十二人の教師と三百二十人の生徒たちが命を落としました。父は、この学校の廃墟も撮影しています。原爆が投下されてしばらくすると、生き残った生徒たちが、何人かは孤児になりながらも学校へもどって来て、壊れた壁と窓から雨が降り込まない日は、授業は骨組みだけになった建物のなかでおこなわれました。そして生徒たちは、食料を得るため野良犬と争うようにして探しまわりました。

再建された学校の中庭には、亡くなった教職員と生徒のための慰霊碑が建てられていて、学校を訪れるとわかりますが、原爆から四十年以上経った今でも、ここで亡くなった人たちは現在の学校の教育方針のなかに息づいていて、原爆で生き残った人たちも、いまだに辛い想いを感じているのです。

この学校に招かれたわたしは、戦争中から生徒たちに慕われていた教師の一人だった芝間《しばま》タヅさんとお話ができました。芝間さんは、原爆が投下された朝のことをつぎのように語ってくれました。台所でいつものように一人で朝食をすませたあと、そろそろ学校へ行かなければならないと思っていました。

その日はとくに暑い日だったので、衣類は手元に置いていたのに下着姿のままでした。

その年は夏休みがなくて、高等部の七百人の生徒たちの半数は海田市《かいたいち》の工場に動員されていました。その工場は、今では自動車を製造していますが、当時は弾丸を製造していて、生徒たちは戦争に協力するため弾薬を箱詰めする作業をしていたのです。また、十二〜十三歳の若い生徒たちまでが、現在は平和公園になっている街の中心部で作業をするため動員され、空襲による火災の延焼を防ぐため密集していた家屋を取り壊していました。

広島女学院の生徒のなかには体が弱かったり病気がちの者もいて、命じられた作業をおこなうことができなかったので、その生徒たちは医師の診断を受けて、作業を休む許可をもらったことを示すため学校で半日をすごすことになっていました。そのため、毎日のように百人ばかりの生徒が登校していて、芝間さんは教師として、この生徒たちを見守ることになっていたのです。

芝間さんにとって、この学校には仕事以外の想いがありました。十六歳のときに母親が亡くなり、そのころ学校の伝道師だったミス・レイチェル・ゲイツという女性が十六歳の芝間さんを気の毒に思い、「わたしが、あなたのアメリカ人の母親になってあげます」と言ってくれたのです。そして、芝間さんは十七歳のときクリスチャンになりました。ところが一九三九年四月、ミス・ゲイツは最後の送還船でアメリカに帰国しなければならなくなったのです。のちに芝間さんは、アメリカが日本に宣戦布告して一ヶ月後にミス・ゲイツがカリフォルニアで亡くなったことを聞かされました。

芝間さんの自宅は広島駅の近くで、学校から三キロメートル足らずのところでした。年老いた父親と姉が郊外の祇園に疎開したので、自宅には自分一人でした。父親は八十歳をすぎていたので、戦争で危険が迫っているあいだは安全な田舎ですごした方がいいと娘たちで決めたのです。できれば自分も一緒に行きたかったのですが、家族全員が行ったら自宅が空き家になるからと近所から苦情が出ていたのです。近所の人たちは、「夜になって、あんたの家に爆弾が落ちたら、バケツと水で火を消さなきゃならんでしょ？　五分でも何もせんかったら、あんたの家は丸焼けになるんよ。あんたの家が焼けたら、わたしらの家も焼けるんじゃからね。昼間は仕事に行ってもええが、夜は空襲の危険が大きくなるけえ、ここにおってもらわにゃいけんのよ」と言われたのです。そのため、一人で自宅に残ることになり、八月六日の朝も自宅にいたのです。

突然、家が倒壊しました。同時に目の眩むような閃光がして、不思議なことに音は聞こえませんでした。音がしなかったという体験をした被爆者たちは、人間の耳に耐えられないほどの大きな音だったからだと考えています。閃光のあとは完全な暗闇のなかでした。家の下敷きになって外に出ることができないと感じましたが、そのとき、だれかが近くにいる気配がしました。家のなかにはだれもいないはずなのに奇妙なことだと思いましたが、それというのも、近所の前原さんという男の人が自分の家の庭から芝間さんの家まで吹き飛ばされていたからでした。前原さんは丈夫な人で、きびきびしていましたから、瓦礫の下から這い出して芝間さんを掘り出してくれたあと、前原さんが急いで自宅にもどってみると、奥さんと二人の娘さんが生き埋めになっていましたが、近くまで火炎が勢いよく迫っていて、たちまち前原さんの自宅は炎に包まれて、奥さんと娘さんは助け出すことができず焼け死んだのです。

助け出された芝間さんは、周囲を見まわしてみて広島の街がなくなっていることを知ってショックを受けました。二階建てから三階建ての建物までもが倒壊していて、あとになって、学校にいた多くの生徒たちも建物の下敷きになったことを知りました。自分を助け出してくれた前原さんのように、生徒たちを救出してくれる人はだれもいなかったし、みんな年若い少女だったので全員が亡くなったのです。自分が生き残ることができたのは、「ただ運がよかったんです、逃げ出せる運に恵まれていただけなんです」ということでした。

素足と裸同然の格好で、からくり人形のように歩きはじめました。何も感じられません。台所の窓ガラスの破片が体の右半身に刺さっていましたが、痛みも感じません。広島駅まで歩いて行き、そこにはたくさんの人たちが集まっていましたが、みんな茫然とした様子をしていて、だれも口をきこうともせず、ただ幽霊のようにことばを失っています。祇園にいる家族のもとに行くため列車に乗ろうと思いましたが、駅の周辺は何百人という人たちでごった返していたのに、もちろん列車は走っていません。どうすればいいのか、わかりませんでした。ようやくまた歩きはじめて、徒歩で祇園に向かうことにしました。途中の道の両脇には、何百人という人たちが死んで横たわっていましたが、心が麻痺していて怖いとは感じませんでした。一時間ほどすると、ひどい暑さと喉の渇きをおぼえ、街の郊外では何軒かの農家が無事なのが目にとまったので、ほかの被災者たちと一緒に農家の裏にある井戸を探し、それから、祇園までの道中で四回か五回ほど農家に立ち寄って水を飲み、体を洗って気分が少しよくなり、午後五時ころにやっと祇園の家族のところにたどり着いたのです。

祇園では二週間ほど体を休めました。医師は、吸い込んでいる「悪いもの」を洗い流すことが大事だと教えてくれたので、水をしっかり飲んで何度も口をすすぎました。すぐに疲れるようになりましたが、田舎にいたので果物や野菜が手に入って卵も食べることができ、この養生法のおかげで自分は放射能の影響から救われて白血病にもならなかったと芝間さんは思っています。

二週間ほど経ってから、広島の自宅にもどりましたが、三十六人いた近所の「トナリ・グミ」（となり組）のうちで生き残った人は六人だけだったことを知りました。戦争中は、学校は軍の当局によって弾圧されていたのに、戦後になると進駐軍が人なつっこく親切なのに驚き、日本の軍人たちは厳格できびしかったのに、アメリカ軍の兵士たちは寛大だと思いました。戦争中は国民はだれもが空腹でしたが、アメリカ軍の方から食料を多く分けてもらいました。芝間さんは、日本の政府よりもアメリカ軍の兵士たちは寛大だと思いました。芝間さんは少しばかり英語が話せたし、学校でアメリカ人の伝道師と一緒にすごしていたことでアメリカ人の習慣がある程度は理解できたため、アメリカ軍の兵士たちが好感を持ってくれたようです。

戦後になって十五年くらい経っても、思いがけず皮膚の下からガラス片をつまみ出すことがあります。顔を洗っているときに、耳たぶや頬の皮膚の下に固いものが触れて、それは小さなガラス片が針のようにのぞいているからでした。一九六〇年代には、広島のワールド・フレンドシップ・センターの設立者だったバーバラ・レイノルズと一緒に七十五日間ほど世界各地を巡り、アメリカ、カナダ、イギリスそのほかのヨーロッパ諸国を含めた十一ヶ国を訪問しています。つぎの文章は、芝間さんが旅行中に持参して世界の人たちに届けたかったメッセージです。

「わたしは、初期の原爆の被害から生きのびることができました。現在のような核兵器でしたら、きっとわたしは助からなかったことでしょうし、だれ一人生き残ることはできなかったと思います。それでも広島の原爆は、わたしたちにとっては悲惨な出来事でした。これ以上ないほど悲惨でした。けれども、現在では水爆が開発されて、もっとひどい状況になりつつあります。

このような兵器で平和がもたらされることは決してありません。すべてが破壊されるだけです。

わたしたちは、友情と人を愛する心を育てなければなりません。爆弾ではなく、平和を築き上げなければなりません」


芝間さんの話を聞き終えて学校をあとにするころには、陽光は傾いて日陰が大きくなっていました。

広島女学院は、生徒たちが人を愛する心をふたたび学び育てる場所になっています。

47　教えを持ち帰る

一九八七年、広島

広島女学院をあとにしたわたしは、路面電車に乗って自宅のある舟入町まで急いで帰り、電車を降りて、幼稚園が終わったケンドラを迎えに行くのになんとか間に合いました。それから二人で夕食のため、日本風のピザと呼んでいる大好きな「お好み焼き」の店に行きました。お好み焼きは、わたしには栄養たっぷりのクレープみたいでした。目の前の鉄板でキャベツなどの野菜を炒めて（ベジタリアンでなければ卵と豚肉も加えて）、その上に小麦粉の生地をふりかけて全体をすばやくひっくり返し、焼き上がった上にプラスチックの瓶から特製のソースをふりかけて食べるのです。どの街にも、それぞれの作り方があるみたいですが、わたしは広島風のお好み焼きが最高だと思います。

春になりました。桜の季節です。消えゆく名残り雪と束の間の人生の無常をうたった俳句を思い浮かべました。桜の季節になったので、花見をしながら日本酒を味わい、物思いにふけるのを楽しみにしていました。ところが、花見客たちの多くは、狭い公園のなかの数本の桜の木の下に安物のビニール製のマットを敷いて陣取り、大勢の家族連れでラジオをつけたまま飲んだり食べたりしています。わたしはワシントンのタイダル・ベースンのポトマック河畔に植えられた薄いピンクの満開の桜並木がなつかしくなりました。

ある暖かな夜、ケンドラがわたしの膝に乗って、日が長くなったのをいいことに、寝る前にもう一つお話をしてほしいと言うので、子供用の絵本を取り出してきて、もう一度ケンドラに絵本を読んでやりました。突然、ケンドラが驚いたように本のなかの絵を指さして、「ママ、この子たちはクツをはいているよ！　おうちのなかなのに！」と言うのです。

「お家《うち》のなかでも靴は履くんじゃなかったかしら？」でも、「ケンドラは、おうちのなかでは、クツは、はかないよ！」と言い張ります。

外国人の一人として日本の暮らしに慣れようとして読んだことがある『はるか東で、長いあいだ《Too far east too long》』というタイトルの愉快な本のことを思い出しましたが、この絵本のことがあってから、その本がずっと面白く感じられるようになりました。そのころまでにケンドラは日本語でおしゃべりができるまでになっていて、これは注目すべきことです。ケンドラが「広島弁」で話をすると聞かされましたが、広島弁は日本人にとっても訛りが強いと感じられるほどですから、一般のアメリカ人がテキサスの鼻にかかった訛りや南部の間延びしたような方言を耳にするのと同じくらいの印象があります。

いつのまにかケンドラは、自分を日本人だと思うようになっていました。自分を幼稚園の友だちと同じだと思い、幼稚園のお弁当にわたしの手作りの「おにぎり」が入っていたら、もっとみんなと同じになるのにと思っています。アメリカでの記憶はほとんどありません。とはいえ、日本は多様性を簡単に受け入れてくれる国ではありませんから、ケンドラを日本人だと思う人はだれもいないでしょう。帰国するころあいだとわたしは心に決めました。

ケンドラは、日本を去ることをいやがりました。広島ではみんながケンドラのことを知っていますし、みんながケンドラのことをかわいがってくれます。行く先々で大人たちはケンドラを撫でて話しかけたり、キャンディーや小さなハンカチをくれたりしたためだと思います。わたしはケンドラに、知らない人に話しかけたり、物をもらったり、ついて行ってはいけないと何度も言い聞かせなければなりませんでしたが、アメリカに帰ると、ケンドラにとってはだれもが知らない人になるのです。

「ママ、アメリカの人は、みんな悪い人なの?」ケンドラが尋ねます。

わたしの返事はノーですが、涙をためた小さな子に説明するのは簡単ではありませんでした。

＊＊＊

広島での暮らしが終わりに近づいたころ、ヨーロッパからやって来て、『ヒロシマの影《Shadows from Hiroshima》』というタイトルのマルチメディアの展示をしながら日本を四ヶ月かけて旅行をしているカップルに会いました。ゴーシェル・W・ロフラーという三十歳のスイス人のジャーナリストと、イルカ・ドーンという年下のドイツ人の女性アーチストの二人です。二人の計画は、一九八三年にゴーシェルがフリーランスとして広島を訪れたとき、被爆者に向けて「あなたは被爆体験をどのように感じてきたのですか」という問いかけからはじまりました。イルカは、ゴーシェルの問いかけに対する被爆者の答えを十八色の油性インクと木炭で表現しています。二人は、被爆者の多くが語る恥と劣等感の気持ちと、被爆者たちが受けてきた差別に焦点を当てています。

ところが、被爆者を対象にこのようなテーマを意図して描いた写実的な作品のなかには、奇形児の子供と傷ついたその両親、ひとつ目の赤ちゃん、むごたらしい傷口などのスライドや描画が含まれていたため、広島では議論を呼ぶことになりました。広島大学原爆放射線医科学研究所にかつて所属していた岡本直正博士の研究グループは、遺伝子への影響は被爆者の子供や孫には認められないと述べています し、イルカも、被爆者たちの精神面をどんなイメージとして捉えられるかを写実的に表現しようと考えただけなのかもしれませんが、被爆者のなかには、このようなイメージを大っぴらに表現することは、被爆者の子供たちが受けている差別を助長するだけだと抗議する人もいたり、また医学的な後遺障害にかんする研究についても、ほとんどの被爆者にとってはありがた迷惑な話だと感じられたのです。ゴーシェルとイルカは、このような問題が広島以外のパリ、レニングラード、ワルシャワ、日本のほかの都市など五十ヶ所の街で展示を開いたときには起きなかったため戸惑ったのですが、広島だけは例外なのでした。

イルカとゴーシェルは、父のフィルムにかんする話とフィルムが映像化されることをアメリカ政府が長いあいだ禁止していたことにも興味を示しました。イルカは、父の顔を木炭で描いてくれました。癌がかなり進行した時期にわたしが撮った父の写真をもとに描かれているので、わたしが癌のことを知るようになってわかったことですが、癌患者特有の虚ろな表情と強く張りつめた皮膚が表現されています。しかも写真とはちがって、その絵はどことなく、父の顔によく見られていた、取りつかれたような表情が巧みに描かれています。絵のなかの目には、父の亡霊が見えました。

＊＊＊

わたしとケンドラが日本を発つ少し前に、東京から四十キロメートルほどの埼玉県にある美術館へ巡礼の意味で訪れました。以前、広島で開かれたある絵画展で、その絵を描いた画家のところを訪問して作品をもっと見せてもらいたいと約束をしていたのです。そのときの絵画展で、壁のような大きさ（一・八×七・二メートル）の何点もの絵画が、ひとつの残酷なテーマを題材に表現されているのに圧倒されたからです。初めてこれを見たときは、赤と黒を色調にした暗い色あいと燃えるようなはげしさで力強く表現された抽象的な作品だと思いましたが、しばらく眺めていると、絵のなかから人間の体の部分と顔が前面に浮かび上がってきて、赤い色彩のなかに血が流れ炎が燃え上がっている光景が見えてきたのです。小さく曲がりくねって描かれていると思っていた部分が、じつは死んだ赤ん坊の精密な描写だったり、無定形に黒く描かれたような部分から、苦悶にみちた多くの人間の写実的な顔がじっとこちらを見ているのです。苦しみと美とが完全に融合した作品です。丸木夫妻のこの作品を評論家のジョン・W・ダワーは、「中世日本の地獄草紙を連想させるもので、その作品には、ダンテやボッシュがかつて思い描いたのと同じ身の毛のよだつような地獄の責め苦がデフォルメされて描かれている」と述べています。そして、悪夢のようなこの情景のなかにも、人間の感情や希望のほとばしり、担架をもって救助する人たち、抱き合っている人たち、さらに虹まで描かれているのです。これらの作品は、丸木夫妻が広島で二人のなかに焼き付けられた体験を作品にするのに三十年以上かけて共同制作した結果として生まれたものなのです。

夫の丸木位里《いり》さんは、わたしが訪問したときは八十三歳でした。一九〇一年に広島の郊外で生まれ、今ではトルストイのような風貌で、ウールの長い肌着と綿入れのガウンのような衣服の上にセーターを着込んでいます。静かななかにも、じっと何かに集中しているような印象で、引きこもっている今の住まいの田舎の石畳をゆっくりと落ちついた様子で歩いています。妻の丸木俊《とし》さんは位里さんよりも若くて、ずっと活気があり、この世にしっかり足をつけている感じの人です。俊さんは一九一二年に寒さのきびしい北海道にあるお寺の僧侶の子供として生まれました。広島に原爆が投下されたとき、二人は東京で画家として活動していましたが、広島の惨状を知ると、広島の近くに住んでいた位里さんの両親や親戚の人たちを探すため急いで広島に向かったのです。位里さんの家族の多くはすでに亡くなっていたか、亡くなる寸前で、母親は生きていましたが、父親は六ヶ月後に亡くなりました。被爆後の広島で丸木夫妻がやっていたことは、「わたしたち二人は負傷者を運び、死体を火葬し、食料を探し、焼け焦げた薄いシーツを屋根にして、蝿とウジと死臭のなかを被爆者のようにさまよい歩いたのです」と話してくれたとダワーが述べているように、原爆を描いた作品は、そのときの生々しい体験をもとにして表現されているのです。丸木夫妻がそれらの作品を描いて発表しはじめた当時は進駐軍のプレスコードがまだきびしかったので、監視の目を逃れるために作品のタイトルを何度か変更したそうです。

俊さんはケンドラを連れて行って、みんなで食べる「おにぎり」を作るため、ご飯を丸めて海苔を巻くのをケンドラに手伝わせてくれてから、微かに麦と草の味がするお茶を入れてくれました。俊さんは、そのお茶を作るのに自分で薬草を摘んできて乾燥させるのだと説明して、自然の薬草は長いあいだ二人が放射能にさらされてきた影響から自分たちを長年守ってくれる効果があるのだと言います。俊さんは、ケンドラが持っていた人気のキャベッジ・パッチ人形のために布と幅広のリボンとで着物も作ってくれて、わたしが美術館の方で作品を鑑賞しているあいだケンドラと遊んでくれました。

美術館のなかは、原爆による破壊の光景を黒い線と赤と灰色の絵の具で生々しく表現した大きな絵画でいっぱいでした。作品のなかには朝鮮人の犠牲者を描いたものもあり、広島の原爆の図のほかに、南京事件やアウシュビッツを描いたものもありました。丸木夫妻は戦争がもたらす苦しみの普遍性を表現し、日本人だけが犠牲者で非難を免れるのではないと伝えることが大切なのだという信念を持っていましたが、それ以上に、このような破壊行為が将来どんなところにいる人たちにも起きないことを願う気持ちを強く持っていました。

お二人は、絵画を制作するアトリエにも案内してくれて、絵を描く様子まで見せて下さいました。古びて質素なアトリエのなかは、床の上に板状の紙が所狭しと置かれ、油絵の具と墨の匂いがこもり、絵筆や山積みになった紙でいっぱいでした。わたしの目の前で位里さんは、それまでのゆっくりとした用心深そうな様子から、いきなりほとんど抑えきれないような勢いに変わり、たっぷりと墨を含んだ絵筆を使って紙の上を流れるように動かしながら、生き生きとした線を描いて行きます。体全体をリズミカルに動かしながら、そのリズムが、描かれた黒い線だけでなく紙の白い空白の部分にも伝わって行くようで、紙の上に描かれる絵の具の水滴にも律動性と生命がこもっているようです。夫の位里さんが描いたあとで、今度は妻の俊さんが、位里さんが今描いた同じところに、まったくちがう作風の色合いで手を加えて行き、こうして二人の画家によるそれぞれの画法が、全体として混ざり合って有機的に造り上げられて行くのです。苦労して描いた絵の上に、また絵の具を塗り重ねて真実を探し求めようとし、その上に、さらに絵の具を塗り重ねながら、真実のなかに目に見える生命をあたえようとしています（この美術館を訪れて作品の多くを鑑賞するには https://marukigallery.jp/ をご覧下さい）。

「ピカドン」と、被爆した人たちの泣き叫ぶ声と、死にゆく人たちの叫び声とが、毎日のように四方八方から丸木夫妻を取り囲んでいるかのようです。お二人は、わたしが今まで出会った人たちのなかでも、とくに心優しく、素朴で、思いやりのある人たちでした。ただその作品は、人間は怪物のように醜い存在だが、か弱いもので、恐ろしい存在のなかにも、それとは正反対の美しいものを持っているのだという深い同情をたたえながらも、そこには怒りをこめた闘いが表現されています。お二人の姿は、苦界にとどまらなくてもよいのに涅槃に至ることをせず、衆生への慈悲を選んだとされる「ボーディ・サットヴァ」（菩薩）のことを、わたしに連想させせました。こうしてわたしは、お二人の教えを持ち帰ったのです。

48　父の帰郷

一九四七年、ニューヨーク

陸軍を除隊したハーブは生まれ育ったなつかしいニューヨークにもどったが、街では何かよくないことが起きそうな予感がしていた。

マンハッタンは褐色砂岩でできた建物と高層ビルとが混じり合った地区で、古めかしいレンガ造りのアパートのとなりにガラス張りの新しいオフィスビルがいきなり姿を見せることもある。どの通りも、たくさんの車とタクシーがクラクションを鳴らしながらスピードをあげて走りまわり、歩道と横断歩道を人々が忙しそうに行き交っている。子供たちが遊びまわり、大人たちは通りをぶらぶらと歩きながら、近くのバーからは音楽が流れている。

ハーブは、ふるさとの街を歩きながら、何もかも今までと変わらない光景だと思った。と突然、周囲のビルが爆発し、人々が跡形もなく蒸発し、影像だけが残った。

ハーブには何か特殊な方法によって、爆発で破壊された建物のありさまが見えるのだ。ニューヨークのイーストサイドにある破壊された建物が、広島で見た四階建ての破壊された建物のように見える。目の前の建物がすべて、まるで神が持ち上げて捻りつぶしたように、ねじ曲がった鉄骨だけになっている。こんな風にしてニューヨークの赤煉瓦の街並みが、今に広島と同じようになるのだ。

ガラス張りのビルが粉々になって、吹き飛んだ無数のガラス片が、すさまじい勢いで人々の体に浴びせられる。広島と長崎では、人々が体からガラス片を取り除く手術を何度も受けていた。今、目の前の人たちはガラス片で体をずたずたに引き裂かれ、体じゅうが突き刺さったガラス片にまみれている。目の前の通行人たちの顔がゴムでできた異様な仮面になり、その顔が、日本で自分が撮影した人たちの醜くゆがんだ大きなケロイドの顔になって、体じゅうの皮膚が溶けて、醜くねじ曲がって固まったままになっている。

ハーブは、ぞっとした。広島と長崎で起きたことがニューヨークでも起きるという恐怖が頭にこびりついてはなれない。その光景が今、目の前に見えるのだ。

こんな光景が自分のなかから消え去るのに、一年がかかった。

49　初期のテレビで先駆者となる

一九四七年―一九六〇年、ニューヨーク

ハーブはようやく民間人の暮らしになじんできたので、職探しをはじめた。まもなくして、若いころロサンゼルスに向かうためニューヨークから初めて旅立ったグランド・セントラル・ステーションで仕事が見つかった。ステーションの一角が、一九四七年からCBSがテレビ・ネットワークの制作スタジオとして使われていることを知ったのである。ドキュメンタリー映画を制作するため占領後の日本に滞在していた経験を買われて採用されたが、当時は、テレビはまだ新しいメディアで、責任の所在がはっきりしていなかった。

はじめて制作することになった番組は『今日のテレビジョン《Television Today》』というタイトルだった。この番組の目的は、テレビをどのように活用すればいいのか、まだだれにもわからなかったから、とりあえずテレビとは何かということをスポンサーに説明することだった。ハーブは、テレビディレクターという立場としてコントロールルームで仕事をすることになったが、当時はまだ実況中継の設備はなかった。

「わたしはディレクターではなく、ディレクターの仕事の一部を担当するだけだった。自分にとってテレビ業界は最低レベルの就職先だったが、あえて選んだのは、テレビについて知りたかったからだ。しかし、この番組が放送されたあと、方々からディレクターが求められるようになった。ある日、

ＣＢＳの担当者に呼ばれて、『今日から君もディレクターだ』と言われた。それで、わたしはディレクターになったというわけだ。

本格的なディレクターとして初めて担当した仕事は、『五十四番街の物語《The 54th Street Revue》』というミュージカル番組(出演者のなかにはボブ・フォッシーという有名なダンサーもいた）だったが、『わたしはダンスができませんので、どのように制作したらいいのかわかりません』と言った。

『それじゃあディレクターは務まらんな』と言われた。

それで、わたしはダンスについて勉強をはじめた」

ハーブは、草分け時代のテレビ業界で仕事に取り組んで全米監督協会の最初のメンバーの一人となり、わくわくするような仕事を経験することになった。ハーブが手がけた『ケン・マレー・ショー《The Ken Murray Show》』というテレビ番組は毎週土曜日の夜に放送され、一九五〇年から一九五三年までに延べ八十五回ほど放送された。それまでは、週末にはテレビの番組編成はなかったのだ。マレーは、喜劇俳優でラジオ番組のタレントとしても知られていて、そのバラエティーショーで司会を務め、バスター・キートンからマリリン・モンローまで多くの俳優たちが出演するなど、ハリウッドの多くのスターが十分から十二分ほどの寸劇をしてテレビに初出演した。

当時は、すべての番組がニューヨークで制作されたあと、元の映像をキネスコープで録画してから、ほかの都市に配送したので画質が劣ったが、ＣＢＳだけはのちに各都市と放送番組をつないだネットワークを構築した。ハーブは、シカゴと、そしてのちにワシントンがニューヨークとオンラインで結ばれるのを眺めながら、コントロールルームに座って仕事をした。

（わたしが十二歳のころ、ケン・マレーの自宅で、まだ使われていたキネスコープを見たことがあります。そのときの映像は、画面のなかでケンが父を紹介してから母との結婚を発表する内容で、母はその番組の制作アシスタントをしていたのです。そのときの父は、まるでふだんの様子とはちがって、演劇に登場する衣装を着ているみたいでした。見覚えのある父でしたが、背筋を伸ばして立ち、いつもより穏やかで自信がありそうに見え、太った猫がオモチャのネズミを捕まえたときのようなうれしそうな表情をしています。それは父の別の姿でした。一方の母は、途中でカメラに気づいて驚いた少女のように純真そうに見えましたが、以前モデルをしていたので、その美貌はなるほどと思いました。二人とも、わたしの両親に似ているようでいて、少なくともまだわたしの両親ではなかったこの二人が、白黒の画面のなかに映っているのを見るのはなんとも奇妙な感じでした）

一九五四年までにハーブは結婚して、二人の子供をもうけた。そのころにはNBCへ移っていて、そこでデイヴ・ギャロウェイが司会を務める『広い《Wide,》、広い《Wide》、この世界《World》』を制作した。この番組は、全米各地を巡って地元から実況放送をするという初めての企画だった。このアイデアは、現場での撮影が好きだったハーブが考え出したものだったが、「これは世界のある場所で起きていることなのですが、今あなたは、その場所にいるんですよ！」というような、視聴者を驚かせるような口ぶりの題材は決して取り上げることはなく、テレビ番組を制作する古参のディレクターとして、広大で多様なアメリカ国内の新しくて実際的に価値のある情景を国民に伝えようとして、一回の番組ごとに複数の場所を取り上げた。たとえば、フロリダ州の西にあるウィーキ・ワチー・スプリングの有名な水中公演を放送したつぎには、アーカンソー州の北東にあるクレイプール貯水池の上を何十万羽というマガモが飛んで行く驚くような情景を放送するという具合だった。ときには、ゴールデン・ゲート・ブリッジの一番高いところから見おろしたり、グランド・キャニオンを見上げるような画面を映し出したり、それから突然、クリーブランド州の溶鉱炉で流し込まれる溶鋼を眺めたり、ブロードウェイのショーを自宅の居間にいて鑑賞できるような場面を映し出したりした。ジーン・ケリーはこの番組でテレビに初出演し、視聴者はテレビ画面をとおしてテネシー・ウィリアムズが自分の脚本について語るのを聞き、野球選手のミッキー・マントルがトレーニング中のキャンプを訪ね、ウィリアム・O・ダグラス判事が案内する最高裁判所の裁判官室や法廷を見学するという具合に、テレビでは初めての場所を視聴者に紹介したのだった。さらには、ロケット技術の開発者だったヴェルナー・フォン・ブラウン博士が解説をしてホワイトサンズ性能試験場でミサイルの発射を撮影するという、前例のない立入りまで許可された。

（現代のように、ネットワーク・テレビの多くが似たようなコメディー番組や名前を変えただけの犯罪捜査ドラマをくり返し放送するようになってくると、ケーブル・テレビの方は情報を盛り込んだコマーシャルや作り物の番組を見せようとしてチャンネル数を増やし、実際にはよく理解できないままインターネットで世界中にアクセスできるようになった結果、かつては知らない場所を探したり出会うこともない人と出会ったりすることがどれほど珍しいことだったかを今では想像することが困難になってきています。多くの賞を受賞し、エミー賞にまでノミネートされた『広い《Wide,》、広い《Wide》、この世界《World》』は、父がもっとも自慢していた番組でした。ただ、父がこの番組について気に入らなかった唯一のことは、わたしの知るかぎりでは父につけられたニックネームで、長年にわたって肥満に苦労していたとおり、「太った《Wide,》、太った《Wide》、プロデューサー《Producer》」というものだったのです）

一九五六年三月四日には、テレビで初めてとなる実際の出産シーンを放送した『人間の誕生《Birth of an American》』の制作を評価され、「アメリカ人の生き方をよりよく理解させるというめざましい功績」によってフリーダム財団の金賞を獲得し、そのほかにもハーブの制作した番組は、エミー賞を六回ノミネート、エジソン財団から二回の受賞、ピーボディー表彰、シルバニア賞を受賞した。一九五八年の秋までには番組制作責任者に昇進してNBCでスペシャル番組の責任者になり、仕事の面では人生の絶頂期にあった。戦争は終わって過去のものになり、記憶は思いも寄らず遠のいて行き、あらゆることがなんでも叶うように思われた。

50　核戦争で生き残るためのリストを作る

一九五二―一九七三年、ニューヨーク

わたしが少女だったころ、父は毎日、ロックフェラー・センターにある大きなガラス窓のオフィスに出勤していました。白いワイシャツにネクタイを締めたスーツ姿で磨いた靴を履き、書類鞄を持って出かけるのです。ただ、書類鞄には絶対に触らせてもらえなかったので、大人にとって大事なものだと思いました。

何度かオフィスに連れて行ってもらいました。幼いころに一度、スタジオセットにいる父のところを訪ねたことがあります。父はそのとき、『エディー・フィッシャー・ショー《Eddie Fisher Show》』を制作しているところでした。歌手のフィッシャーはとても親切で気さくな人で、わたしを膝の上に乗せてカップに入ったスープを飲ませてくれたり、歌まで歌ってくれました。のちに父は、『ハウディ・ドゥーディー・ショー《The Howdy Doody Show》』という子供向け番組に四十人の子供たちが登場する「ピーナッツ・ギャラリー《Peanut Gallery》」の一人にわたしを出演させる手配までしてくれました。でもそんな体験も、父に連れて行ってもらって舞台裏をのぞいてみると、TVランドのマジックの種明かしを見たときのように、なんだかがっかりしたものです。

ニューヨーカーたちが控えめに思っているにしても、わたしが育ったところは世界中で広く知られている大都会ニューヨークでした。たとえば、わたしが生まれた年にはロウアー・マンハッタンに国連本部が建設されました。わたしたちの一家はマンハッタンのイーストサイドにあるサットン・テラスという団地のアパートに住んでいて、制服を着たアパートの守衛から、わたしは「さび色ちゃん《Rusty》」（赤毛だったので）と呼ばれていました。三つの高層アパートがコの字型に中庭を取り囲み、アパートのない道路側は壁になっていて、四方から囲まれたこの中庭をわたしたちは「庭園《The Garden》」と呼んでいました。

道路側の壁の近くには囲いをした溜め池のなかに小さな噴水があり、夏になると壁に向けてハンドボールを投げて遊んだり、噴水の音を聞いたものです。女の子たちは、縄跳びや、手を叩き合うクラッピングゲームや、セメントの地面にチョークをひいて石蹴りをしたりして遊んだり、「メアリー、マック、マック、マック」「わたしの名前はアリス、夫の名前はアラン」「ミス・ルーシーには赤ちゃんがいたのよ」などと手を叩き合って歌う遊びをしました。今でも覚えているのは、「ドジャーズ、ドジャーズ、ブー、ブー、ブー！　やつらをみんな束にして、放り込んじゃえゴミ箱へ！」とか、「仕事しながら口笛吹こう。ヒットラーはまぬけなやつで、ムッソリーニは自分のアレ噛んじゃって、役に立たなくなったとさ！」という文句です。ドジャーズが何なのか、ヒットラーやムッソリーニがだれなのか、「アレ」（ペニス）が何で、それが役に立たなくなったとはどういう意味なのか子供たちには少しもわかりませんでしたが、その界隈の子供たちのあいだでは、大人たちの考えていることとは関係なく、成績の悪い野球チームに対する腹立たしさや、以前の敵を侮辱する空気がはびこっていたのです。

わたしは三輪車に乗れるようになり、のちには草の生えた中庭をとおる小道でローラースケートを乗りまわしました。大人たちは、子供たちが中庭の小道で遊んでいるものとばかり思っていましたが、中庭の隅の方や茂みの下には子供たちだけの秘密の隠れ場所があって、そこでトランジスタ・ラジオを聴いたり、一人で本を読んだりしたものです。住んでいるアパートは七階建てで、狭いバルコニーから中庭や小道は見おろせますが、隠れ場所は見えなかったのです。

雪が積もって、中庭の小道が子供たちの頭を越える高さの雪の壁になると、そのなかにトンネルを掘ったり、イヌイットが暮らす雪の家を造ったりしました。雪の積もった朝早くには、弟と二人でキッチンにある大きなボウルと料理用のスプーンとを持ち出して中庭に駆け降り、街の煤でまだらになった雪の表面を削り取ってから地面まで掘り下げないよう気をつけて、きれいな部分をすくい取り、その雪を持ち帰ると、母が砂糖をひと匙とバニラエッセンスを少々ふりかけてミルクを混ぜてくれます。それを手早くかきまぜると、「雪のアイスクリーム」のできあがりです。

当時の記憶のなかに、父の姿はほとんどありませんでした。いつも仕事をしていて、旅行をしていました。一九五〇年代の父親たちは、母親が家を守っているあいだ外の世界を飛びまわることを求められていて、ときには父も家にいることがありましたが、家族は父の邪魔をしてはいけなかったのです。バスローブのまま座って、一度に二台のテレビをつけて観ながら、「競争相手の番組を観なければならないからだ」と言っていました。

小学校にかよいはじめるころになると、ニューヨークが核兵器の攻撃目標になるとだれもが考えていました。ニューヨークは世界でもっとも大きく、もっとも裕福で、もっとも有名な都市でしたから、ソ連はまちがいなくニューヨークを核兵器で攻撃すると考えられたのです。共産主義者はアメリカ人をきらい、核兵器を保有していたので、わたしたちは「ハンカチ落としゲーム《Duck Duck Goose》」を卒業して、「机の下に入って《Duck and》身を守る《Cover》」を学ぶことになりました。教室のどの部屋にも、核戦争が起きたときの避難行動を示す標示があって、もしも核戦争が起きたときには、どのように退避をしたらいいかを絵で説明してあって、火災のときの避難訓練の手引きのようなものでした。いざというときには、机の下にもぐり込んで体を丸め頭を体のなかに埋めるのです。あのころのわたしたちは、そんな訓練をしていたのですが、しばらくすると、なるほどと思うようなパロディー風の標示が出まわるようになりました。その標示には、核戦争が起きたら机の下にもぐり込んでボールのように体を丸め、「お尻にキスして、さよならだい」となっていました。あのころは、真面目くさった大人たちが組織したわけのわからない行動が幅をきかせていたものです。

わたしは本が大好きでした。両親は、わたしが読書に熱中しすぎて周囲のことに関心を払わないといつも文句を言っていました。本のなかでは、『少女探偵ナンシー』や『ブルックリン横町』のなかのフランシーや『リンクル・イン・タイム』のなかのメグのような、元気で自信たっぷりの少女が主人公で登場する話が好きでした。『若草物語』のジョーは、物語に登場する四姉妹のなかでわたしの大好きな次女で、心のやさしい三女のベスが亡くなる場面の章を読みながら、いつも泣いたものです。ある日、カーヴド・ベンチが置いてある寝室の白い化粧台の前に座って、核戦争に生き残る方法について書かれた小冊子に目をとおして、わたしたち一家が住んでいる建物の近くで核シェルターのある場所を示す黄色と黒の独特の標識がつけられたビルの場所を一覧表にして作ったことがあります。ビルのどの場所に核シェルターがあるのか、建物のなかに入ってみたことはありませんでしたが、洗濯室とか貯蔵庫のある地下にちがいないと思いました。そこには食料は十分あるのだろうか？　水はどうするのだろうか？　トイレはどうするのか、毛布や医薬品はどうするのだろうか？　わたしは、その小冊子を丹念に読んで、何が必要なのかというリストを作り、四人家族が少なくとも二週間をすごすのに必要な物品の数量を計算して、放射能による最悪の状況を生き残るために避難をつづけなければならない期間は最低二週間だと考えました。

　やっとリストを作り終えたので、それを父のところに持って行って、万一のためこれだけの物品をそろえてほしいと言うと、「おまえは正気か？」と父が言います。「ソ連が核兵器で攻撃してきたら、シェルターなんて、なんの役にも立つもんか！　ばかばかしい！」

「でも、できるだけのことはやっておくべきだと思うの。最善の用意をしようと考えて何が悪いの？」

「用意だって？　おまえは、なんにもわかっちゃいない！」父は、わたしの作ったリストを放り投げて部屋を出て行きました。そのときの父は、核兵器のことについてわたしの知らない事柄を教えてはくれなかったし、核兵器について自分がどんなことを知っているかも話してくれませんでした。

　でも、父は広島と長崎のことやフィルムのことを忘れていたわけではなかったのです。父の死後に残されていた手記のなかに、アメリカが核兵器の保有を断念することを悟らせるための映画を作ろうと奮闘している内容の文書を見つけたのです。文書には、一九四〇年代当時のことから一九七〇年代までのことについて記されていました。


「そのころ、もっとも知られたジャーナリストはエドワード・R・マローだった。CBSに所属してから、なんとかマローに面会しようと考えていた。マローに自分の話をして、この人の説得力の強さ、豊かな才能、大きな影響力によってフィルムを公開してもらいたかったのだ。しかしマローはまったく役に立たなかった。数年後、当時の原子力エネルギー委員会のトップだったデビッド・リリエンソールがマローの親友だということを知ったからだ。軍の将兵を対象にした『戦略的攻撃《Strategic Attack》』という軍事教練用の映画のナレーションをマローが担当していたことも知った。ただ、その映画は、わたしがフィルムで伝えようとしていた内容とは正反対のものだった。

一九五〇年ころ、わたしはトルーマン大統領に手紙を書いて、日本で何が起きたのかを伝えるノーカットの映画を制作したいのでフィルムを公開してもらいたいと頼んだ。その手紙にも書いたことだが、実際の核戦争とはどんなものなのかを世界中の人たちに示す時代が到来している気がしていた。そのころにはアメリカが原爆を使用したことに対する非難が外国でも次第に薄らいできていて、アメリカは核兵器の問題にどう取り組むのかを理解するちょうどよい機会だと思ったのだ。一九五〇年十月、大統領補佐官のダラス・ハルーバースタットから返事を受け取った。その手紙には、国民はそのような映画には関心がないだろうし、関心を持つべきではないと書かれていて、わたしからの依頼を拒絶するものだった。

一九五五年、CBSからNBCに移って、『広い《Wide,》、広い《Wide》、この世界《World》』の制作を担当した。そのあいだにも、ワシントンの政府に顔の広いNBSのニュース・チームのチェット・ハントリーに打診したが、このテーマはNBCのニュースとしては取り上げたくないと伝えられた。もうそのころには、わたしも拒絶されることには驚かなくなっていたし、それほどバカ正直でもなかった。アメリカ政府はまだ世界中から原爆を投下したことを非難されていたから、この問題については過敏になっていたのだ。むしろ国内では新しい核兵器の開発と核兵器の製造産業に対する関心が高まっていた。そのころは核兵器にかんする資料は機密あつかいだったし、そうでなくても国民に関心を持たせないことが求められていたので、どの放送ネットワークも政府の方針にあえて挑むことはしなかったのだ。

一九五六年、軍隊を讃える『生き残るための力《Force for Survival》』という映画を制作したとき、統合参謀本部に出向いて、あらためてフィルムについて問いただした。しかし、国防長官のニール・マッケロイから、フィルムはまだ機密あつかいなので公開することはできないと伝えられた。

一九六二年、『法律の執行者《The Law Enforcers》』というテレビのシリーズ番組を企画しているとき、当時の司法長官だったロバート・F・ケネディに面会してフィルムについて問いただしたが、またしてもフィルムは機密あつかいだと言われ、司法長官の一存では機密を解除することはできないし、解除するつもりもないと伝えられた。

一九六三年、『ハリー・トルーマンの決断《The Decisions of Harry Truman》』を制作しているとき、大統領を辞任していたトルーマンに面会してフィルムについて問いただした。トルーマンは、「それについては確認してみよう」と言ってくれたが、あとになってから、フィルムはまだ機密あつかいで解除される予定はないと伝えられた。

一九六四年、国防省に関係のある友人がやっとのことで、当時の撮影チームが撮影したフィルムを使って一九四八年にワーナー・ブラザーズが制作した軍事教練用の映画を一本だけ観せてもらえるよう手配してくれた。映画の内容は、核戦争が起きても生き残ることができるというものだった。わたしは最後まで観ることができなかった。本当に気分が悪くなった」

つぎに掲載した文書（大部分はグレッグ・ミッチェルが調査して入手したものです）のコピーは、父がどんな問題に直面していたかをくわしく示しています。

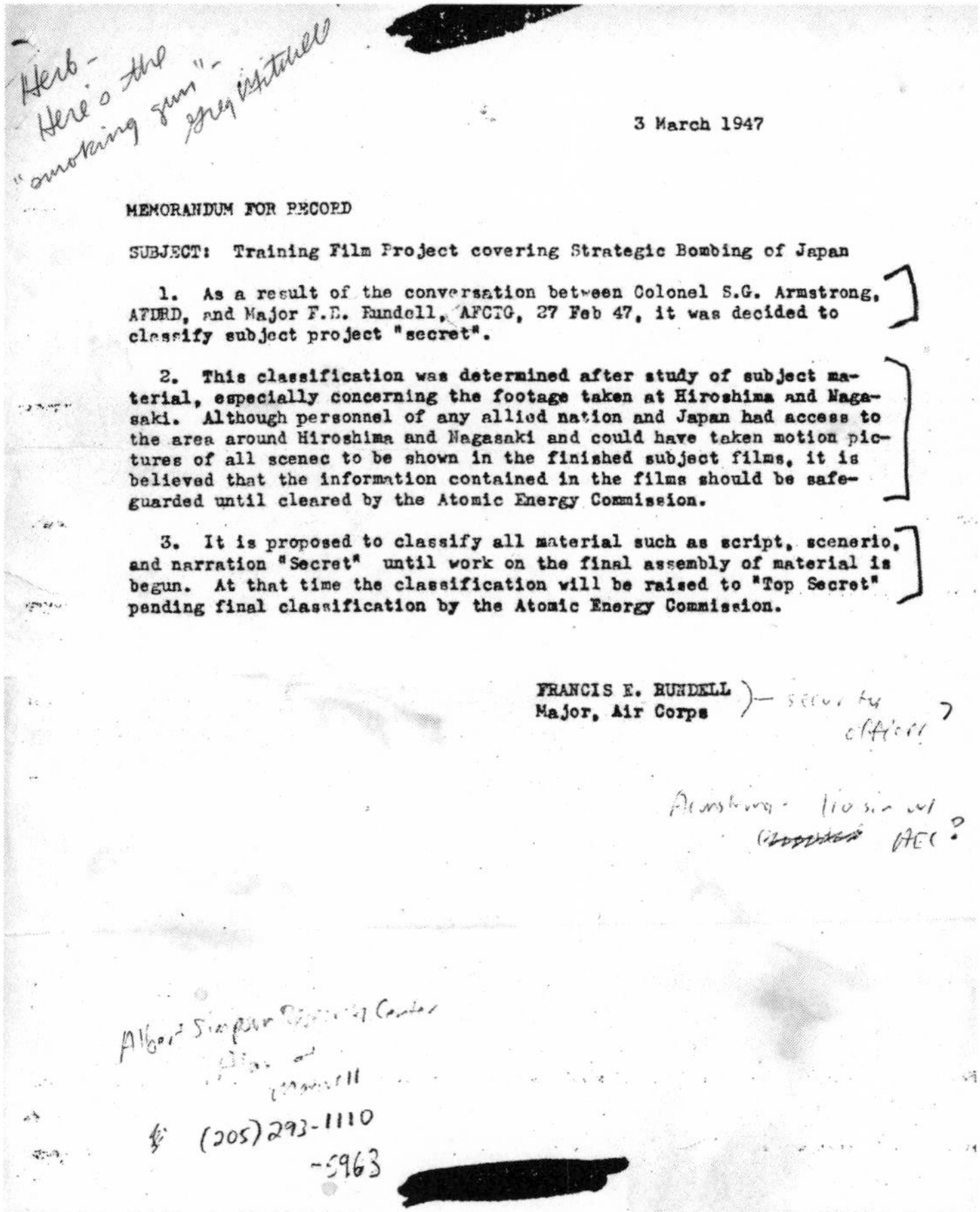

[redacted]

Herb -
Here's the "smoking gun" -
Greg Mitchell

3 March 1947

MEMORANDUM FOR RECORD

SUBJECT: Training Film Project covering Strategic Bombing of Japan

1. As a result of the conversation between Colonel S.G. Armstrong, AFIRD, and Major F.E. Rundell, AFCTG, 27 Feb 47, it was decided to classify subject project "secret".

2. This classification was determined after study of subject material, especially concerning the footage taken at Hiroshima and Nagasaki. Although personnel of any allied nation and Japan had access to the area around Hiroshima and Nagasaki and could have taken motion pictures of all scenec to be shown in the finished subject films, it is believed that the information contained in the films should be safeguarded until cleared by the Atomic Energy Commission.

3. It is proposed to classify all material such as script, scenario, and narration "Secret" until work on the final assembly of material is begun. At that time the classification will be raised to "Top Secret" pending final classification by the Atomic Energy Commission.

FRANCIS E. RUNDELL
Major, Air Corps

(205) 293-1110
-5963

[redacted]

図50　1947年3月にフランシス・E・ランデル少佐が記した、フィルムは極秘あつかいと伝える文書

CBS TELEVISION NETWORK
A Division of the
COLUMBIA BROADCASTING SYSTEM, INC.
485 MADISON AVENUE, NEW YORK 22, N.Y.
PLAZA 5-2000

THE WHITE HOUSE
SEP 26 8 03 PM '50
RECEIVED

September 25, 1950

The President
The White House
Washington, D.C.

Sir:

The recent release of the government's book for civilians in reference to the possible effects and preparations for atomic bombings has justifiably received the publicity it deserves. I respectfully suggest that now is the time for release of an even more vivid and directly informative report to the American people on this momentous subject.

As Production Manager for the United States Strategic Bombing Survey in 1945-46, I had the unique opportunity to direct thousands of feet of color motion picture footage on the medical, morale, and physical damage effects of the atomic bombs in Nagasaki and Hiroshima. Although our mission was specifically outlined in a letter from the Office of the President, during production we were ever mindful of eventual public release of these films by the government. The War Department, however, placed a blanket "Top Secret" classification on the entire footage, regardless of the fact that fully sixty-five percent of it comprises human interest and general coverage parallel to still pictures released earlier. Major General Orville Anderson, recent Commandant of the War College at the Air University, was the officer-in-charge of our project at that time.

I respectfully submit that this is the time for release of a full-length motion picture in color, which can effectively be produced from the aforementioned motion picture material now in government hands.

図51(1)　ハーバート・スサンがハリー・S・トルーマンに宛てた1950年9月25日の日付がある手紙の1ページ目。ハリー・S・トルーマン図書館より引用

CBS TELEVISION NETWORK
A Division of the
COLUMBIA BROADCASTING SYSTEM, INC.
485 MADISON AVENUE, NEW YORK 22, N.Y.
PLAZA 5-2000

—2—

Such a film would vividly and clearly reveal the implications and effects of the weapons that confront us at this serious moment in our history, and would be a unique visual document many times more powerful than the recent book release for informing and preparing American cities and the American people for the ever-present possibility of atomic attack.

I would be honored to assist in any way possible in production of such a valuable motion picture at this crucial time. It is my feeling that the times fairly scream out for release of this motion picture material. If there is any way that I can be of service in expediting this mission, I am available at your call.

I have the honor to remain,

Most respectfully yours,

Herbert Sussan

HS/js

図51(2)　ハーバート・スサンがハリー・S・トルーマンに宛てた1950年9月25日の日付がある手紙の2ページ目。ハリー・S・トルーマン図書館より引用

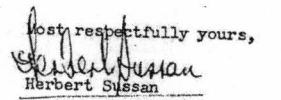

October 3, 1950

Dear Mr. Sussan:

Your letter addressed to the President has been referred to me.

The motion picture footage which you mentioned has been made into four motion pictures. These four pictures were made by RKO for the Air Force, and were assembled from some 78,000 feet of 16mm Kodachrome and 6,000 feet of Technicolor made by an Air Force camera crew. Inasmuch as the camera crew was shooting the film from the record or scientific viewpoint rather than from the theatrical or entertainment approach, the cutting of these films by RKO proved to be a very difficult task.

None of these four films have any military classification and they are now being used for specific groups or public showings with Air Force approval.

Because the pictures were made for military training purposes they lack a wide public appeal. They are, however, being screened for some civilian defense groups, medical audiences and other groups which might have an interest in the specific subject.

These films are listed in the film catalog of the Air Force as TF1-4610, TF1-4611, TF1-4612 and TF1-4613. Inasmuch as the films were made two and one-half years ago there are music restrictions on the television use of these pictures.

The Air Force informs me that because of the record and scientific nature of the footage it would, indeed, be very difficult to attempt to remake any of this footage into a film which might have wide public appeal or information value. Also, because the footage is in color the costs would be considerable.

Your interest and inquiry [illegible] is being made of this footage is appreciated.

Sincerely,

Dallas Halverstadt
Assistant to John R. Steelman

Mr. Herbert Sussan
CBS Television Network
[illegible]

note - Halverstadt was in charge of Motion Picture Liaison in the White House. Steelmon was an assistant to Truman.

図52　トルーマン大統領に宛てたハーバート・スサンの手紙に対して回答した1950年10月3日付のハルバースタットの返信

《図50〜52の訳文》

〈図50〉

一九四七年三月にフランシス・E・ランデル少佐が記した、フィルムは極秘あつかいと伝える文書

一九四七年三月三日

記録のための覚書

主題……日本の戦略爆撃にかんする教練用フィルムの取扱い

一．一九四七年二月二十七日にS・G・アームストロング大佐とF・D・ランデル少佐とで協議した結果、主題の計画は「機密あつかい」とすることに決定された。

二．この決定については、主題の資料、なかでも広島と長崎で撮影された映像フィルムを精査した結果なされたものである。連合国と日本の関係者が広島と長崎一帯の地域に入り、あらゆるシーンを映画として制作する予定だったようだが、原子力エネルギー委員会が認可するまで資料は保護されるべきものと考えられる。

三．台本、脚本、ナレーションなどの資料も、最終的な検討がはじめられるまでは、すべて「機

密」あつかいとする。また原子力エネルギー委員会が最終的に機密情報の区分について答申するまでは、当面は「極秘」とされる予定である。

陸軍航空隊少佐　フランシス・E・ランデル

〈図51〉

ハーバート・スサンがハリー・S・トルーマンに宛てた一九五〇年九月二十五日の日付がある手紙。

ハリー・S・トルーマン図書館より引用（CBSテレビジョン・ネットワークと記された便箋を使用）

一九五〇年九月二十五日

ワシントンDC、ホワイトハウス

大統領閣下

謹啓

原爆がもたらす影響とそれに対する心構えについて民間人を対象にした政府の書籍が最近発刊されたことは、国民からは価値ある内容として正当に受け入れられています。恐れながらわたくしは、今この時こそ、この重要なテーマについてアメリカ国民にいっそう生き生きと直接に伝える時期だと考えています。

わたくしは、一九四五～四六年に戦略爆撃調査団の制作マネージャーとして長崎と広島における原爆の医療、風紀、物理的な被害を数千フィートのカラーフィルムにおさめて直接入手する唯一の機会を得ました。わたくしたちの任務は、事前にホワイトハウスからの一通の書簡によって概略を受け取っていましたが、任務をつづけるあいだに、わたくしたちは、これらのフィルムが最終的に政府によって公開されることをいつも念頭に置いていました。しかしながら陸軍省は、これらのフィルムの六十五％が人間として興味をそそるものを含み、静止画像とともに一般的な報道は早く公開されているにもかかわらず、すべてのフィルムを全面的に「極秘」あつかいにしたのです。オービル・アンダーソン少将は、空軍大学の現在の総司令官ですが、当時は、わたしくたちの任務を担当する司令官でした。

わたくしは、このカラーフィルムをすべて公開するのは今この時であり、このフィルムを政府の手で効果ある映画に制作していただくことを提案するものであります。

このようなフィルムは、わが国の歴史におけるこの困難な時期に、わたくしたちが直面している兵器の意味することや影響を生き生きと明確に示し、原爆の脅威がつきまとうアメリカの都市と国民に対して情報と備えを伝える最近発刊された書籍より、さらに効果的に何度でもくり返し視覚に訴える記録になると思っています。

わたくしは、この重大な時期に、価値ある映画として制作されるのであれば、できるかぎりの協力を惜しまないつもりでいます。わたくしとしましては、このフィルムを使った映画を世に出すようにと、今のこの時が、声をかぎりに叫んでいると思うのです。もしもこの計画を進めるにあたり、わたくしがお役に立てるのであれば、いつでも貴下からのご連絡をお待ち申しています。

敬白

ハーバート・スサン

〈図52〉
トルーマン大統領に宛てたハーバート・スサンの手紙に対して回答した一九五〇年十月三日付のハルバースタットの返信

一九五〇年十月三日

親愛なるスサンさま

大統領に宛てた貴方の手紙は、わたくしのところに回送されました。

貴方が申し述べられた映画用のフィルムは、実はすでに四本の映画として制作されています。これらの四本の映画は、空軍のためにＲＫＯ社によって制作されたもので、空軍の撮影班が七万フィートの十六ミリコダクロームと六千フィートのテクニカラーのフィルムから必要な部分を選び出して作ったものです。ただ、これらのフィルムを撮影したチームが、劇場風もしくは娯楽風な映画を制作する意図ではなく、むしろ記録風ないし科学的な観点から撮影したというかぎりでは、RKO社がこのフィルムを編集するに際しては非常に困難だったことが明らかになっています。

これら四本の映画は、いずれも軍事上の機密ではなく、今では空軍の許可を得れば、特定の団体もしくは民間人に対しては公開されています。

これらの映画は軍事教練用を目的としていますので、公衆に幅広く訴えるものではありません。しかしながら、防衛にかかわる民間の関係者、医学関係者、そのほか特定のテーマに関心のある人たちからは公開を求められているところです。

これらのフィルムは、空軍のフィルムのカタログにTFー四六一〇、四六一一、四六一二、四六一三として記録されています。これらのフィルムが二年半前に撮影されたということから、その映像をテレビで放映するには音声上の制約があります。

空軍は、これらのフィルムは記録的で科学的な色合いが強いため、幅広く一般向けに訴えたり伝えたりする映画に作り変えることは非常に困難だと、わたくしに伝えてきています。さらに、カラー映像のため、制作するために費用がかさむとのことです。

このたびのフィルムに対する貴方の熱意には感謝致します。

敬具

ジョン・R・スティールマン付き補佐官 ダラス・ハルバースタット

わたしが作った核シェルターのリストを見て父が激怒したことは無理もなかったのです。核戦争に生き残るためにジュースとトイレットペーパーをたくさん保存する計画を父に提案したのは一九六五年ころだったと思います。わたしがハイスクールにかよっていて、暗殺事件や暴動やベトナム戦争を経験していたころで、父の方はなんとかフィルムを見つけ出して世界を目覚めさせる映画を作ろうと悪戦苦闘していたころだったのです。

＊＊＊

「一九七三年、フィルムがカリフォルニア州のノートン空軍基地にある国防省のフィルム保管庫にあることを突き止めた。早速、基地に行ってみて、昔のわたしの上官で、そのときは退役大佐だったダン・マクガバンが映像プロデューサーとしてそこにいることを知った。マクガバンは、自分は空軍のために何年もあのフィルムを『監視』しているのだと語り、陸軍のすべてのフィルムがどこに保管されているかを示すファイルを見せてくれた。そのファイルのなかから、わたしが撮影したフィルムのカードを見つけると、『機密』と記されていた。機密保持については変わっていなかった。わたしにはまだ見ることはできなかったし、手を触れることもできなかったのだ。そういうことなのだ。わたしは、あらためて自分が本当にやりたかった計画に失望感と挫折感を味わいながら立ち去らねばならなかった」

ちょうど一九七三年に、わたしは大学を卒業しました。そのころのわたしは、公民権を要求する抗議活動に参加し、年齢による差別と性差別に反対する組織を立ち上げ、ベトナム戦争に反対するデモ行進に加わっていました。そして、そんなわたしの活動に反対する父に失望感と挫折感を感じていたのですが、父とわたしは、お互いを理解していなかったのです。少なくとも、そのときはまだそうでした。

51　ふたたび起きたグラウンド・ゼロ

二〇〇一年、ニューヨーク

二〇〇一年九月十一日、わたしは幸運でした。ちょうどその日は通勤が休みの火曜日で、在宅勤務をすることになっていました。自宅にあるコンピュータに向かいながらラジオを流していたとき、アナウンサーの話し方がちょっと気にかかったので、仕事の手を休めて耳を澄ませました。

世界貿易センタービルに飛行機が衝突したと言っています。わたしは、パイロットが一人で操縦する小型の飛行機だろうと思いました。パイロットが方向感覚を誤ったのだろうか？　それとも心臓発作でも起こしたのだろうか？　すると、また一機が衝突したと言っています。どうして二機までも方角を誤ったのだろうか？　ところがラジオは、その飛行機は小型機ではなく、大型の定期旅客機だと言っているのです！　さらに、貿易センタービルが二棟とも相次いですっかり崩落したと伝えています！　奇妙なことに、わたしはほかの人たちとはちがって、すぐにテレビをつけなかったので、飛行機が衝突する場面を見ていませんが、あとになってテレビでその場面を見たときにも、目で見たよりラジオで聞いたこのショッキングなニュースのことがずっと耳に残っています。

それから血の気が引いてきました。弟が仕事中だったはずでは？　午前九時になっていました。弟が下車する地下鉄の停車駅が貿易センタービルの真下だということを知っていました。弟はウォール街でソフトウェアの開発の仕事をしていたのです。わたしは弟の携帯電話と自宅の電話にコールし、メールを送り、妻と子供たちにも知らせようとしました。弟は今一体どこにいるのか？
午後になって弟の息子にショート・メールを送っているときに、弟はやっと自宅に帰り着いたのです。弟は、ウォール街からマンハッタン地区を横切って、前に祖母が暮らしていて今は妻と二人の息子と住んでいるアッパー・ウエスト・サイドにある古い共同アパートまで歩いて帰ったのです。そのときの弟とのやり取りがメールに残っています。

弟（3:29:09 PM）――やあ、姉さん……。
わたし――よかった。とっても心配していたのよ。何時間も電話をかけまくったんだから。
弟――――貿易センターが崩落したとき、そこから二ブロックはなれたウォール七十五番地にいたんだ。地下鉄が不通になる前に最後の電車に乗れたんで、そこまで行けたんだよ。
わたし――本当によかったわ……。
弟――――ニューヨークの中心部一帯は粉塵と無数の紙切れでおおわれてるよ。助かった人たちも埃で真っ白になって、ぼくらはみんなで避難したんだ。今までで一番怖いことだったよ。貿易センタービルと同じ大きさのＪＰモルガンがつぎに狙われていたなんて、みんな知らなかった。そんなことになったらショックだよ。歩いて逃げながら、貿易センターがあったあたりは、巨大な黒い煙に包まれていたよ。まるで広島から歩いて逃げ出しているような感じだったよ……。

弟は無事でした。少なくともあの日はそうでしたが、あとになって呼吸器の症状を起こすようになりました。あの日、弟の二人の息子は父親のことを心配して長い一日をすごしました。今後マンハッタンのグラウンド・ゼロで起きたビルの崩壊による影響がいつまでつづくのか、だれにもわかりません。

あの日のことだけを想像しても、ニューヨークの通りが核兵器の惨禍に見舞われた光景を父が幻影として見た悪夢が息子の前で現実のものになったのだと、わたしと弟は実感しました。マンハッタンは新しいグラウンド・ゼロになったのです。父の体験した戦争が、やっぱり自分のふるさとにやって来たのです。

おそらく、すべての戦争が終わりを告げるまで、わたしたちは闘いつづけることになるのです。

52　平和を願う種子

いろいろな時期の広島

あれから何度か広島を訪れるたびに沼田さんとは平和公園で待ち合わせ、いつも被爆アオギリのそばで会いました。アオギリは沼田さんの「語り部」の一部なのです。

沼田さんは、広島逓信病院で何ヶ月も療養しているときに、窓から焼けただれた樹木を眺めながら、その樹木と同じように希望を失い、心が燃えつきたと長いあいだ感じていました。

県外からようやく医師たちがやって来て、焼失した病院のなかに仮設のトイレが作られ、沼田さんは汚れた部屋の一室に移されましたが、そのころには、左脚は膝のあたりまで壊疽《えそ》のため黒く変色していました。命を救う唯一の方法は膝から上を切断することで、麻酔も抗生物質もないまま手術を受けることになり、沼田さんは、耐えがたい激痛のため手術中に気を失ったり意識がもどったりをくり返しました。手術が終わったあとも傷口はいつまでも癒えず、手術した脚のところにウジが湧き、包帯のあいだから膿が染み出てひどい悪臭を放ち、包帯が緑色になりました。さらに髪の毛が抜けて高熱がつづき、下痢と歯茎からの出血にも苦しみました。器に入った食事を食べようとすると、器のなかの食べものの上はたくさんの蝿におおわれていて、まるで食べものが動きまわる黒い塊のように見えました。沼田さんの周囲には、生きている人と死んだ人とが横たわっていて、そのころのことを沼田さんは、毎日が「意識がある人の苦悶の叫び声と、もうろう状態の人のうわごとと、臨終まぎわの人の断末魔」に充ちた昼間と、「血液と膿と、かつては広島の街だった焼け跡で昼夜をとわず死体を火葬する臭い」に充ちた夜とで分かたれるだけだったと語っています。

ある日、母親が窓の外に見えるアオギリの枝からわずかばかり緑色の葉がのぞいているのを見つけて、沼田さんに教えてくれました。アオギリは枯れていたとばかり思っていたので、それを見て自分のなかにも生命が躍動してくるのを感じたのです。のちに被爆体験を語るようになった不屈な命のエネルギーが芽生えたのです。

図53　広島の平和公園にある被爆アオギリ。（著者が撮影。1987年）

のちに教師をしていたころ、生徒たちは沼田先生が奇妙な歩き方をすると言い合っていましたが、その理由がわかりませんでした。着物を着ていたので義足だと知られず、自分の傷のことは隠して原爆のことについては何十年も沈黙を守り、体には原爆によるやけどの痕もなかったので、自分を被爆者だと思う人はいませんでした。一度、恋愛をしたことがあって、結婚したいと考えたことがありましたが、ある日、相手の男性が、母親が二人の結婚に反対していると伝え、母親は息子に、体がまともな女性がほかにたくさんいるのだからと言ったのです。そのことがあってからは、二度と結婚について考えずに沈黙を守りとおそうと決めました。幸せに生きることができずに原爆で亡くなった人のことを考えると、その人たちのことを語ることは耐えられませんでした。沼田さんは、長いあいだ沈黙を守ってきた多くの想いについて、わたしには語ってくれましたが、当時は自分の口からそれをほかの人たちに語ることはできなかったし、自分以外に多くの人たちが平和活動をしていると思っていたので、あえて自分が被爆体験を語る必要はないと思っていたのです。

こうして沼田さんは自分なりの人生を歩んできたのですが、原爆による健康面の問題はそう易々とは片づきませんでした。癌のため何年にもわたるあいだに子宮と卵巣を失い、変性疾患のため背中と膝と両手に症状があらわれています。それに、切断した脚の断端部が義足に耐えられなくなってきて、義足を使うことができなくなったのです。三十八年間、左脚に痛みがつづいていたので鎮痛剤を服用していましたし、一九八三年には左脚の一部をもう一度切断する手術を受けることになりました。松葉杖を使って上手に歩いているように見えますが、妹さんの話では、松葉杖が当たる脇の下がひどく腫れ上がった様子をして毎日帰宅していたとのことです。

沼田さんは、自分と同じように健康状態がすぐれない妹さんといつも一緒です。妹さんも体内からガラス片が顔をのぞかせることがあったり、肌に一ヶ所ある斑点がときどき赤くなって様子が悪くなることがあります。また、癌のため両方の乳房を切除しています。妹さんは、自分の被爆体験を語ることをいやがっていて、「わたしらの苦しみはもうたくさんです」と言っていますが、どの国を恨むこともせず世界の平和を真剣に願っていて、健康な体をとりもどすことはできないけれど、人間は自立して前向きに生きなければならないと語っています。そして、俳句を作って自分と沼田さんの心を慰めているそうです。お二人とも猫が好きで、子猫たちと戯れながら小さな楽しみに安らぎを見出しているのです。

沼田さんは、10フィート運動によって映像が公開されるようになって自分の体験を語ろうと決めてからは、自分の話に耳を傾けてくれる人ならだれにでも話をするのだと言います。新たに被爆体験を語りはじめた自分のことを、「金魚のように口をぱくぱく開け閉めする、お話人形」だと表現していて、外国人に対しても、日本語がわからなくても平和に対する熱い想いは伝わるはずだと考えて、被爆体験と自分の想いを語っていて、平和とは、ビタミン剤のように日々の暮らしの基礎になるもので、命を健康的にいつくしむことを教えてくれるものだと信じています。そして、戦争がはじまる前の大人たちが戦争を起こさずにどうしたら平和を達成できるかという正しい判断力を持っていなかったことに自分はいつも失望しているとも語っています。

こうして沼田さんは、毎日のように被爆アオギリの木蔭で自分のまわりに集まった学生や旅行者たちに語りはじめたのです。アオギリは生きつづけています。幹には原爆で焼かれた大きな虚《うろ》ができていて、アオギリはそれを取り囲むようにして幹が曲がって大きくなり、みずからの傷痕をいたわっているかのようです。沼田さんは、被爆体験を聞いてくれる一人一人に昔の自分の写真を見せて、そのなかには、すてきな花嫁衣装の姿や、原爆に遭う前の自分が勤めていたビルや、家族の写真や、その付近にあった木々の写真などもありますし、わたしの父の当時の写真や、一九八二年にニューヨークで沼田さんと父が再会したときの写真もあります。

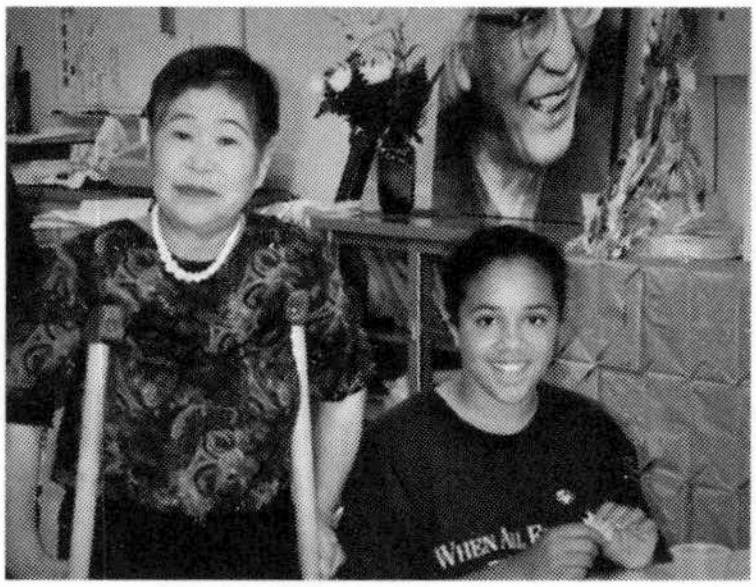

図54　広島の被爆者団体のオフィスでケンドラと一緒の沼田さん。（著者が撮影）

沼田さんは、話を聞いてくれる人たちに向けて、自分は毎日アオギリに「おまえのことは忘れていないんだよ」と語りかけているのだと話します。アオギリは、みずからが感じたり目にした辛さを語ることはできません。多くの死者たちも語ることはできません。沼田さんは生きてきました。だから、これからは自分だけのために生きて行くのではなく、亡くなったすべての人たちのために生きて行こうと心に決めたのです。自分の話を聞いてくれるすべての人に対して、今の自分がやっているように、自分の話をほかのだれかに語り伝えてほしいと願っているのです。

「みなさんに語っていることは、ひとつの種子なんです。みなさんが育つ種子なんです。その種子を目に見えない平和の木に育てて下さい。そうしてみなさんも、どこに行っても、平和の木が育つ種子を蒔くことができるんです」そう沼田さんは語っています。

被爆アオギリは、平和公園の目立たないところにあるので、その前に小さな案内板はありますが、平和公園を訪れた人のほとんどは見落としているようです。沼田さんの話を聞いた生徒たちは、アオギリの枝に折り鶴の長い束を飾って、その前で祈っています。沼田さんの話を聞くと、アオギリも人格を持った存在のように思わずにはいられなくなるのです。そして沼田さんのように、アオギリも平和の願いをひろめるために残された人生を捧げているかのようです。沼田さんは、自分の話に心を動かされた人にアオギリの種子の入った莢《さや》を分けてあげます。沼田さんの願いを託したアオギリの子孫が今、地球上の多くの場所で育っています。

平和公園で沼田さんに最後にお会いしたとき、自叙伝を下さいました。そして、わたしが書いている本をどうしてまだ完成させないのかと訊かれ、恥ずかしくなりました。語り部の沼田さんを偲んで、つぎのような詩を作ってみました。

三本の被爆アオギリよ
ケロイドの幹から黙って葉を出し
人々は懸命におまえの声を聞こうとしている
アオギリは覚えている
けれども、ことばで語ることはできない
夏の暑い日射しのなかで！

父とわたしの言い争いは、根本のところでは沼田さんの生徒たちが沼田さんに語った不満と同じものだったのです。父は一番肝心なことを語ってくれませんでした。父との言い争いは、結局はすべての被爆者たちの葛藤と同じものだったのです。父がみずからの体験を伝えようとしたことに、わたしはもっと関心を払うべきでした。その意味では、父もわたしも正しかったのです。

わたしたちは、本来の人間らしい立場に立って、世代を越えて自分たちの歴史に向き合わねばなりません。わたしたちの両親や祖父母やそれと同じ年齢の人たちに向けて、その人たちの記憶が失われ、その人たちの生きてきた時代が教科書のページの片隅に埋もれてしまう前に、わたしたちは、その人たちの人生がどんなものだったのか、その人たちがどんなことを学んできたのか、何をしてきたのか、何を見てきたのかを尋ねることができるはずです。それを尋ねることによって、生きた歴史が連綿とつづいていることを感じるとき、戦争の原因や、戦争によって失われたものや、失われたものによる影響などが、断片ではなく総体的に理解できるようになるのだと、わたしは思います。人間の歴史をそのように理解するためには、人間の行為や出来事が長く連なっている場面を映し出すノーカットの映像が必要なのです。そうして、ひとつの行動が大陸や世代を越えて何十年もつづく波紋をひろげることになるのです。

生きた歴史は、わたしたちに教訓を示してくれます。その教訓を学ばなかったら、わたしたちの子供はまた同じ歴史をくり返すことによってしか新たな教訓を学ぶことができなくなることでしょう。わたしたちの親たちが示してくれた教訓は、わたしたちの子供にとっても大切な遺産になるのです。わたしの娘が受け取る遺産は核問題にかんするもので、わたしは娘のためにその遺産を大切に保ち、教訓を伝える義務があります。被爆者たちがみずからの体験を語るのは、自分たちの体験をつぎの世代に苦労しながらでも伝えたいからなのです。

ユダヤ教の祈りである「カッディーシュ」は、人が亡くなって一年のあいだ死者を弔っておこなわれる伝統的な礼拝の儀式とされています。カッディーシュの祈りの一節に、「天上から充ちあふれる平穏があらんことを、そして、わたしたちとイスラエルのすべての民に平穏があらんことを、アーメン」ということばがあります（このことばの翻訳は https://www.myjewishlearning.com/article/text-of-the-mourners-kaddish/ にある原典からの引用です。ほかの版では、「地球上のすべての人たちに平穏があらんことを」という語句が追加されているものもあります）。ユダヤ教徒でないわたしは、父のためにカッディーシュを唱えることはできませんし、父がふだん宗教を敬遠していたことを考えれば、わたしがカッディーシュを唱えなくても父は気にしないでしょう。それでもわたしは、ある意味で本書は、父の死をきっかけとして、娘であるわたしが、すべての人に祝福と平和へのメッセージを伝えるための義務を果たそうとしたものなのだという気がしています。

本書は、わたしの「語り部」なのです。父へのカッディーシュなのです。それゆえの命の選択だったのです……。

あとがき

本書の大方の部分は、父と被爆者たちと、もちろん、わたし自身が目にしたことをもとに書かれています。冷静に考えてみると、ある出来事を目撃した人の話がすべて信頼できるとはかぎりませんし、記憶というものが完全なものでないことはよくわかっています。本書では、可能な部分については立証してきましたが、主観的な内容をすべて削除するわけにも行きませんでした。最近の脳科学によると、目撃者の証言が信頼に値するものかどうかは、その話を聞き手がどう受けとめるかによって正しくもなるし、疑わしくもなるそうです。もちろん、証言した人が嘘をついているかもしれないということは、よくあることですし、目撃者の視点（文字どおり、目撃者が対象からどれだけの距離に立っていたか、あるいは視線が遮られていなかったかどうかという意味で、さらにそのとき目撃者が対象にどれほど注意を向けていたか、あるいは、対象にどんな気持ちを抱いていたかということも併せて）というものは、その人が実際に何を見て、何を伝えることができるかにも関係しているのです。しかし明らかなことは、わたしたちは心のなかにあるビデオカメラ（不完全です）で撮影するように、自分が体験したことをありのまま記録しているわけではないし、そのカメラで撮影したテープ（劣化しています）を巻き戻して、撮影したとおりを再生しているわけではないということです。そうではなくて、五感による知覚を組み立てて、体験した記憶を作り直しているのです。別の言い方をすると、わたしたちの目は、目の前のものを単に捉えているわけではなく、脳は、知覚された対象から自分にとって重要と思われるものだけを選び取り、自分にとって意味のある形に作りあげて記憶しているのです。ただし、ある対象をこのようにいったんひとつの記憶として作りあげても、保存されたその記憶をそのまま取り出してくるわけではありません。そのため、以前の記憶を思い出そうとするたびに、神経学的なレベルでは、その記憶の内容は少しずつ手直しされているのです。つまり、わたしたちは同じ記憶の内容をはじめとまったく同じように忠実に再現することはできないのです。

再現される記憶の肝心な点に正確さを求めようとしても、法廷での証言のように、その記憶の特徴となる部分が欠陥だらけで、ときにはまったく信用できないこともあります。ところが、その肝心な点が別の人の体験に入り込もうとすると、その記憶の印象と思い出す内容が、欠陥だらけの見方（すべての意味で）なりに形をなしているという事実は、実際には有益なのです。つまり、だれかの話す物語が、その出来事が客観的に記録されたよりも、わたしたちの心をずっと夢中にさせることはよく知られていることで、たとえば、旅行者が旅先で経験した出来事を話すのを聞いていると、有名な観光地のきれいな絵はがきを見るよりも多くの情報が得られて面白いと感じるのは、そのよい例です。ですからわたしは、今述べたことを読者が知ったうえで本書を味わってもらいたいと考えています。ただし、万一この本を読んでいる途中で、内容に明らかな誤りがあることに気づかれたなら、それはすべてわたしの責任です。

本書のなかで気がかりな論争のひとつに、父を当時の撮影チームに選んだダニエル・マクガバンに関連したことがあります。マクガバンは、父が除隊したあとも軍にとどまっていて、わたしが面会する前に亡くなりましたが、あのフィルムについて父と意見の相違があったことは知っています。父は、あのフィルムをマクガバンが「伏せている」と言って、フィルムを公開しようとする自分の努力を妨げていると非難していました。父の考えは、本人が何度もくり返していたように、「アメリカ人の視点に立った」映画を制作することで、それによって核兵器はよくないことだということをアメリカ人に理解させようとすることでした。父が当時の関係者の話をするなかで、マクガバンは東京に陣取るボスだと表現していましたが、一方のマクガバンは、父のことを撮影チームのなかでは、ちょっとした役者（マクガバンが父のことを書記でポーカーのプレイヤーだと表現していたのを耳にしたことがあります）とみなしていたと、わたしは理解していました。マクガバンは、自分が撮影の責任者なのに、あの映像フィルムを父が自分の手柄にしようとしていると思っていたようです。とはいえ、二人が長いあいだ音信をつうじていたことも知っています。父の本棚やファイルのなかには、父とマクガバンとが交わした書簡がいくつかあって、マクガバンが当時の被爆地の光景を撮った写真のコピーを父に送っているものもあり、たくさんのスチール写真も見つかっています。そのなかには一九四六年以降の広島と長崎の劣化したプリント写真もあって、写真の裏には「ダニエル・マクガバンの功績」というスタンプが押してあり、一部には、写真に写っている人物、日時、場所が記されているものもあります。

グレッグ・ミッチェルは、初めて父にインタビューをしたジャーナリストで、雑誌や書物のなかで父のことを取り上げていて、『原・子・爆弾《Original Child Bomb》』という映画の制作にもたずさわって、その映画には父が撮影したフィルムの一部が使用されています。グレッグとわたしは何年にもわたって連絡を取り合っていて、アメリカ政府が原爆のフィルムを公開することを禁じていたことにグレッグが腹を立てていることを知っています。そして、二〇一一年には『隠蔽されていた原爆のフイルム《Atomic Cover-up:》：二人の米軍兵士、広島と長崎、《Two U.S. Soldiers, Hiroshima & Nagasaki,》製作されなかった貴重な映画《and the Greatest Movie Never Made》』というタイトルの著書を刊行して、あのフィルムの数奇な歴史についてくわしく述べています。グレッグは公開されたフィルムのすべてに目をとおし、父と同じようにマクガバンとその息子たちとも連絡を取り合い、広島と長崎にも訪れています。わたしとちがって綿密な調査にもとづいたレポーターで、質問をした相手から情報を引き出すことが上手で、真実について矛盾する事柄にもひるまずに真実を追究しようとしています。グレッグは著書のなかで、マクガバンがあのフィルムをずっと自分の手元に保管してきて、そのことを自分でも認めていたとして、つぎのように書いています。

「マクガバンは、『わたしは、原子力エネルギー委員会のメンバーは、アメリカが原爆を投下したことを後悔しているのだといつも思っていましたよ。空軍も、やはり後悔していたと思います。国防省の関係者から、あのフィルムは女子供にまでよくない印象あたえるから公にしたくないと言われました。政府は、原爆がどんなことをしたのかを一般の国民に知られたくなかったし、新たな核実験を計画していることも知られたくなかったのです。ですから、わたしたちは、あの資料を公にしたくなかったのです……、罪深いことをしたと後悔しているからです』とわたしに語った」

ここに引用した文章は、フィルムが機密あつかいになっていることを父が知ったことの核心を突いています。マクガバンと父が日本で撮影した原爆のフィルムを、一方は映画に制作しようとし、一方は隠そうとしていたという異なる経緯について、グレッグの著書を読んでわかることは、初めは二人とも、それぞれ自分の立場から思い出せるかぎり自分たちが知っている真実について語っていることと、それぞれの記憶がお互いの感情的な立場に影響されていたということです。

マクガバンの語っている話の中心は、自分があの撮影チームを編成して映像におさめる指示をする役割を演じていたことですが、自分は撮影チームと東京とのあいだを行き来していて代理を務めていただけだとも語っています。一方の父は、マクガバンが父たちの列車に同乗して、どのような光景を映像におさめるのか指示していたことなどないと述べているのですが、マクガバンがこの冒険的な計画の全体を組織して命令を下したことと、マクガバンが長崎と広島に滞在していたことについては、父も否定していません。また一説には、マクガバンは父のことをあまり重要な人物とはみなさず、「プロデューサー」でも「書記」でもないと考えていたとも伝えられています。もちろん、視察のあいだに撮影された大量のフィルムは爆撃による戦略上の効果を確かめることがおもな目的だったのですが、父はその目的とは別に、ハリー・三村と一緒に人体への影響をフィルムにおさめることを考えて、そのことを率先しておこなったのです。父があの視察計画の一員にすぎなかったのに対し、マクガバンが計画全体を統轄していたことは理解できます（しかし、マクガバンが父のことを視察団の一行のなかの書記とみなしていたことをわたしが知ったとき、父のフィルムが政府の手に渡った際に、父が苦労して記録した日誌も一緒になくなっていた事実を思い出します。父は、マクガバンが自分の日誌を持ち去ったと疑っていたか、少なくとも日誌がどうなったかを知っていたのです。そのことは、父が静養のため日光へ行っているあいだにフィルムと日誌を置いていたオフィスの責任者がマクガバンだったことから不合理な考えではないのですが、もちろんわたしは、マクガバンが関与したことを示す証拠を持っていません。わたしが知るかぎりでは、あの日誌がどういう運命をたどったかを裏づける情報はありませんし、父が当時の撮影にどんな役割を演じていたかを示す文書からだけでは、日誌の件は立証できないということになります)。

マクガバンはグレッグに向けて、あのフィルムは自分が陸軍省へ届けたのであって、父が陸軍省へ届けたと言っているのは誤りだと語っています。ところが父の話では、自分とハリー・三村が撮影したフィルムを収めたトランクはそのまま置いてあったということですから、さまざまな見解がまたしても両立することになります。とにかく、マクガバンは自分があのフィルムを救い出して保管していたと考え、一方の父はマクガバンがフィルムを公にするのを妨げていたと考えていたし、マクガバンは父がフィルムを利用して売名行為をしようとしているとみなし、父の方は自分を駆り立てるものは愛国心と真実を語ることと芸術作品を制作するという動機が入り交じったものだと考えていたのです。わたしは、何かをしようとする動機は、どんな人でも純粋一途なだけだとは考えていませんし、その動機を死体のように切り分けて考える方法を知りません。結局のところ、動機が純粋かどうかは大したことではないと思うのです。だれがどんな動機でどんな役割を演じるにしても、あのフィルムには、核戦争が人類にとってどんな意味をもたらすのかという、もっとも切実な記録が含まれていることだけはまちがいないのです。

グレッグは、父とマクガバンの問題をどうしたら客観的に捉えることができるかを十分に調査し、その結果を先に述べた著書として発表しました。わたしは、この問題について関心のある方には、グレッグの著書を読むことをお薦めします。わたしは、あの著書のおかげで父や被爆者たちから聞いた話を語ることにためらいを感じなくなり、正直な目撃者の話のなかにも限界があることを自分の目でたしかめたのです。

本書は、「ピカドン」という痛ましい一瞬の出来事からはじまり、一九四六年に父が日本でフィルムにおさめる体験をしたこと、そのフィルムを入手しようとして何十年も努力したこと、父がみずからの記憶を語りはじめた最後の病気のこと、そして、ふたたび日本を訪れたこと、最期の願いとして広島に散骨してほしいと語ったことまでの物語を述べたもので、あれから七十五年がすぎました。本書のなかのわたしの役割は、父の願いを叶えようとしたことと、広島であったことの重大性を世界に伝えようとした父の目的を遂げようと考えたことからはじまったのです。

＊＊＊

本書の原稿を出版社に届ける準備をしながら、もう一度、広島を訪れる計画を立てています。わたしとケンドラは、七十五年目の原爆記念日に参列するつもりです。そのときには、広島平和記念資料館と本書の完成を手助けしてくれた方たちに、完成した本を一冊ずつ届けるつもりです。わたしは、自分自身と、家族と、被爆者たちに対して、やっと約束を果たせることになりそうです。でも、平和を願う気持ちとピカドンの脅威から免れるための活動と祈りは、これからも終わることはないでしょう。

出典と資料についての注釈

【フィルム】

戦略爆撃調査団が撮影した編集前の約九万フィート（約二万七千メートル）の長さの映像用カラーフィルムのことで、現在では、そのすべてがアメリカ国立公文書館で閲覧することができます。そのフィルムはUSAF342番として登録されていて、閲覧するためには事前の申し込みが必要です。そのフィルムをもとに映画に制作されたものとしては、10フィート運動によって制作された『にんげんをかえせ』と『予言』、ケリー・ショーンゲーベル（マッケンジィー）監督による『原・子・爆弾』《Original Child Bomb》、クリス・ビーバー監督による*Dark Circle*（邦題『ダーク・サークル』）、ブライアン・ライヒハルト監督による『広島の子供たちが描いた絵』《Pictures from a Hiroshima Schoolyard》があります。これ以外にも、わたしの知らない映画作品があれば、うれしいかぎりです。

【写真】

戦略爆撃調査団の撮影チームによって撮られた長崎と広島のスチール写真のことです。『敗戦後の日本』《Japan in Defeat》によると、長さ九万フィートのカラーフィルムのほかに、約二千枚のスチール写真が含まれていて、これらの写真のほとんどは、だれが撮ったのかを確認することは不可能です。前述したように、スチール写真の何枚かはマクガバンが父に送ったもので、そのなかには写真の裏に、「ダニエル・マクガバンの功績」というスタンプが押してあります。スタンプが押された何枚かの写真にはマクガバンが写っているので、その写真はマクガバンが撮ったものでないことが明らかです（その写真のなかで本書に載せた写真の表題の注釈に、マクガバンが場所を特定したと記してあります)。また何枚かは、父が亡くなったときにそのまま父の所有になっていて、父が手書きで注釈を加えています。わたしが所有している全三巻の『敗戦後の日本《Japan in Defeat》』の初版からわたしが直接スキャンした写真は、父が除隊する前に編集した写真だということを示しています。この三巻の制作には、アメリカ政府がかかわって職務上として刊行されたものですが、それが存在し保存されていたことをありがたく思っています。わたしが広島を訪問しているあいだに、広島平和記念資料館がこれらの写真をコピーして調査研究をしたいという要望があったので、わたしが探し集めた写真はすべて提供しました。

10フィート運動のグループの援助によって父が一九八三年に広島をふたたび訪れたとき、父に関係する何枚かの写真もわたしが所有していて、父の訪日を援助をしてくれた団体(広島市・長崎市原爆災害誌編集委員会、日本平和博物館)をつうじて撮影した人に連絡を取ろうとしましたが、今のところうまく進んでいません。そのため、だれが写真を撮って、その写真をだれが父に送ってくれたかを特定することができていませんし、写真を撮ってくれた人や、父と出会った人たち(ほとんどの人はもう亡くなっていると思っていますが)から許可を得ることもできないままになっています。もし今後それらの写真にかんする情報をもっと得ることができた場合や、本書のなかに使用することに異議があった場合には、本書の改訂版か、インターネットのウェブサイトに修正版を掲載するつもりです。

【父の声】

父の立場から書いた章では、父のことを「ハーブ」(ハーバートの別称)と名づけています。それらの章は、父の手記、オーラル・ヒストリー、それに一部は父がわたしに語った内容をもとにしています。本書のなかで父の手記を引用している箇所は、父の声をより直接に聞いてもらいたいため、父の資料のなかから抜粋したものです。その内容はすべて父が語ったことばですが、原文のままではなくて、空白になっている箇所や文章の流れを手直しし、重複した箇所はひとつにまとめました。またそれらの章には、わたしの想いやコメントをカッコを付けて挿入し、父の物語とははっきり区別してあります。わたし自身のことを書いた章では、父のことはそのまま「父《my father》」と記しています。本書を執筆しながら気がついたことですが、生存中は父のことを「ハーブ」とか「お父さん」とは呼ばず、「パパ《Daddy》」と呼んでいました。「パパ」という子供っぽい言い方は、たぶん父とわたしが互いに大人同士の関係を十分に築けなかった事実を反映していると思います。ただ、今のわたしの心のなかには「パパ」は「父」になり、誇りに思える人になっています。

【免責事項】

本書のなかの情報と見解については、著者であるわたし自身の考えにもとづくもので、アメリカ政府の公式な立場を反映しているものではありません。

【ウェブサイト】

本書のなかで議論されている出来事をより広く知りたいと思い、広島と長崎の惨状が暗示する今後の問題についてもっと追究したいと考えている読者には、わたしのウェブサイト（https://wordpress.com/post/lesliesussan.wordpress.com/4）を閲覧していただきたいと思います。このサイトには、本書（それと、わたしが本書のなかで気づいた修正箇所も記しています）のかぎられた資料よりも、もっと多くの映像、リンク、背景となる情報を載せています。また、このサイトをつうじて、わたしたちが共有している今後の問題について対話の輪をひろげ豊かになってほしいと考えています。

本書は、一人の人間の物差しをもとに戦争の一瞬の出来事に焦点を当てています。戦争について一般的なことを書いたり、とくに核戦争の問題について書くと、抽象的になりがちで、戦略上や戦争を正当化することの是非の問題や、さらに幅広い大きな問題を取り上げることにもなります。そのため、高所から眺める立場や知性にもとづいた展望を語ることは避けるよう努めました。また、白熱した議論をするよりも人間の素朴な感情に触れてもらいたかったし、そのことを伝えたいと思っています。

また、脚注をつけたり参考文献を載せたりして本書を重々しくさせるよりは、それらの情報はウェブサイトに載せて、このサイトから一次資料や詳細な資料を載せたサイトにアクセスできるようにしました。原爆の使用と、それがおよぼしてきた影響、日本の占領政策、日本とアメリカの文化的な背景のちがい、被爆者などにかんする書籍は、わたしも多数所有していて本書にも利用していますが、これらの書籍もウェブサイトに掲載して閲覧できるようにしてあります。そのなかで、本書を執筆するうえで情報元となり引用しているものとして、とくに薦めたい（本書で引用した文献以外のものも含めて）書籍としては、ダワー・J・Wとユンカーマン・J編 *The Hiroshima Murals: The art of Iri Maruki and Toshi Maruki* 講談社インターナショナル株式会社（東京、一九八五年）、ダワー・J・W著 *War Without Mercy: Race & power in the Pacific war*（邦訳『容赦なき戦争』）パンテオン・ブックス（ニューヨーク、一九八六年）、ハム・P著 *Hiroshima Nagasaki: The real story of the atomic bombings and their aftermath* セント・マーティンズ・プレス（ニューヨーク、二〇一四年）、広島市・長崎市原爆災害誌編集委員会編 *Hiroshima-Nagasaki:A pictorial record of the atomic destruction*（原著は『広島・長崎の原爆災害』（東京、一九七八年）、リフトン・R・J著 *Death in Life: Survivors of Hiroshima*（邦訳『ヒロシマを生き抜く』）サイモン&シュスター（ニューヨーク、一九六四年）、リンディー・M・S著 *Suffering Made Real: American science and the survivors at Hiroshima* シカゴ大学出版局（シカゴ、一九九四年）があります。

【用語の解説】

読者の便宜のため、本書で使用した外国語の解説を載せておきます。解説の内容はわたしが簡略化したもので、かならずしも厳密な定義ではありません。これらの用語の解説を編集するにあたっては、三省堂 *Junior Crown Japanese-English Dictionary*、ウェブスター *New Worlld Compact Japanese Dictionary*、わたしが日本語を勉強するときに使用したヒロコ・ストーム *Ultimate Japanese*（リビング・ランゲージ、一九九八年）の用語解説、それにグーグルの翻訳を利用しています。

（訳注、原著に著者が載せた用語解説は、ほとんどが日本語についての説明なので、本書では省略しています）

謝辞

本書を完成させるため長いあいだ手助けをして下さったすべての人に一人ずつ感謝のことばを述べることはできませんが、その人たちの寛大で親切な気持ちに応えようとしないことも同じくできません。書物は、子供を育てるのと同じように、たくさんの人たちの協力があって完成するものです。まず初めに感謝を伝えたい人は、わたしの歩む道を明るく照らしてくれた父と、わたしが歩む一歩ずつについてきてくれた娘でなければなりません。そして、弟のポールにも父の資料を探し出し保存する手伝いをしてくれて、わたしを励ましてくれたことに感謝します。

つぎに、自分たちの貴重な物語をわたしに聞かせて下さったすべての人たちには大変お世話になりました。その人たちの物語が本書のなかで正しくあつかわれていることを望んでいますが、誤った記述がわたしのせいであれば、お詫びをしなければなりません。その人たちは、沼田鈴子、谷口稜曄、空フミコ、山岡ミチコ、竹内千代、吉川生美、江口保、今枝良子、宗像基、西久保健次郎、奥田富恵、丸木夫妻の面々です。この人たちの勇気と平和への想いに、わたしも勇気をもらわずにはいられません。

経済的な保証もないまま日本で暮らし、日本の文化を学び、日本が好きになり、被爆者たちと会って話をすることができたのは、数えきれないほどの人たちの支えがあったからです。個人的に親しくしていただいた多くの方たちのなかでは、角谷昌彦とそのご家族、今枝良子、森川恵美子、田城（来山）美智子、田城美怜、立花志瑞雄の面々です。ケンドラとわたしは、舟入町の近所の人たちや、みくに園の先生と園児たちとの温かい思い出を今でもなつかしく感じています。

父のフィルムが公になり、そこに写っていた被爆者が特定できたのは、岩倉務さんと永井博士と10フィート運動のたゆみない努力のおかげです。ロニー・アレクサンダーも、10フィート運動と協力して活動し、一九八三年に父がふたたび広島を訪れる援助をしてくれて、いろいろ役立つ情報を提供してくれました。

広島の報道関係者、とくに「中國新聞社」(10フィート運動、被爆者の映像、父の広島訪問、田城明氏の特別な配慮、わたしの広島訪問などの記事を掲載してくれました)と、NHK広島放送局には、ご協力と取材報道に感謝します。

わたしが日本で暮らしているあいだ援助をして下さり、広島市で長年にわたって平和活動の指導的立場となっている広島平和記念資料館、YMCA広島国際平和研究所、ワールド・フレンドシップ・センター、「平和のためのヒロシマ通訳者グループ」などの団体にも感謝したいと思います。

わたしは、父にインタビューをしたP・K・スミスという女子学生の居場所を特定できずにいます。もし本書がスミスの目にとまれば、抱きしめたいほど大好きになるでしょう。スミスが父にインタビューをしてコロンビア・オーラル・ヒストリー・アーカイヴに記録として残すことがなかったなら、父のことをこれほど知ることはなかったからです。

グレッグ・ミッチェルには、戦略爆撃調査団の撮影チームの物語を提供して下さり、機密あつかいになっていたフィルムを国民の意識に向けさせるうえで大変お世話になりました。グレッグは、核兵器の脅威を人々に理解させ、アメリカ政府が長いあいだ隠蔽していたフィルムを公開するよう尽力してきました。さらに、本書の序文を書いて下さったことにも感謝申し上げます。

また、ジョン・スタインバッハと亡妻のルイス・フランクリン・ラミレッツ、「グレイ・パンサーズ」のワシントン支部のメンバーたちが創立したワシントンDCの広島・長崎平和委員会の活動にも感謝します。ジョンは、何十年もかけて進めてきたわたしの計画をやさしく勇気づけてくれた人で、軍縮を求めている勤勉で誠実な使徒です。

わたしが所属している二つの宗教上のコミュニティーは、いずれも、わたしの計画に理解を示し、容認して下さいました。とくにアーリントン長老派教会は、わたしの初めての日本訪問を認めて下さり、ロバート・ハリス牧師には、わたしと娘が広島を訪れることに精神的な支えとなってくれたことに感謝します。また、ベテスダ・フレンズ・ミーティングにある現在のスピリチュアル・ホームと、なかでも本書の内容の正確さをチェックしてくれたメンバーの方たちにも感謝します。

一冊の本を完成させるために、文章の書き方と物語としての構成を学ぶのに大いに役立つ環境というのは、そのような技術を学ぶ時間と場所と同じく、その技術を研修し引きこもれる場所が関係しますが、とはいえ本書の出来が悪かったとしたら、その場所にはなんの責任もありません。フロリダ州ニュー・スムーナ・ビーチにある「the Atlantic Center for Arts」（執筆のためにわたしを研修生として選んでくれた二名の回顧録の筆者で、そこで研修を受けることを薦めてくれたオナー・ムーアとニック・フリン）、バージニア州ノーウッドにある「The Porches Writers Retreat」と「Trudy Hale」、バージニア州モンペリエにある「Shalom House Retreat Center」とスタッフの方たちにも感謝します。

わたしに助言と応援を下さり、本書が完成するまで長い時間のかかった原稿に目をとおしてコメントを下さった多くの人たちとワークショップのみなさんにも感謝します。そのなかで、元気のいい女性作家たちのフェイスブックのみなさん（だれかはご存じのはずですが）と、「the Washington Biography Group」、サンドラ・ランバート、レスリー・テイラー、スティーヴン・マローン、ネイル・カウフマン、ローラ・マクリン、サムエル・ピッカンズたちにも感謝します。

また、編集者のパット・マクニーズとディアナ・ニカイドのお二人からは、心温まる有益な援助をいただきました。

キャロリン・レイニス・グラバードは、忙しいスケジュールにもかかわらず驚くほど熱心な校正をしてくれました。

訳者あとがき

昭和五十八年（一九八三）十二月、六十代のアメリカ人男性が広島市を訪れ、被爆者や平和活動家たちに面会して、親しく語り合い、このことが国内外のメディアでも取り上げられました。この男性が、本書の主人公ハーバート・スサンで、原爆による広島と長崎の惨状を撮影した元米軍兵士でした。

アメリカが日本に原爆を投下したことについては、その直後からさまざまな論争が現在に至るまでつづいています。本当に原爆を投下する必要があったのか、原爆を投下したことは正当だったのかというテーマは未だに結論が出ないままですし、今後も明らかにできないかもしれません。ただ、ひとつだけ明らかなことは、原爆が投下された直後からアメリカがその真相を隠蔽しようとしていたことです（その理由についても、さまざまな議論がありますが）。そしてハーバート・スサンは、その犠牲になった一人だったといえます。

本書は、Leslie Sussan 著 *Choosing Life* を訳出したもので、著者はハーバート・スサンの娘レスリー・スサンで、父親であるハーバートの苦難の人生を描いています。

昭和二十年（一九四五）八月十五日に日本が無条件降伏をして、アメリカ軍をはじめとする連合軍が日本に進駐してきましたが、ときを同じくしてアメリカ政府は戦略爆撃調査団を日本に派遣しました。その目的は、戦争中にアメリカ軍が日本の各都市におこなった爆撃の効果をくわしく検証するためで、通常爆弾による効果とともに広島と長崎に投下した原爆の効果も視察の対象になりました。

調査団のなかの撮影チームは各都市の破壊状況を映像におさめる任務を受けていましたが、その一員にハーバート・スサン少尉がいました。撮影チームは東京を出発して初めに長崎を訪れて視察をおこなったあと、日本列島を北上しながら各都市を視察することになりました。そして、一行が初めて訪れた長崎の状況を目にしたスサンは一発の原爆で破壊された街の惨状に愕然とするとともに、生き残った被爆者たちの痛ましい姿を目にして衝撃を受けます。調査団の当初の目的は爆撃による破壊の物理的状況を映像に記録することでしたが、スサンは独断でその方針をあらためて、原爆がもたらした人間の悲惨な状況も映像におさめて、のちにドキュメンタリー映画を制作し、核兵器の脅威を世界中に伝えることによって二度と核戦争が起きないよう訴えようとしたのです。

ところが、撮影チームが収集した長崎と広島のカラーフィルムはアメリカ政府によってただちに機密あつかいにされ、撮影した当人のスサンでさえ目にすることができなくなりました。当時、占領下の日本国内ではGHQによるプレスコードによって原爆にかんするあらゆる表現がきびしく規制されていましたが、アメリカ政府は自国の国民に対しても原爆にかんする情報を隠蔽しようとしていたのです。若いころからハリウッド映画を制作することが夢だったスサンは、戦後になってテレビ放送のプロデューサーとして活躍する一方で、そのあいだにも広島と長崎で撮影したフィルムをなんとか映画化したいという想いを捨てきれず、何度も政府にフィルムを公開してほしいと掛け合いましたが、機密あつかいとして許可されることはありませんでした。

その後、三十年あまりが経過してようやく機密保持が解除され、フィルムが公開されることになりました。ちょうどそのころ日本でも、10フィート運動によって当時のフィルムのコピーをアメリカ政府から購入してドキュメンタリー映画を制作する活動がはじまった時期とも重なって、スサンは一九八三年に来日し、自分が当時フィルムにおさめた被爆者たちと再会したのですが、そのころにはスサンは悪性腫瘍に冒されていて、二年後の一九八五年九月に六十四歳で亡くなりました。スサンは、自分の病気の原因は広島と長崎に滞在していたことによる残留放射能の影響だと思っていて、自分も被爆者だと語り、自分が死んだら遺骨を広島の爆心地に散骨してほしいとまで遺言したのです。

ところで、本書を著したレスリーは以前から父親の真意を知っていたわけではありませんでした。二十歳前後のころベトナム戦争をきっかけに反戦運動に熱中し、父親のことを体制に与する偽善者と考えていたため、それ以来、父子は長いあいだ不和にあったのです。レスリーが父親をそのようにみなしていた大きな理由のひとつには、父親が被爆地で自分が体験したことやフィルムを使ってドキュメンタリー映画を制作したいという想いを娘に少しも語ったことがなかったため、そんな父親の想いを知ることがなかったのです。ところが父親の死後、遺品のなかにあった膨大な資料に目をとおしたレスリーは、父親が広島と長崎で体験したことや核兵器をなくすためにドキュメンタリー映画を制作しようと奮闘していた想いを初めて知ったのです。長いあいだ父親のことを誤解していたことに気づいたレスリーは、父親の想いをもっと深く知ろうと考えて一九八七年に来日し、日本で父親のために何ができるかを考えて一年近く広島で暮らしています。そのあいだに被爆者や平和活動家など多くの日本人たちと出会い、原爆の悲惨さだけでなく、日本にも人種差別があったり被爆者たちも差別を受けていたことに驚いたり、日本での暮らしをつうじて文化や風習のちがいに戸惑ったりしながら、さまざまな体験をし、父親への追慕と自分の体験をもとに本書は書き上げられています。またレスリーが被爆者に直接インタビューしたことをつうじて多くの被爆者たちの体験もくわしく記されています。

本書は、広島と長崎の惨状を映像におさめた米軍兵士の生涯を中心に語られた内容ですが、娘のレスリーの半生も語られていて、その意味で本書は、ハーバート・スサンという人間の物語を縦糸とすると、レスリー・スサンの物語を横糸として織りなすような構成になっています。なお、レスリーが父親の資料を読み、のちに広島に滞在した体験をもとにペンを執って本書を完成させるまでには三十年以上の歳月を費やしていますが、そのあいだには父親にかんする新たな情報が見つかったり自分も人間的にも成長したため、決して無駄な時間ではなかったと語っています。本書は原爆をテーマに語られたものですが、原爆や核兵器の問題だけでなく、現在のように争いの絶えない人間社会のなかで、だれが被害者でだれが加害者かを単に探し求めるのではなく、人種差別や戦争や暴力をなくすためにはどうしたらいいかを今一度みんなで考える必要があるのではないか、そして過去の過ちを世代を越えて伝えて行くことが同じ過ちをくり返さないことになるのではないかというのが、本書でレスリーの伝えたい想いだと思います。

またスサンが撮影したフィルムが機密あつかいになった経緯に関連して、広島と長崎の惨状を撮影したフィルム（スサンが撮影したカラーフィルムだけでなく、当時の日本人のチームが撮影した白黒フィルムも含めて）が数奇な運命を辿ったことについては、グレッグ・ミッチェル著 *Atomic Cover-up: Two U.S.*

Soldiers, Hiroshima & Nagasaki, and the Greatest Movie Never Made（邦訳「ヒロシマ・ナガサキの映像は隠蔽されていた」として刊行予定）のなかで詳細に述べられています。

なお、原著では登場する日本人や施設名がアルファベットで書かれているため、日本語の表記がわからない箇所があり、これについては森川恵美子さん（本書にも登場するレスリーの友人）をはじめ、広島平和記念資料館学芸部の中西利恵さん、中國新聞社読者広報部、広島市原爆対策被害部調査課の和田蕗子さんからご教示をいただき、とても助かりました。ありがとうございました。また原著のこまかな部分についてレスリー本人からも貴重なご教示をいただきました。この場を借りてお礼を申し上げます。

本書の編集については、幻冬舎ルネッサンスの小野みずきさんに細かな部分に至るまで助言をいただき、ありがとうございました。

〈著者紹介〉

レスリー・A・スサン

著者のレスリー・スサンはマンハッタンで生まれ育ち、現在は、娘のケンドラと「ネコ・チャン」という名前の猫と一緒にメリーランド州シルバー・スプリングで暮らしている。ブリンマー・カレッジとジョージタウン・ロー・スクールを卒業したあと、弁護士として、出稼ぎ労働者や被虐待児童たちの代理弁護人として長年にわたりアメリカ司法省で訴訟を担当し、14年前からは連邦政府の上訴裁判所に勤務し、ベセスダ・フレンズ・ミーティングにも参加している。1987年から88年までの1年間、娘のケンドラと二人で広島で暮らしたことがある。

〈訳者紹介〉

金谷俊則（かなや としのり）

1951年、広島市に生まれる。

広島大学医学部卒業。広島市在住。

著書：「吉川興経」

「武一騒動」

「毛利隆元」

「ヒロシマ 叔父は十五歳だった

（原題 Hiroshima: From the shadows of the grass）」

「毛利隆元私見」

訳書：「わたしは広島の上空から地獄を見た」

（ジョージ・R・キャロン&シャルロット・E・ミアーズ著）

「日本への原爆投下はなぜ必要だったのか」

（ウィルソン・D・ミスキャンブル著）

ヒロシマ・ナガサキを撮影《さつえい》した米軍兵士《べいぐんへいし》の生涯《しょうがい》
―父《ちち》の足跡《あしあと》を辿《たど》る旅路《たびじ》―

2024年7月16日　第1刷発行

著　者　　Leslie A. Sussan
訳　者　　金谷俊則
発行人　　久保田貴幸

発行元　　株式会社 幻冬舎メディアコンサルティング
〒151-0051　東京都渋谷区千駄ヶ谷4-9-7
電話　03-5411-6440（編集）

発売元　　株式会社 幻冬舎
〒151-0051　東京都渋谷区千駄ヶ谷4-9-7
電話　03-5411-6222（営業）

印刷・製本　中央精版印刷株式会社
装　丁　　村上次郎

検印廃止

Printed in Japan
ISBN 978-4-344-69142-1 C0095
幻冬舎メディアコンサルティングＨＰ
https://www.gentosha-mc.com/